玛利娅·蒙台梭利：
为孩子服务的一生

[法]马蒂娜·吉尔苏尔　[法]夏洛特·普桑 —— 著

范炜炜 —— 译

湖南教育出版社

·长沙·

图书在版编目（CIP）数据

玛利娅·蒙台梭利：为孩子服务的一生 /（法）玛蒂娜·吉尔苏尔，（法）夏洛特·普桑著；范炜炜译.—长沙：湖南教育出版社，2023.8

书名原文：MARIA MONTESSORI

ISBN 978-7-5539-9381-2

Ⅰ.①玛… Ⅱ.①玛… ②夏… ③范… Ⅲ.①蒙台梭利(Montessori, Maria 1870-1952)—传记 Ⅳ.①K835.465.46

中国国家版本馆CIP数据核字（2023）第012094号

ORIGINAL FRENCH TITLE : Maria Montessori - Une vie au service de I'enfant

© 2020, Groupe Elidia - Éditions Desclée de Brouwer

9, espace Méditerranée - 66000 Perpignan

10, rue Mercoeur - 75011 Paris

www.editionsddb.fr

The simplified Chinese translation rights arranged through Rightol Media (本书中文简体版权经由锐拓传媒取得 Email:copyright@rightol.com)

湖南省版权局著作权合同登记图字：18-2022-217

MALIYA · MENGTAISUOLI：WEI HAIZI FUWU DE YISHENG

玛利娅·蒙台梭利：为孩子服务的一生

出 版 人：刘新民　　　　　　策划编辑：陈慧娜
责任编辑：张件元　　　　　　封面设计：宋祥瑜
出版发行：湖南教育出版社（长沙市韶山北路443号）
电子邮箱：hnjycbs@sina.com
客服电话：0731-85486979
经　　销：全国新华书店
印　　刷：湖南省众鑫印务有限公司
开　　本：710 mm×1000 mm　1/16
印　　张：19.5
字　　数：220 千字
版　　次：2023年8月第1版
印　　次：2023年8月第1次印刷
书　　号：ISBN 978-7-5539-9381-2
定　　价：78.00元

不要看着我，要看我指引的方向。

——玛利娅·蒙台梭利

序　言

我们不是用眼睛去看，而是用智慧；当心智充斥错误的观念，我们便什么也看不见了，对即使最显而易见的事实也会熟视无睹。想要看见，就必须保持灵活的心智，始终积极向上，不受任何桎梏。做到这一点并非易事。[1]

玛利娅·蒙台梭利

　　玛利娅·蒙台梭利所谓"灵活的心智"贯穿了她的一生。这显然是她经过无数研究发现后的结晶……而我也希望能够通过书写这部著作培养出这样的心智。阅读本书的您，或许也应当抱持好奇与开放的精神。玛利娅·蒙台梭利的形象将透过一页页文字悄然出现于您的眼前，它与我们习以为常的那个玛利娅不尽相同。这本传记讲述的是"另一位"女性，是人们刻板印象之外的玛利娅，我也希望这才是最接近于"真实"的玛利娅。

　　玛利娅·蒙台梭利是一位令人叹服的女性，她为儿童与和平事业奉献了一生。她智慧过人，对众多知识领域都充满兴趣。她的一生极

---

[1] 在 1932 年于萨瓦度假期间，玛利娅如此评论那些不纠正儿童错误行为的教育者们的态度，引自 T. J. Guéritte (1932), « Notes de vacances », *La Nouvelle Éducation*, 1932/11, n° 109, p. 167-168.

尽丰富与充实，甚至独具浪漫主义色彩。本书将展现许多她不为人知的经历，将读者带入一个比其著名教育方法更为精彩的世界。

为保证清晰叙事，我将分主题呈现玛利娅·蒙台梭利参与的许多重大事件，并尽量以时间为序。而在撰写过程中，一个鲜明而丰满的人物形象迅速出现在我眼前，每一章节都足以单独成书。因此，我不敢声称自己能够完整展现玛利娅的一生，甚至可以说还差得很远。

玛利娅·蒙台梭利的个性"丰富而复杂"[2]。尽管她看似严厉且充满疏离感，给人一种无坚不摧的强势女性印象，但通过与少数几位交心朋友的信件内容却可以看到她脆弱的一面。在阅读这些书信的过程中，玛利娅·蒙台梭利在我眼里渐渐变成了单纯的玛利娅：一位熟悉亲近的而又有血有肉的女性，深受所有先驱与智者曾遭遇的困境之苦。我常常在书中仅以玛利娅这个名字称呼她，以此将这份平易近人的感觉传递给读者。

在玛利娅的私人书信中，我还发现了她独特的意大利语使用习惯。她用自己独创的方式使用某些词汇，毫不犹豫地发明出全新的短语表达。因此，我在翻译其原文过程中也尽量忠实于她的思维方式，有时也会自己发挥一下，以保证阅读的流畅。

无巧不成书。我的这本传记完成之时是 2020 年 5 月 6 日，正值玛利娅·蒙台梭利逝世六十八周年纪念日。而本书的出版日期，则恰逢其一百五十岁诞辰。这是一段令人感动的经历，我非常敬佩这位女性所完成的事业，其贡献影响至今、硕果累累。她的创新思想与理念

---

[2] 这是玛利娅·蒙台梭利的一位孙女在描述她时所用的形容词。引自 C. Montessori (2015), *Maria Montessori in viaggio verso l'America*, Rome : Fefè editore, p. 16. 原版为英文，名为 *Maria Montessori sails to America, a private dairy*，由蒙台梭利 - 皮尔森出版公司于 2013 年出版。

流行至今，在许多方面依然值得我们深入研究和实践。玛利娅经过不懈努力与抗争，引领我们一步一步将孩子放于"爱之师"的位置，激励人们共同为建立和平而奋斗。

玛蒂娜·吉尔苏尔

2020 年 5 月 6 日，于罗马

目录

第十一章　在欧洲的最后时光

结语　一份独具开创意义的遗产

玛利娅·蒙台梭利生平大事年表

参考书目

玛蒂娜·吉尔苏尔致谢词

夏洛特·普桑致谢词

第一章　卓尔不群的个性

　　"我的祖母玛利娅·蒙台梭利曾经说过，真实就是一系列奇迹的结合。在她看来，一枚普通的土豆也充满乐趣。"[3]

　　这便是玛利娅的孙女雷尼尔德口中的祖母，一位自始至终都对周遭事物抱持好奇与热爱的女性。她在漫长的多学科研究过程中形成了敏锐的洞察力，且从不吝啬与亲朋好友分享自己的观察发现，有时甚至还会写信告知：

　　"零下 18 度！我从没体验过这么刺骨的寒冷，实在太有趣了。眼前的一切对我来说都是全新的。我把一篮子土豆放进一个小洞穴里，

[3] A. Scocchera (1995), « Renilde Montessori. Una tradizione e un impegno », *Vita dell'Infanzia*, 1995/3-4, p. 9.

暴露在严寒中。突然我听到一些声响，像是有人在往地上扔石头。原来是马里奥父子在往地上扔土豆。它们真的就像石头一样硬。后来他们给了我一颗看起来很新鲜的洋葱，但得用刀子和锤子才能把它分开。真是太神奇了！你呢，你以前知道寒冷会让物体硬成这样吗？"[4]

独特而亲切的祖母

玛利娅·蒙台梭利缺席了儿子马里奥（Mario）的童年时光，因此在拥有四个孙辈之后，她十分渴望扮演好自己的祖母角色，弥补从前的缺憾。

儿子在 19 岁时与希望过上"正常"家庭生活的美国女孩海伦·克里斯蒂（Helen Christy）[5] 成婚。婚礼结束几个月后，马里奥与妻子前往巴塞罗那与玛利娅共同生活。他们共育有四个子女，玛利娅也见证了几个孙辈的成长。甚至在前两个孩子降生时，由于产婆未能及时赶到，是玛利娅协助儿媳完成了生产。这也使得她与玛丽莱娜（Marilena，1919 年 6 月 16 日出生）和小马里奥（1921 年 4 月 22 日出生）之间建立起了深厚而持久的亲密联系，仿佛那珍贵的"情感与

---

[4] 致玛利娅·玛莱尼·德·奥朗德（Maria Maraini de Hollande）的信，1938 年 12 月 21 日，引自 G. Alatri (2015), *Il mondo al femminile di Maria Montessori, regine, dame e altre donne*, Rome : Fefè Editore, p. 235-236.

[5] 海伦·克里斯蒂 1897 年出生于美国俄亥俄州。后来她全家迁往圣地亚哥，她也是在这里开始学习蒙台梭利课程。在此期间，她与马里奥相识。二人于 1917 年 12 月 5 日在美国成婚，玛利娅出席了婚礼。

灵魂的脐带"[6]将他们彼此连接。小马里奥喜欢将奶奶唤作"妈摩丽娜（Mammolina）"，后来在玛利娅的亲友圈子里，人人都这样称呼她。甚至在给自己最亲近的学生写信时，她也会用这个名字落款。玛利娅则昵称小马里奥为"马里尤奇诺（Mariucchino）"。他眼中的祖母总是感情充沛、笑容满面："她的热情和温柔让我难以忘怀。"[7]也正是在这个孙子身上，玛利娅总结出了后来成为蒙台梭利经典名言的那句"帮助我独立完成"[8]。孙子和孙女成为祖母玛利娅著作中大量事例的主角，尤其是在《儿童》（*L'enfant*）和《家庭中的儿童》（*L'enfant dans la famille*）两部作品里。

马里奥个性粗枝大叶，常常将几个月大的女儿放进摩托车侧斗里带出去兜风。他就这样载着女儿全速穿越山丘，来到海边和朋友们练习拳击。当时的孩子很少在半岁前就暴露在日光下，他们通常被裹在襁褓里，避免双腿变形。而玛丽莱娜从几周大就开始衣衫单薄，任由阳光洒落在身上。这种离经叛道的做法当然也遭到了周围西班牙老年妇女们的批评和非议。玛利娅·蒙台梭利对新生儿的需求进行了各种直觉判断，她也毫不犹豫地将这些想法实践到自己的孙辈身上。她将小玛丽莱娜放进一个铺满鲜花的舒适大篮子里，再把篮子摆在自己接待医生、老师以及其他尊贵客人的客厅餐桌上。可以想象客人们看到一只小手或小脚突然从篮子里伸出来的惊讶模样！

蒙台梭利家的孩子们从很小的时候就被鼓励参与成人之间的谈

---

[6] M. Henny-Montessori, « L'altra Maria », L. De Sanctis (ed.) (2012), *Le ricette di Maria Montessori cent'anni dopo. Alimentazione infantile a casa e a scuola*, Rome : Fefè editore, p. 50.

[7] Mario Jr. Montessori (1989), « Maria Montessori, mia nonna », *Il Quaderno Montessori*, 1989/3, n° 19, p. 52.

[8] 有时也翻译为"教我独立完成"或"帮助我自己做"。

话，这在当时也是相当罕见的。孩子们的意见得到充分尊重，他们在社会上拥有自己的一席之地。在祖母进行公开演讲时，他们也常常出现在第一排。

当孙辈们问到类似"为什么动物不能说话？"这样典型的求知问题时，玛利娅从来不会直接回答，而是引导他们自己思考、自己寻找答案。同时，她也鼓励他们提出自己的看法："我是这么想的，塔蒂塔（Tatita）[9] 很可能也是这么认为的。你爸爸可能想法不一样；你妈妈是怎么想的，我很难判断；而大部分人，什么想法都没有。你要集中注意力，仔细观察，深入思考，再确定自己的想法。"[10]

玛利娅给孩子们讲述大量的故事，从神话到圣人生平、从探险家们的惊世发现到著名音乐家的美妙作品。她的话题涉及各种宗教、遗失的文明和其他文化的故事。玛丽莱娜回忆称，祖母讲的故事总是那么引人入胜，令人深信不疑，因此她对人类后来实现的一切征服与成就都毫不惊讶。人类有一天会登上月球、会制造出各种自己再也离不开的机器，所有这些似乎祖母都早已给他们讲到过。玛利娅也很重视让孩子们传承意大利文化遗产。小马里奥还记得一次艺术探索经历：

"我和姐姐，还有一位西班牙朋友一起用意大利语朗诵了但丁作品《神曲》（*La Divine Comédie*）的几个选段（面对一群不懂意大利语的人，他们被我们的表演深深吸引）。那是深冬的一天，我们身在巴塞罗那，将祖母花了很长时间给我们讲解的这部巨著展现了出来。我们一有兴致就会朗诵，放弃了很多玩耍的时间。她跟我们一起分析

---

[9] 指阿德利亚·皮勒（Adelia Pyle）小姐，玛利娅·蒙台梭利 1913 年罗马课程的学生，担任玛利娅的翻译和秘书。她与蒙台梭利一家一起生活到 1925 年，帮助照顾马里奥的孩子们。后来她加入了皮耶特雷尔齐纳的圣皮奥（Saint Pio）神父的组织。

[10] M. Henny-Montessori (2012), « *L'altra Maria* »..., op. cit., p. 49.

这部被称为现代意大利语基石的作品，让我们了解它的精妙结构。她细致入微地将作品的写作技巧、形式与行文融入意大利文化历史之中，让我们在不知不觉间便兴致勃勃地背诵下整段整段的章节，并且适时配合贴切的语调和手势。"[11]

玛利娅还会带领孩子们"踏上穿越宇宙、地质年代及各段进化历程的想象之旅"，小马里奥曾提到："在我们很小的时候，她甚至给我们讲过童话故事！其实她在自己的著作中对童话故事是持反对立场的。因为当时的人们总是认为孩子太过幼稚、不够成熟或是不够聪明，还无法理解现实世界。他们觉得孩子都生活在异想世界之中，成人必须以此为前提与孩子展开交流。这就意味着，不仅要给孩子讲一些看似真实或是完全奇幻的故事，更要欺骗他们，使得他们后来认为故事里的东西都是假的。这与她奋力倡导的理念相悖。有一次（那时我已经是一名执业心理分析师了）我问她：'为什么你每次谈起这个话题都会情绪激动、嗤之以鼻？'她是这样回答我的：'一旦偏见在人的思想和社会中扎下根来，想要彻底摒除它就会变得困难重重。如果你想让人们接受一个全新的事实，就必须千锤百炼、反复强调，否则没人会听你的。因此，我提出新观点的时候，当然也遭到了大量批评，但至少得到了关注和重视。'但不管怎么说，她对各种形式的美好故事都充满热爱，而作为孩子的我们，随时都会被她口中的精彩讲述吸引。她每次都会告诉我们某段故事是真实还是虚构的。只要是她讲的故事，无论真假，我们都听得津津有味。"[12]

[11] Mario Jr. Montessori (2018), *Comprendre Montessori. Une éducation pour le développement humain*, Paris : Desclée de Brouwer, p. 172.

[12] *Ibid.*, p. 171.

儿子马里奥成了母亲最亲密的工作拍档，因此蒙台梭利一家总是跟着玛利娅的行程东奔西走。在为期数月的教师培训过程中，他们通常会借住在朋友家。有时，玛利娅和马里奥会带上年长的孩子们出行，年幼的孩子和他们的母亲[13]则留在巴塞罗那。他们也因此通晓了多种语言，无论走到哪里都能迅速适应当地环境。不过巴塞罗那仍是一家人的"大本营"，直到1936年，他们举家迁往荷兰定居。

在罗马时，他们常常乘坐马车出行。玛利娅在车里跟孩子们讲述每栋古迹的历史，介绍各处教堂、喷泉以及与之相关的传说。孩子们仿佛是在恺撒（César）、米开朗琪罗（Michel-Ange）、圣皮埃尔（saint Pierre）、圣菲利普·内里（Saint Philippe Néri）等历史人物的陪同下畅游。她的描述无比生动，孩子们身在斗兽场时，仿佛亲眼"看见了"角斗士们的厮杀。在维拉诺纪念公墓，玛利娅讲起了罗马各大家族的故事。游览的终点站通常是博尔盖塞别墅公园里的"玫瑰楼"餐厅，他们总会点上一份冰激凌或是一杯森莓甜酒。

玛利娅·蒙台梭利无疑是一家之主。与她关系最亲近的学生们都认为她是一位拥有远见卓识的智者。玛利娅对此心知肚明且引以为傲，她常对玛丽莱娜说："亲爱的，我知道你想跟其他小朋友一样自由自在地玩耍嬉闹。但你跟他们是不同的：你是天选之女。祖先遗传给你过人的智慧和天赋，你的命运是与众不同的。你拥有责任和义务：

---

[13] 玛丽莱娜和小马里奥出生后，蒙台梭利一家曾于那不勒斯短暂居住过几个月，后搬迁至罗马，罗朗多就是1925年在罗马出生的。此后他们迁往米兰，接着前往伦敦居住了一年时间。返回巴塞罗那后，雷尼尔德于1929年出生。由于婆婆个性强势，又是全家的经济支柱，海伦的日子并不好过。马里奥常常陪同玛利娅出差，在家期间也要接待大量访客，这使得马里奥和海伦之间争吵不断。四个孩子回忆起与妈妈单独在一起的时光，都认为那是他们童年和青少年时期最宁静平和的日子。

位高任重！"[14]

然而，16 岁的玛丽莱娜写信告诉祖母，说自己并不想成为所谓"天选之女"，她想要选择属于自己的人生道路："我永远都是蒙台梭利家族的一员，但我不想成为蒙台梭利主义者。"祖母接受了她的决定，但表示无法理解。多年后，玛丽莱娜成为育有两个孩子的家庭主妇，祖母在给她的信中写道：

"亲爱的玛丽莱娜，我看到你现在变得幸福、宁静而又成熟，生活非常快乐。我不明白你是如何做到的！以你的聪明才智，怎么会满足于终日在家相夫教子、洗手做羹汤？"[15]

事实上，玛利娅笃信人人都有亟需完成的宏大使命，只是有些人并不自知。她的这种困惑也许源自强烈而积极的女性主义观念，"新女性"是她坚信不疑的身份。

而小马里奥最初的专业是热带农学。但在参加完抵抗运动后，他很难在荷兰找到这一领域的工作。于是他转而研读心理学，后成为心理分析师。当时已在印度生活了数年的玛利娅在得知这一消息后满腹狐疑，感觉孙子欺骗了自己。她严厉地批评了他："我得重新认识你一番才行，否则我不知道还能不能再爱你。"[16]

他不得不努力尝试给祖母解释，说无论自己选择哪条人生道路，她给予的精神力量都绝不会消失。他认为祖母之所以有如此大的反应，是因为她觉得心理学在应用过程中总是太偏学术，时常引人质疑。

玛利娅操心最多的，应该是出生于 1926 年的罗朗。与哥哥姐

---

[14] M. Henny-Montessori, « L'altra Maria »..., op. cit., p. 51. 原文为法文。

[15] Ibid., p. 52.

[16] Mario Jr. Montessori, « Maria Montessori, mia nonna », art. cit., p. 55.

姐相比，他在童年时代受到的居住环境变化的影响似乎更大，因此养成了脆弱躁动的个性。正如玛利娅最小的孙辈、出生于 1929 年的雷尼尔德[17] 所言："是我们在陪着她生活，而不是她迁就我们。"[18] 一大家人生活在一起，氛围并不总是和谐的。雷尼尔德印象中的祖母"性格复杂，很难相处，十分'强势'"[19]，有时会在孙辈中间充当裁判角色，甚至可能做出不公正的"裁决"。但无论过程怎样，玛利娅的孙辈们都一致认为，即使不在身边，她依然可以指引他们的品行举止。

追求生活品位

"一等舱的食物水准极佳，有套餐可选，也可以点菜。餐厅入口处摆放着琳琅满目的美食，看起来可以大快朵颐一番。长长的冷餐桌上，各类菜肴应有尽有：切片螯虾整齐叠放于红色虾壳内；诱人的三文鱼块上点缀着黑松露；洋蓟；芦笋；咸味饼干上覆盖有鱼子酱、沙丁鱼、风味酱汁或是五颜六色的神奇沙拉；鸡蛋也以多种方式烹制，摆盘精美，再淋上少许黄色或棕色配料（还有的直接加入盘内，与围绕蛋黄的蛋白混合在一起），最后置于棕色肉片上方；冷盘鸡丁上有些许凝胶；鹧鸪和黑松露；一字排开、以黑松露调味的小块鹅肝酱；

---

[17] 雷尼尔德·蒙台梭利（Renilde Montessori，1929—2012）在国际蒙台梭利协会（Association Montessori Internationale，AMI）任职（1995—2000 年任秘书长，2000—2005 年任主席）。她在 AMI 内部创立了"无国界教育者"运动。

[18] D. Novara, « "Educatori senza frontiere" : un'intervista a Renilde Montessori », *Montessori : perché no? Una pedagogia per la crescita*, Milan : FrancoAngeli, p. 352.

[19] A. Scocchera, « Renilde Montessori. Una tradizione e un impegno », art. cit., p. 10.

油封肉；鸡肉冻配开心果；等等。而如此丰富的美味竟然都只是开胃菜！乘客进入餐厅后，可以任选符合自己口味的菜品。十余位服务员随时恭候左右。"[20]

这是玛利娅·蒙台梭利对"辛辛那提号"上冷餐会的详尽描述。她正是乘坐这艘邮轮横渡大西洋首次前往美国的。我们从中可以看出她对美食的热衷。在她看来，烹饪是一门艺术，是"首当其冲、最重要的文明形式"[21]。但与此同时，她也非常重视营养均衡，遵循三十年代不同类型的饮食模式，一旦发现摄入过量，便会及时中止。

烹饪算是她的一种短暂消遣。每当家里聘请的厨娘告假时，玛利娅便会负责操持厨房。她喜欢做典型的意大利套餐：意式开胃菜、头盘、第二道菜、甜品，再搭配适合的好酒。她最喜爱的一道菜是意式面团（gnocchi），制作时间很长，还需要全家上阵，孙子孙女们也不例外。玛丽莱娜还记得，到了饭点儿，人人都已经被没完没了的意式面团搞得精疲力尽。于是有一次，怒气冲冲的大人和小孩纷纷表示要将这道菜从家庭餐单中剔除。而身为父亲的马里奥通常被分配到的任务是准备肉类菜肴和采购食物。当他们在国外定居时，马里奥总喜欢去意大利特产食品店买回一大堆好吃的。

玛利娅·蒙台梭利的个性并不严肃，她很喜欢说笑。这一点在她写给父亲的信件里体现得尤为明显。下面这件趣事就是很好的证明。在洛杉矶一位大使家做客时，她惊讶地发现大使夫人居然自称是托尔斯泰（Tolstoï）的忠实信徒。夫人还问玛利娅是否反对过"简单的生

---

[20] M. Montessori (2014), *In viaggio verso l'America. 1913, diario privato a bordo del Cincinnati*, Rome : Fefè Editore, p. 29.

[21] M. Henny-Montessori, « *L'altra Maria* »…, op. cit., p. 52.

活"。她给父亲绘声绘色地讲述道:"不,恰恰相反,我也想成为这样的托尔斯泰信徒:拥有三四辆豪车和一栋奢华宅邸。"她还极尽幽默地接着说:"这位夫人想要讨好我。我们下车时,她提着我的包对我说:'您就是女王。'那时我心想,当大使夫人真的挺不错。"[22]

有一次,她用带"International Montessori Training Courses-Los Angeles-San Diego-San Francisco. In the Office of Dr. Maria Montessori"字样抬头的信纸给父亲写信。她是这样开头的:

"上面提到的那位博士已经没有钢笔可以用了,因为人人都在写东西。所有羽毛笔、墨水笔和打字机都被占用了。可怜的蒙台梭利博士只剩下一根铅笔头可以用。"[23]

在另一封信中,她一开始将照片上的自己说成是老姑娘,后来又改成了"完全绽放的女孩"[24]。还有一次就更幽默了。她告诉父亲,自己此前在洛杉矶租住的房子后来变成了一所学校,因为邻居家的狗突然闯进她的小花园,前来寻找宠物的孩子们被她家客厅餐桌上摆放的小玩意儿深深吸引,于是每天都过来玩耍。前来造访的孩子越来越多,于是妈妈们决定在玛利娅搬走后将这里租下来,建成学校:"我撒下了一颗小小的种子。阿门!这一切多亏了那只狗!"[25]

闲暇时,玛利娅会读侦探小说。她认为这是除科学读物之外唯一值得一读的书籍,因为她对经典名著早已烂熟于心。她还热衷各种室内游戏,尤其是卡牌,但她总是输多赢少。于是马里奥和孙辈们只得

[22] 1915 年 5 月 12 日的信函,引自 C. Montessori (2015), *Maria Montessori writes to her Father. Letters from California, 1915*, Amsterdam : Montessori-Pierson Publishing Company, p. 17.

[23] 1915 年 6 月 19 日的信函,*ibid.*, p. 39.

[24] 1915 年 8 月 11 日的信函,*ibid.*, p. 73.

[25] 确切地址为维尔吉尔大道 625 号。1915 年 6 月最后一周的信函,*ibid.*, p. 46-47.

联起手来，设法让她赢上几局。在准备演讲时，她喜欢一边叼着镀金香烟棒，一边玩单人纸牌。

欣赏抒情歌曲也是她的一大爱好。儿子马里奥经常唱一些那不勒斯舞曲，引她发笑。她非常喜欢电影，但鲜少前往电影院。每次一旦决定要去，就会一口气看四部电影才回家。孙子孙女们对与祖母一同看电影的往事都没留下什么好印象，因为他们总是充当"讲解员"。玛利娅常常在电影放映期间睡着。等她中途醒来后，便会不停追问："这个人是谁？他是干什么的？为什么？"[26] 这让孩子们不胜其烦。

不过，尽管对生活品位颇有追求，但玛利娅能够真正享受到的轻松时光却少之又少，因为她时刻都能感受到身上使命的重量和紧迫性。

肩负使命的女性

玛利娅的生活异于常人。"我们不是生来享受的"，这是她最喜欢说的一句话。她无时无刻不在工作。学习和研究是她真心喜欢做的事。一天，她在一家酒店门口碰到一位旧相识，对方问她："你是怎么出名的？"玛利娅没有回答。对方于是自顾自地回忆道："的确也不奇怪。还在念大学的时候，我记得每天夜里，你房间的灯都会亮到很晚。"[27]

对于她来说，工作就是生活，生活与工作密不可分。名声是她创立的教育方法带来的，就像有了新发现的科学家一样，他们都只能被

---

[26] O. Germain-Thomas, *For intérieur avec Renilde Montessori*, France Culture.

[27] A. M. Maccheroni (1956), *Come conobbi Maria Montessori*, Rome : Edizioni Opera Nazionale Montessori, p. 29.

迫接受出名这样的结果。她从不沾沾自喜，深信每个人都有自己需要完成的使命，人人都应该回应命运的召唤："维也纳之行让我精疲力尽，一分钟的休息时间都没有。我参观了一些很棒的学校和很多现代儿童教育机构。战后，我发现人们为儿童教育做了充分准备！看到这样的意识觉醒我感到非常兴奋！但我也确信，那里还没有人真正理解我们工作的深刻意义，那应该是可以被称为'启示'的东西。致力于为儿童福祉服务的团体只能着眼于惯常领域的努力，而我们的工作是要让人们明白其他未曾被重视的方面：儿童的隐藏需求，甚至他们灵魂的秘密！我们创立的新生儿研究所是前所未有的尝试，如果没有我们，我认为这样的机构也不会存在。[28] 这就是维也纳之行给我留下的印象。我以为自己设想的东西已经存在了，然而事实并非如此。面对眼前的一切，我的赞美和情绪都让结论更加清晰！"[29]

坚信重任在身的玛利娅往往被认为自视甚高，尤其是在"新教育"浪潮期间。

无坚不摧的性格

在 1932 年夏天同玛利娅一家一起在萨瓦度假的友人这样形容她："能看见其他人都看不见的东西。充满智慧、虚怀若谷而又童心未泯。"这样的她非常受孩子欢迎。孩子们都觉得她拥有无穷的力量，这令她

---

[28] 从 1915 年起，玛利娅·蒙台梭利对新生儿研究产生了浓厚兴趣，用去大量时间在巴塞罗那的产房内观察新生儿。

[29] 致玛利娅·玛莱尼（Maria Maraini）的信，1925 年复活节，引自 G. Alatri, *Il mondo al femminile di Maria Montessori…, op. cit.*, p. 217.

十分感动。一个曾与父亲一起攀登过冰山的9岁小男孩建议道："请那位女博士专门给小孩制造一些有小洞洞的冰山吧，那该多漂亮啊。现在这些冰山都太大了，是给大人们爬的。"[30]

尽管总是一副精神焕发的模样，但私生活中必须保守的沉重秘密亦使她习惯于控制自己的情绪。她曾经如此描述："科研工作让我变得越来越铁石心肠。"[31]当然，在理性思维的背后，她依然赋予生命极大的人道主义情怀。生性敏感的她，能够读懂他人的内心。一位曾同她有短期密切合作的美国女学生这样评价她："通常情况下，她不是一个情绪外露的人。她在处理问题时，总有一种如履薄冰的感觉。但她也始终斗志昂扬，同时保持警惕与真诚的态度。"[32]

这种时刻保持警觉的状态出于某种不信任感。她唯恐人们曲解自己的意图，胡乱阐释自己的理念。这种感觉始终伴随着她。自首间儿童之家成立起，许多人都以为只要采用与其同样的教材教具，就可以让孩子们纷纷实现奇迹般的转变，过程就像参考某道菜谱或是某种简单技术那样轻而易举。玛利娅对这类粗暴的照搬照抄行为非常恼火。颇有些讽刺的是，造成最大隐患和错误的人，往往都是她的崇拜者们。面对拒绝充分理解其理念的成年人，玛利娅可没有像对待孩子那样的耐心。她有时会以绝不妥协的态度示人，对瑟勒斯丁·弗海内（Celestin Freinet）的严厉批评便是最好的证明。在1934年于尼斯举办的第二十届蒙台梭利国际课程期间，后者为学员们组织了一次参观

---

[30] T. J. Guéritte (1932), « Notes de vacances », *La Nouvelle Éducation*, 1932/11, n° 109, p. 168.

[31] 1951年4月4日于佩鲁贾发表的"儿童的奇迹"演讲，引自 A. Scocchera (éd.) (2002), *Maria Montessori. Il metodo del bambino e la formazione dell'uomo. Scritti e documenti inediti e rari*, Rome : Edizioni Opera Nazionale Montessori, p. 23.

[32] 这位女学生是海伦·帕克赫斯特（Helen Parkhurst），引自 M. Schwegman (1999), *Maria Montessori*, Bologne : Il Mulino, p. 94-95.

圣保罗弗海内学校的活动："她们都认可我们的方法（尤其是教材方面）是蒙台梭利教学法的优质补充，二者可以完美结合，使教学更加生动。只是这套教材的方法与玛利娅·蒙台梭利的理念毫无关联……那就没什么好说的了，我们都知道女博士在这方面是绝不妥协的权威。"[33]

玛利娅·蒙台梭利认为自己很容易被误解，因此总是加倍努力想要变得更具说服力。好斗的性格逐渐形成。她不断锤炼和完善自己的理念，坚决与那些根深蒂固的偏见进行抗争，即使为此得罪别人也在所不惜。1915 年，就在即将抵达美国前夕，面对未知的一切，她写道：

"我觉得自己不是去旅行，而是去战斗的。我想这是一种战士出征的感觉。这名战士毫不怯懦，而是怀抱着完成使命的热情，英勇上路！或许战场比他想象中更加艰难。他需要投入前所未有的力量去斗争。然而，即使死亡近在眼前，他也绝不会说出'我为什么要来？'这样的话。他会认为一切牺牲都是值得的。"[34]

漂亮时髦的大姐

玛利娅·蒙台梭利拥有与众不同的个性与卓尔不群的人格魅力，同时也是一名追求时髦的女性，即使身处逆境，也始终保留着些许俏皮可爱的小爱好。玛利娅喜爱配饰：珠宝、香水、服饰花边，等等，她也有许多手套和小包。在写给女性友人的一封信中，便能看出她对

---

[33] C. Freinet (1934), « Le cours de Nice », *L'éducateur prolétarien*, 1934/11, n° 3, p. 52.

[34] 1913 年 12 月 1 日星期一的笔记，M. Montessori, *In viaggio verso l'America…, op. cit.*, p. 51.

外貌的重视程度。她在信里描写了战后从印度回到欧洲的失望心情，因为自己的大部分服饰都过时了：

"整个欧洲都在艰难度日。商店橱窗里的那些帽子，没有购物券根本无法买到。我们离开这里已经很长时间了，这些东西我都没有！现在我只有战前留在阿姆斯特丹的草帽。那都是七年前的东西了！我觉得太丢脸了。我在印度的时候不戴帽子，穿的都是金色纱衣，非常素净。马里奥也只剩下些旧衣服了，而且现在对他来说都太紧了！他在印度穿的衣服都很高级，是白纱和纯棉材质的，属于印度穆斯林服饰风格。真怀念那个时候啊！最让我烦心的是，现在什么事儿都得亲力亲为，在印度我已经习惯了周围都是佣人，还有一个私人保姆负责洗衣熨烫以及对我有求必应！"[35]

从这段时期的照片可以看出，玛利娅始终保持着优雅而又夺目的形象，这让所有人都以为她的生活环境奢华舒适，而旅行和接待来自世界各地的"大人物"便是她的主要工作。"关于她过上富人生活的传言就这样不胫而走，没人关心她被迫承受的一系列不幸。人们坚持认为她相当富有。真相绝非如此，但我不能说出来。真正了解她的人，会对她的状况很是惊讶。"[36]

有人批评她是个诡计多端的机会主义者，但事实上，她只是一个需要养家糊口的单身女性。从 1910 年放弃执业医师工作后，她的收入来源就只剩下著作和教学材料的版权费用，以及教师课程培训费。这

---

[35] 写给在伦敦的玛利娅·玛莱尼的信，1946 年 8 月 18 日，引自 G. Alatri, *Il mondo al femminile di Maria Montessori…, op. cit.*, p. 246

[36] 阿尔贝·荣斯滕（Albert Joosten）写给苏雷亚·费鲁（Sulea Firu）的信，1940 年 2 月 11 日，引自 G. Honneger Fresco (2008), *Maria Montessori, una storia attuale*, Naples : Ancora del Mediterraneo, p. 154.

些收入只能勉强维持她的差旅及相关支出。此外，她的父母年事已高，也需要大量医疗护理支出。后来，她还要负责儿子马里奥一家的生活。

就在她成名之后，许多初衷虽好却能力不足的人想要利用她的教学法、借助她的名声自行开课，或是未经她许可就翻译她的著作。儿子马里奥惊呼："大家都在借蒙台梭利之名制造恐怖！"[37]

玛利娅强烈反对这样的做法，表示绝不能随意使用她的教学材料，抗议那些冠上她名字的学校完全没有尊重她的办学理念。但她被批评成"奸商"，被说成"一心只追求自己的版权，无视儿童与无数普通人的福祉！（还有人表示，）以这些学校没有取得她书中描述的效果为借口，由此断言它们无法代表她的教学理念，这样做是没有好处的"。人们指责她在自己的学校里招聘了一些可以"催眠儿童"的女老师！她甚至被骂成忘恩负义的小人："大家都在为传播她的理念而努力，她却在不断地怪罪别人！她怎么可以这样对待朋友？这真是又可笑又霸道！"[38]

但马里奥补充了很有意思的一点："女博士教导我们去战斗。她说，不要为我辩护，去踏踏实实地工作！"[39]

面对质疑，她多次选择不予理睬，而是竭尽全力地继续工作，用成绩作为最好的回答。她对自己理念的独创性及可能遭遇的诸多误解心知肚明："不理解我的人太多了。他们以为我是一个浪漫主义而又感情用事的人，只懂得每天照看孩子、拥抱他们、给他们讲故事，我去学校参观都只会欣赏和宠溺孩子，给他们糖吃。这些批评让我感到

[37] M. M. Montessori (1931), « Filippiche », A. Scocchera (ed) (1998), *Introduzione a Mario M. Montessori*, Rome : Edizioni Opera Nazionale Montessori, p. 32.

[38] *Ibid.*, p. 32-33.

[39] *Ibid.*, p. 40.

很无趣！我是一名严谨的科研人员，不是卢梭那样的理想主义文人。我试图发掘儿童作为真正人类的一面，去了解儿童内心包含的人类灵魂，去感知造物主的意图，这才是科学与宗教的真相。这便是我在尊重人类本质基础上实践自己研究方法的原因。"[40]

即便如此，玛利娅也曾不止一次感到身心俱疲。一位与她非常亲近的员工有一天惊讶地发现她在自言自语："我被掏空了，我被掏空了，我被掏空了。"[41] 在人生的各段时期，她都选择在教会或是密友家这类友善的环境稍事休息、重拾宁静。实现自己的宏伟蓝图离不开身边人的支持。此外，她的社会实践能力不算太强，时常需要依赖周围的朋友解决行政组织及管理等方面的问题，尤其是她一生的挚友玛利娅·玛莱妮。后期，她才将这类工作交给儿子马里奥打理。

当需要寻找灵感或是独处时，她会投入到一些手工活动中：剥豌豆或是擦拭易碎物品。当她异常疲倦，无法再会客和回答问题时，"她会去清洁面朝苹丘的露台。她通常会请人给她准备好套鞋、长柄刷、水桶和粗布拖把。露台的大理石地面总会被她擦洗得无比闪亮"。[42]

马里奥·蒙台梭利对母亲的职业生涯深感自豪："在卓越而神奇的一生中，她总是马不停蹄地四处奔波，不知疲倦地工作；即使计划失败了，她也会毫不犹豫地从头再来。她的勇气和信念无比坚定，她从来没有表现出一丝懈怠。无论周围环境如何，她都会以最饱满的人文主义精神继续工作，始终致力于让人们充分理解儿童的天性与

[40] G. Alatri (2018), « Maria Montessori e Maria Maraini Guerrieri Gonzaga. Un'amicizia solidale », *Annali di storia dell'educazione*, 25, Brescia : Scholé, p. 125.

[41] A. M. Maccheroni, *Come conobbi Maria Montessori*, op. cit., p. 73.

[42] *Ibid.*, p. 93.

使命。"[43]

那么，她的信念源自何处呢？

现代家庭氛围

玛利娅·特克拉·阿尔特米西亚·蒙台梭利1870年8月31日出生于意大利安科纳省基亚拉瓦莱镇的一个小资产阶级家庭。父亲亚历桑德罗（Alessandro Montessori, 1835—1915）比母亲雷尼尔德（Renilde Montessori，1842—1912）大七岁。拥有数学专业文凭的他曾有数年时间在意大利多个市镇的烟草行业担任检查员，其中便包括基亚拉瓦莱镇。后来他被调派到罗马，在经济部任职。年轻时他曾参与独立战争，因此保持着军人严格的生活作风。他对自己独生女儿的成长非常关注，将她的点点滴滴都记录在小本子上。[44]亚历桑德罗和雷尼尔德·蒙台梭利对玛利娅的教育十分关注，他们的生活也十分简朴。在她为数不多的童年记忆里，有这样一件事：某次度假回家，她不停地说自己饿了，母亲让她再等会儿，最终她得到的是一大块在橱柜里放了超过一个月的面包。[45]

在这个家里，母亲和女儿始终彼此欣赏。自学成才的雷尼尔德是

---

[43] 马里奥·蒙台梭利写给安娜·玛利娅·玛切罗尼（Anna Maria Maccheroni）的信，*ibid.*, p. 186.

[44] "3岁88厘米；5岁109厘米；16岁158厘米。7个月左右第一次喊'妈妈'和'爸爸'。11个月开始独立行走。从16个月起，她开始发展个性，词汇量逐渐增加。2岁时共长出20颗牙。"上述信息手写于一本小本子上，引自G. Honegger Fresco, *Maria Montessori, una storia attuale, op. cit.*, p. 22.

[45] A. M. Maccheroni, *Come conobbi Maria Montessori, op. cit.*, p. 26.

一位热衷阅读的高雅女性。身为拥有自由思想的天主教徒，她深知意大利走向现代化的重要性，对女儿亦充满期待。玛利娅在学业方面应该受到了不少来自母亲的影响，据她的一位高中同学回忆，雷尼尔德对玛利娅的学习非常上心。

"我们并排坐着，书桌上堆满了卡片、书本、图画和文件；书房的门必须一直开着，因为隔壁房间里坐着她那位伟大的母亲，正一边看书、一边抽烟、一边注视着她……"[46]

马里奥印象中的外婆雷尼尔德是一位"有主见的母亲"，在女儿决定放弃医学投身教育事业时，她是唯一一个表示鼓励的人。

玛利娅的家族历史中还记载了与安托尼奥·斯托帕尼（Antonio Stoppani, 1824—1891）神父的亲属关系。这位教会人士著有多部科学作品，在大学里教授古生物学和地质学，声望极高。时至今日，他的科学普及类著作依然家喻户晓：《美丽的国度——论自然之美：意大利地质学与自然地理》（*Il bel Paese. Conversazioni sulle bellezze naturali : la geologia e la geografia fisica d'Italia*）[47]。但以 F·德·吉奥尔吉（F. De Giorgi）[48] 为代表的部分历史学家则认为他们之间并无亲缘关系。无论如何，玛利娅父母当时对这位"远亲"表现出来的自豪之情，很可能对女儿产生了极大的影响，促使其走上了科研道路。而玛利娅悉心研读的大量宗教书籍则显然对她文风的形成起到了关键作用。跟斯托帕尼神父一样，她也在作品中融入了多重写作风格，兼具

[46] 引自 V. Babini, L. Lama (2003), *Una « donna nuova ». Il femminismo scientiffco di Maria Montessori*, Milan : FrancoAngeli, p. 34.

[47] 这本书名也被用于一款著名的意大利奶酪（Bel Paese）。如今，该款奶酪的外包装上仍印有神父的头像。

[48] F. De Giorgi (2018), « Maria Montessori tra modernisti, antimodernisti e gesuiti », *Annali di storia dell'educazione e delle instituzioni scolastiche*, Brescia : Scholé, 25, p. 28.

科学性与精神性。

玛利娅在佛罗伦萨一所著名幼儿园度过了两年时光,接着全家于
1875 年迁至罗马。她进入了鲜花广场附近的一所公立学校就读,但
仅一年后就转学至冷清一些的巴贝里尼广场街区 [49],在另一所学校继
续学业。玛利娅虽然很喜欢上学,却并没有表现出过人的天资。她常
常出现偏头痛的症状,还因为一场严重的风疹而休学过很长时间。

痴迷戏剧的女学生

在学校里的玛利娅似乎对任何科目都没有特别的兴趣,也很少花
时间学习。她不喜欢听老师们上课,而是热衷于表演和撰写喜剧作品。
她对进入高年级就读并不上心,也承认自己花了很多时间才搞明白数
学运算:"在很长一段时间里,我都只能乱编答案,把脑子里最先出
现的一堆数字写上去就完事了。我的写作能力一般,但朗诵水平很
高,声情并茂的表现可以直接让同学们听到流泪。老师也常常将其他
班级的同学聚集起来听我朗读。如果要求背诵,我也只需要重复朗读
一遍,就可以流畅地背出全文。"[50]

在 1905 年前后的一篇日记里,玛利娅谈到了自己对戏剧艺术的
巨大热情。"只要看到有人在朗诵,我就会充满激情地模仿:我会全
身心投入到角色中,忽而面色惨白、忽而血脉偾张、忽而涕泪横流,
同时还不忘诵读出内容。我自己会写一些短戏剧作品,根据不同主题

---

[49] 更确切的位置是圣尼可罗·托朗蒂诺街。

[50] 引自 G. Honegger Fresco, *Maria Montessori, una storia attuale, op. cit.*, p. 24.

即兴发挥，自己动手拼凑服装和布景。"

她征得父亲同意，参加了一个戏剧艺术班。父亲为此"牺牲了自己的休息时间，每晚送她去上课，节假日也不例外"。玛利娅对父亲充满感激，他总能帮助女儿实现梦想，即使面对她出其不意的抉择也不例外。多年后，她借一次旅行的机会向父亲表达了感谢：

"我最最亲爱的爸爸，你为我付出了太多太多。小时候，你帮我盖被，唱摇篮曲哄我入睡。长大后，你倾尽一切支持我，十六年来为了让我继续学业奉献了自己的全部，直至我取得医科文凭。你对我别无所求，只希望我能快乐。亲爱的爸爸，你的头发已经花白，你的心胸如此宽阔而诚实，我希望给予你最好的报答，让你收获最满意、最舒适的晚年。你亲爱的女儿。"[51]

戏剧老师们都对她的天赋赞不绝口："他们开始使劲吹捧我，承诺我在戏剧界将拥有灿烂的未来。可我根本就不需要他们提醒，我自己知道，我生来就是干这一行的，这就是我的兴趣所在。12 岁时，我就因为进步神速，而走到了主角的位置。老师们对我充满期待，同学们则羡慕不已：我成了大家关注的焦点。这种兼具鼓励与赞美的复杂环境对我产生了奇怪的影响：突然有一天，我意识到自己如果真的想要走向辉煌，就必须远离对戏剧的迷恋。"[52]

因此，玛利娅做出了令所有人都惊讶的决定：她突然断掉了与戏剧的联系，放弃了与之相关的友情与梦想。此后，她开始认真学习，尤其在算术方面苦下功夫。她冷静下来自问道："（到底是种什么力量，

---

[51] 1905 年 8 月 29 日写于旧金山，C. Montessori, *Maria Montessori writes to her Father, op. cit.*, p. 88.

[52] 引自 G. Honegger Fresco, *Maria Montessori, una storia attuale, op. cit.*, p. 24-25.

促使我）突然放弃自己看似极有把握且付出大量心血的事情。突如其来的告别、始料未及的逃避、心血来潮的改变、彻彻底底的中断、命中注定的摧毁，没人能够再做些什么。我跟其他人之间的交流仿佛被打断了，即使是身边最亲近的家人也不例外。可我为什么要这么做呢？为什么要与所有人为敌，让大家都讨厌我呢？大家都在奔向我、爱我，我分明能够感到无限而又深沉的爱，我为什么不去拥抱他人呢？"[53]

这样的内心斗争在玛利娅的一生中经常出现，这是她对于人际关系永恒的困惑。她需要被人崇拜和欣赏，尤其珍惜与部分女学生的情谊。但当她们变得越来越有主见时，她又会感觉自己很难处理这种关系，甚至导致在多年合作后最终彻底与她们断联。

执着的钻研精神

回首往昔，玛利娅曾这样评价自己："一个此前从未计划成为教育家、更别说创立全新教育法的人，见证了这一教育法的诞生与苗壮。14岁那年，我成为意大利首批进入男子中学就读的女学生。当时在我的国家，女性除了当老师之外，没有其他（职业）机会，而我对教育并不感兴趣。因此，我选择了一条更加困难的道路，开始学习数学，起初希望成为工程师，后来志向变成博物学家，最后决定投身医学。"[54]

---

[53] *Ibid.*, p. 25.

[54] F. De Giorgi (ed.) (2019), *Maria Montessori. Il peccato originale*, Brescia : Scholé, p. 33.

玛利娅在米开朗琪罗皇家技术学校学习技术专业，主修科目皆与科学相关：数论、代数、几何、会计、科学基础知识，此外还有法文、历史和地理。玛利娅和另外一位女同学是该校仅有的两名女生。她们遭到了无数攻击和嘲讽。为了保护她们的安全，课间她们只能被锁在一间教室里。[55] 玛利娅厌倦了男生们透过门锁缝隙偷看她们的嘴脸。她请求母亲给自己准备一只发夹，但母亲没有这么做。这件小事是玛利娅的孙女雷尼尔德讲述的[56]，她觉得由此可以凸显祖母爱搞恶作剧的个性。

16 岁时，玛利娅希望在文学领域深造，但她的文凭没有得到教育部认可。因此她转而申请到达·芬奇技术学院就读。1886 年至 1890 年期间，她一直在该校的物理数学系学习。这一选择在她的整个人生中起到了重要作用，充分证明了玛利娅·蒙台梭利是一位名副其实的科学专业学者。

---

[55] 这一细节出现在 M. Schwegman, *Maria Montessori, op. cit.*, p. 25.

[56] D. Novara, « "Educatori senza frontiere" …, art. cit.*, p. 352.

第二章 女医生

玛利娅·蒙台梭利成熟女性抑或白发祖母的形象常常让人忘记她在年轻时曾是一名医学院的女大学生。当年的她在面对无数障碍时也曾踟蹰和彷徨，在直视尸体时也忍不住恶心反胃，但她是当时罕见踏足医学领域的女性之一，拥有过人一等的毅力、好奇与智慧。玛利娅·蒙台梭利是举世闻名的教育学家，在教育领域引领了一场深刻变革。而她的儿童教育理念离不开曾经接受的科学训练。科研成果为她打开了全新视角，使她充分预见到儿童教育的崭新未来。在玛利娅看来，科学与医学都具备社会使命，这是她在完成大学学业以及进行医学实践过程中始终牢记的底线。

神秘的召唤

"她是在某一个特殊时刻下定决心的。一天晚上，她在罗马街头看见一位可怜的妇人怀抱着年幼的孩子坐在人行道上。孩子的眼睛看向手里抓着的一张红色纸片。她一直记得这个细节。她说，正是在那一刻，她下定决心要学医。在讲起这段往事时，她的眼神变得格外深邃，仿佛在挖掘言语之外的意义。她常常自问'为什么'。她轻轻地做了一个手势，表示有些发生在我们身上的事情，就是会将我们引向某个未知的目标。"[57]

可在那个时代，女性上大学还是一件极为罕见的事情。医学院会不会接受她呢？尽管 1874 年便有法律出台，准许女性进入大学接受教育，但理科类女大学生的数量依然相当之少。1877 年至 1902 年期间，共有 224 名女性获得大学文凭，其中仅有十一名就读于理科专业。首位拥有医科文凭的意大利女性是厄内斯蒂娜·帕佩尔（Ernestina Paper），她 1877 年毕业于佛罗伦萨。1896 年，仅有三名意大利女性获得博士学位，玛利娅便是其中之一。

当时社会对女医生的出现表示强烈反对。《大众画报》（L'Illustrazione Popolare）1896 年 3 月刊提出的"女性能够成为医生吗？"这一问题，得到的几乎都是负面回答。玛利娅的父亲同样持反对意见，他并不认为女儿在一个完全被男性主导的领域能有什么作为。他竭尽全力想要劝女儿放弃，但面对意志坚定的玛利娅，他最终妥协了。在那个年轻女性鲜少单独上街的年代，他选择亲自送女儿前往大

---

[57] A. M. Maccheroni, *Come conobbi Maria Montessori, op. cit.*, p. 27.

学校园。

　　招收玛利娅的技术学院数学物理系只允许她注册数学、物理及自然科学专业。但她毫不气馁，转而向吉多·巴切里（Guido Baccelli）[58] 求助，希望可以被破格录取。在遭到拒绝后，玛利娅依然没有放弃。她在面试过程中表现出极大的决心，并信心百倍地宣称："我可以做到最优秀，我要学医。"[59]

　　由于没有接受过传统高中教育，玛利娅既不会拉丁文也不懂希腊文，而这是进入医学院必不可少的条件。她必须迎头赶上。但父亲刚好在这一年退休了，家里无法支付她的私教课程费用。几经周折，一位神父答应让玛利娅旁听神学院学生们的拉丁文和希腊文课程，但她必须躲在木隔板后面听，不能打扰到其他人。后来，这位神父意外离世了，不过玛利娅还是成功通过了拉丁文和希腊文考试，扫除了学医道路上的一大障碍。修读了两年自然科学专业后，玛利娅终于在大学三年级时进入医学院，两个专业中其实很多课程都是相同的。

无所畏惧的女生

　　玛利娅是罗马大学史上第三位进入医学院的女性。[60] 媒体曾两次报道这一罕见事件。从某种程度上看，这算是玛利娅公共生活的开

---

[58] 吉多·巴切里（1830—1916），"现代意大利之父"加里波第之友，解剖学教授，罗马大学医学院主任。他是静脉血管内医学治疗方式先驱之一，曾七度担任公共教育部长。

[59] A. M. Maccheroni, *Come conobbi Maria Montessori, op. cit.*, p. 28.

[60] 前两位获得罗马大学医科文凭的女性是埃德维吉·贝尼格尼（Edvige Benigni, 1890）和玛尔切里娜·克里奥·维奥拉（Marcellina Corio Viola, 1894）。

端，此后公开亮相便成了她的常态。

1892 年 5 月，在罗马贵族及大学生们组织的鲜花节巡游中，玛利娅首度大放异彩。她被选中前去恭请王后收下一面真丝旗帜。甜美沉稳而又青春可人的玛利娅给记者们留下了深刻印象。

1893 年 5 月，《意大利画报》（L'Illustrazione italiana）撰文报道了著名教授莫雷斯科特[61] 葬礼前夜守灵时的情景。文章配图中"放大镜"代表年轻的玛利娅，她正透过门眼目送"自己的"教授被火化。[62] 记者对她的勇气赞赏有加，认为她会选择修读完全由男性主导的医学专业并不令人意外。

这位记者的评价完全正确，有件事可以证明这一点：在一堂解剖课上，巴切里教授突然将手术刀扔向学生们，因为他们针对他课堂上唯一一名女同学的冷嘲热讽和粗俗玩笑让他忍无可忍。[63]

玛利娅在 1895 年面对所有同学和老师们发言时表示，自己好像是走进狮笼的驯兽师。[64] 但渐渐地，凭借着顽强的毅力，她向所有人证明了，医生这个行业并非只有男人才能胜任。然而，要让整个社会真正接受这一点，还需要不少时日。

玛利娅在给一位友人的信中写道："我之所以出名，是因为表面看上去既精致又害羞。但大家都知道我敢观察和触摸尸体。我是那么

---

[61] 雅各布·莫雷斯科特（Jacob Moleschott）1822 年出生于荷兰。他最为关注的领域是心理学和人类学，著作等身。他在德国任教期间，由于自由主义和唯物主义立场而遭到非议。此后他逃往意大利，并于 1876 年在都灵当选参议员，三年后迁居罗马。他著有多部关于霍乱、糖尿病及神经系统疾病的书籍。

[62] L' Illustrazione italiana du 4 juin，引自 V. Babini, L. Lama, Una « donna nuova », op. cit., p. 40.

[63] P. Trabalzini (2003), Maria Montessori da Il metodo a La scoperta del bambino, Rome, Aracne, p. 24.

[64] M. Schwegman, Maria Montessori, op. cit., p. 39.

多男人当中唯一的女性！没有什么能阻挠得了我，公开考试也不在话下；我可以大声讨论难题，丝毫不会慌乱，始终保持冷静……于是我就出名啦！不过，亲爱的，你也知道，这一切并非易事。我的名气并不来自天赋和智慧，而是勇气和无所畏惧的态度。真想要争取些什么的话，只要付出常人难以想象的代价，总能得偿所愿。"[65]

在众多需要她克服的困难当中，观察和解剖尸体是无法绕开的一环。作为男性群体中唯一的女生，她需要完全放下矜持。她在日记中详细描写了解剖尸体的场景，以下是部分节选。[66]

"1891 年 5 月 4 日，星期一。令人难忘的一周。我进入了解剖学院，看见了一具上面盖着被单的尸体。这是一具很小的尸体，在托达罗（Todaro）参议员身边看起来真是太小了。快下课时，参议员说他要开始讲解骨盆动脉了。这是对我发出的信号。我提前跟朱利亚尼（Giuliani）教授说明过情况，表示自己不会直接参与某几堂棘手的课，但会在门背后仔细听讲。课后，明加奇尼（Mingazzini）医生负责讲解尸体情况。他将被单掀至腰部，我看见了一个丰满的胸部，那一定不是男人的胸部。'这是一个年轻女孩！'他说。我也是个年轻女孩。所有人都看向了我。在众人的目光下，面对眼前这个半裸的无辜少女，我的情绪变得强烈而激动。我想我的脸并没有涨红。这个女孩娇小又漂亮，她的身躯是那么可爱。一位同学开始说到这个漂亮的胸部：没人来保护这位可怜的女孩吗？医生在尸体身上夹了一些夹

[65] R. Kramer (1976), *Maria Montessori. A biography*, Chicago : Da Capo Press, p. 58.

[66] 摘自一本封面缺失的本子，首页题有"今天，21 岁！"字样，内容是玛利娅·蒙台梭利于 1891 年 3 月 25 日至 8 月 31 日期间亲笔书写的笔记。引自 G. Honegger Fresco (ed.) (2000), *Montessori perché no? Una pedagogia per la crescita*, Milan : FrancoAngeli, p. 69-76.

子，然后从一只骨头外露的断裂手臂上抽出血管……我走开了，无法忍受亲眼看着他们触碰那个胸部。

1891年5月5日。我特意晚半小时去上解剖课，因为只能在门背后听课，但其实什么也听不见。于是我去找朱利亚尼教授，请他给我一本带图解的书。他开始给我解释上课内容，接着对我说：'这样你是无法真正搞懂的，只有在研究过尸体之后再看图解才能起作用。'这一次，他不再像往常那样客气了。他直截了当地跟我说，如果我始终感到别扭，始终无法鼓起十足的勇气，始终不忘自己是个女人的话，我将一事无成。'像其他同学那样正常来上课，仔细听关于尸体的讲解。'他说今天下课后，会为我讲解尸体。'您先在这里坐一会儿。我们等这节课结束。今天我们就来试试您的胆量，您要亲手去触摸尸体。'我沉默了一阵，说道：'如果是昨天那个女孩儿的尸体，我为什么不能试试呢？我觉得她很有趣。只要不是老人的尸体就行。''为什么？''因为那样的话我会觉得恶心。''因为是个男人？''因为恶心。''没什么区别：尸体都是一样的。''走吧。'说完这句话，朱利亚尼教授就像变了个人似的。他叼着雪茄走在前面，我踮着脚像影子一样跟在他身后，生怕闹出动静来。'进来吧。'他一边打开解剖教室的门，一边粗声粗气地说。我看见桌面上摆着一具盖白布的尸体。在一个小房间里，两名身穿黑衣的工作人员将尸体从一张桌子搬运至另一张。我见惯了平躺着的尸体，而这样的搬运过程对死者毫无尊重可言，头部和变形的手臂就这样晃来晃去。两人一用力，头部悬垂得更厉害了，不停地左右摇动；全裸的躯干折叠了起来。没有什么比看见如此没有生气的身体更恐怖的事了。我感到不寒而栗，不知不觉地陷入僵直状态，动弹不得。我摘下帽子，教授在身后帮我系上围裙。

他装作若无其事的样子，牵起我的手，把我带到盖白布的尸体前。他不经我同意就牵我的手，这让我感到很恼火。但教授说道：'您要相信我，这就是昨天教室里的那个女孩。'他用另一只手掀开了白布，我觉得无比羞耻，忍不住大叫：'不要，教授，不要！'我想要挣脱教授的手，逃离这里。羞耻感彻底笼罩着我，我会在这个全裸女人面前昏过去的。但这具'小尸体'已经被解剖过了，兰巴勒（Lamballe）太太已经对她进行了第一次肢解。'您看到了吗，她已经被全部切开了，您还怕什么呢？'我心安了一些，开始大笑起来，笑声充满扭曲和悲哀。我掀开手臂上切下的一块肉，观察骨头的部分，用我的手指挤压尸体手臂上的脂肪。我仔细观察尸体。对这个女孩的同情已经烟消云散。被拔掉的乳房处露出发黑的肉和苍蝇卵。她全身脏兮兮的，腿部早已干枯，下面连着一对又黑又脏的大脚。教授请其中一位工作人员清洗出一条腿。只见他拿起海绵开始擦洗，可黑色污垢怎么也擦不干净。我盯着教授，手指依然捏着尸体手臂上的肉。'这并不是污垢，而是过度腐烂导致的血肿，尸体很快就要分解了。''哦！'我变得满不在乎，握着尸体手臂的那只手还是没有松开。他拉过我的手。

'走吧，别一副闷闷不乐的样子了。来这儿看看。'我跟着他来到另一具尸体前。门被关上了。两名工作人员就这样站在那里，一动不动。我们看着尸体的脸部和全裸的躯干。靠近尸体时，我闻到了一股难以名状的腐臭味。我往后退了几步：'这味道可真难闻！''是的，闻起来很难受，但您必须习惯起来。过来吧，现在我来给您讲一下今天缺的课。'教授拿起一块石膏做的骨盆，上面带着各种附件。他告诉我这是男性的附件。这部分很难辨认，我一开始居然没看出来。'这是整体的一部分，整体骨盆在这里。'他指着那具尸体给我看。我不再一惊一乍了。过了一会儿，尸体被盖上了白布，看门人走进来递给我们一块普通肥皂和一块好闻的香皂。我们都洗了两遍手。带我走向洗手池时，教授用手臂轻扶着我的腰，让我不要感到孤单或害怕。但我对他依然有所警惕，轻轻地绕开了他的手臂。

我一边洗手，一边询问这位像父亲一样慈爱的教授，问他要过多长时间才可以在触摸过尸体的当天就习以为常地吃饭。'马上就能做到。'我笑了，觉得他一定是在开玩笑。但让我惊讶的是，他立马叫来一位工作人员，请他去买些甜点。'您必须马上吃点东西，否则今天迟些时候您就什么都吃不下了。反胃的感觉甚至会让您明天都不想吃东西。'甜点送来了，我用刚刚才碰过女孩尸身腐肉的手拿起了一块，当着她的面，在距离稍远些的门槛处吃了起来。第一口怎么也咽不下去。看门人笑了起来。教授在一旁鼓励我。突然，我把东西吐了出来：'我还没漱口呢，真恐怖！''嘴里又不脏，'教授微笑着平静地说，'手虽然之前弄脏了，但我们也已经很仔细地洗过了。手里、嘴里都没有脏东西了。这些都是您臆想的，您必须克服这一关。'

我重新把甜点放进嘴里，这次比较轻松地吞了下去。教授见状，上前来祝贺我，最后握着我的手说了声'再见，明天见'。我感觉到战胜了自我，精神变得更加强大了。我再也不像以前见到和闻到尸体时那样，胃里一阵恶心和翻腾了。这只是心理作用而已。教授像灵魂的疗愈师一样，为我驱除了心魔。"

这便是玛利娅在医科学习过程中的重要转折点。此后，虽然克服了观察尸体时的不适感，她还是习惯在每堂解剖课上花钱请一位男士站在自己身旁抽烟。实在没办法的时候，她就会自己抽烟。

优秀的学业成就

在大学一年级期间，玛利娅通过了植物学、动物学及物理学三门考试，成绩优异。[67] 她还选修了寄生虫学、植物生理学、含实践项目的系统解剖学、含实践项目的组织解剖学以及德文。这段时期的学习经历令她拥有了广博的知识结构，并充分体现在其后来针对六至十二岁儿童提出的"宇宙教育"理念中。

大学二年级时，玛利娅又通过了生理学、解剖学和化学三门考试，同样取得佳绩。[68] 她额外选修的课程包括含实践项目的系统解剖学、人体解剖学、实验生理学、胚胎学及实用组织学。

最后的 1892—1893 学年标志着玛利娅朝医学方向的转型。据某些传记记载，教皇利奥十三世对此起到了促进作用。他确信医生对于女性而言是一种高贵的职业，希望医学院可以破格录取玛利娅。但从当时的社会背景来看，这种说法可信度并不高。那一时期的政坛几乎完全被反教权人士及共济会成员把控，[69] 来自教会的人物可能对决策

---

[67] 1891 年 6 月 17 日的植物学考试涉及内容包括植物各部位形态、根部、淀粉及堆肥等，她的成绩为 25 分（满分 30 分）；1891 年 6 月 22 日的动物学考试涉及内容包括多足动物及软体动物，她的成绩为 24 分（满分 30 分）；实验物理学考试涉及内容包括马略特定律、折射率及光谱学，她的成绩为 27 分（满分 30 分）。

[68] 1892 年 6 月 18 日的组织学及生理学通识考试涉及内容包括原生质及其特征，她的成绩为 25 分（满分 30 分）；1892 年 6 月 28 日的比较解剖学考试涉及内容包括肌肉组织、神经系统及消化系统，她的成绩为 29 分（满分 30 分）；1892 年 7 月 3 日的普通化学及有机化学考试中她的成绩为 29 分（满分 30 分），涉及内容不详。

[69] 1870 年，意大利王国军队占领罗马，教皇国分崩离析，教皇声称自己沦为意大利国家囚徒。1874 年，教皇庇护九世禁止天主教徒参与意大利政治事务，违者开除教籍。1919 年，路易吉·斯图尔佐神父创立意大利人民党，天主教徒得以正式参与政治。1929 年《拉特兰条约》签订后，教皇国正式解体，教皇承认罗马作为意大利国家的首都。

产生影响吗？不过，无论如何，大学三年级的玛利娅于 1893 年 2 月 12 日被医学院录取，她的自然科学考试成绩全部得到承认。病理解剖学和临床医学等科目作为公共科目加入她的三年级的课程中。

在医学院的第一年，她便以极为亮眼的成绩通过了三门考试。局部解剖学涉及前臂前部及舌部组织；[70] 普通病理学考试内容涉及细菌的性质及形态，她取得了最高分；实验生理学（由著名的莫雷斯科特教授 [71] 上课）考试内容涉及病理学理论及呼吸化学，她同样拿到了最高分。此外，她还通过了一门药物学考试，涉及内容主要是化学元素砷。[72]

她在医学院一年级的选修课程包括（含实践项目的）组织解剖学、化学、生理物理学、胚胎学、中枢神经系统解剖学、临床化学以及动物医学，可谓涉猎广泛。

她的学术生涯成绩斐然。大学四年级时，她参加由罗利基金会组织的普通病理学科研竞赛并拔得头筹，荣获 1000 里拉奖金。其他同学对她赢得这项荣誉的事实似乎颇有微词。但科研工作带来的第一笔财富让她可以不再完全依赖父亲的经济支持。1895 年，她在另一项比赛中胜出，获得了医学院毕业生及六年级学生们趋之若鹜的圣让医院助理医生岗位。她也由此获准成为"罗马医学界教授及医生组成的" [73] 蓝瓷兰协会成员。1896 年，她获得萨西亚圣神堂医院助理医生一职，此后她同时在这家大学诊所与慈悲圣母院大学心理分析诊所工作。玛利娅的表现卓尔不群。

---

[70] 她的这项考试成绩为 25 分（满分 30 分）。

[71] 莫雷斯科特教授于同年五月去世，这门课程的考试是由其助手组织完成的。

[72] 这门课程主要学习用于治疗疾病的各种物质的疗效。

[73] G. Honegger Fresco, *Maria Montessori, una storia attuale, op. cit.*, p. 35.

影响深远的教授们

玛利娅抱持着一种坚定的信念：医学拥有社会责任，应当为社会进步而服务，与厄运作斗争。在听过一些同样对社会不公抱抵制态度的教授们上课后，她更加确信了自己的观点。她与教授们积极投身于医学工作，致力于让医学走出封闭的学院范围，真正为人类尤其是弱势群体服务。

最先影响玛利娅的，是莫雷斯科特教授的课程。他是社会病理学先驱，时刻关注最贫困人群的生活状况。他是一位思想十分进步的人士，从 1888 年开始便作为参议员积极支持和捍卫女性参政权，坚决反对有关女性低等地位的所有理论。他的课堂总是充满激情，让包括玛利娅在内的无数学生投入精神病理学的怀抱中。

安格罗·切里（Angelo Celli）议员对玛利娅的影响也不容小觑。他是疟疾预防专家，尤其关注罗马周边沼泽地区的疟疾传播，积极致力于改善该地区人民的生活条件。切里是卫生领域的权威人士，研究涉及范畴远不止单纯的传染性疾病。他的研究重点，是通过改善生活条件及社会环境来提高人类身体健康水平，从而起到预防疾病的作用。卫生学及人类学是首批旨在为儿童和青少年提供具体健康防护的学科。在著作《社会卫生学的困境与希望》（*Détresse et espoir de l'hygiène sociale*, 1895）中，切里解释道，结核病与疟疾夺走了大量贫困人群的生命，这是由于社会缺乏解决这一难题的政治意愿。他不仅提出问题，还在妻子的帮助下，积极与疾病展开实实在在的斗争。1891 年，夫妻二人开设拉斯加尔佩塔门诊所，为特拉斯提弗列地区的贫困儿童提供治疗。玛利娅在这间诊所义务工作了好几年。切里还教会家长及贫民如何更好地利用免费卫生健康服务。他同时呼吁女性积极投身到社会和卫生事务中来。

玛利娅在蓬费格里（Bonfigli）教授的临床精神病理学课堂上也受益匪浅。蓬费格里医生于 1885 年放弃教学工作，转而成为议员，希望能够掌握更多资源用于改善意大利人的卫生健康状况。他绝不听天由命的个性令玛利娅印象深刻。与自己的教授一样，玛利娅也不相信现状是命中注定无法改变的，她认为只要行动起来去改善每个人的生活环境，整个社会就将变得越来越好。蓬费格里教授在为玛利娅上的第一堂课中，发表了一篇名为"与儿童教育相关的精神病社会因素"的演讲。他明确指出当前的教育既无法支持个性发展，也不能推动道德意识的形成。他还特别提出了针对智力缺陷儿童的辅助计划。深受震撼的玛利娅也开始对所谓"智障"儿童产生兴趣。她对精神病理学越来越关注，博士论文主题也围绕这一科目展开。与此同时，她选修了自己的最后一门课程——临床儿科，并在论文答辩之前顺利通过了该科考试。

博士论文

当时的医学院女生通常选择妇科和儿科作为论文主题，她们被认为天生更擅长这两个领域。而将精神病理学作为论文主题的决定无疑是独树一帜的。然而目睹过精神病院中儿童们在面对大人时的惊恐表现后，玛利娅很难做到无动于衷。后来，玛利娅的一位员工曾讲过这样一件事："一天，她被带进一间有几名儿童的房间，这些孩子都有智力缺陷。负责照料的女士说他们又馋又脏，每次用餐结束，他们都会趴在地上捡面包屑吃。玛利娅环顾四周，发现房间里没有任何可以拿在手上玩的东西。很快，她就意识到，孩子们需要的是活动起来，是跟世界建立联系。他们被禁锢了，应该把他们释放出来。她从他们眼中能够看见与其他人一模一样的智慧光芒，于是决定为他们启蒙。"[74]

通过这次参观，玛利娅逐渐意识到，这些孩子真正需要的不是医学，而是教育。

她开始在精神病诊所观察病患、收集必要的信息，撰写自己题为"对立型幻觉的临床研究"（Contribution clinique à l'étude des hallucinations à contenu antagoniste）的博士论文。她的论文导师是希亚玛纳（Sciamanna）教授，他于 1896 年接替了当选议员的蓬费格里教授的位置。不过这个论文题目很可能来自德·桑克提斯（De Sanctis）的建议，因为他于那段时间发表过该领域的研究文章。该主题在意大利还很新，而在法国已经先后有莫雷尔（Morel）、玛格南（Magnan）和塞格拉（Séglas）等医生做过研究。这种"双向幻觉"指的是出现了听觉型幻觉之外的另一种幻觉，通常是视觉型的。而玛利娅致力于填补该领域的一项研究空白，即有些幻觉并非多感官型的，由于这种现象并不罕见，所以值得深入研究。

基于对九个男女病例的观察和研究，玛利娅撰写了一篇四十九页的博士论文，详细描述了多种情况：听觉型幻觉，即安抚的声音出现在危险声音之后；视觉型幻觉，即圣人与魔鬼的形象交替出现，导致病患出现被迫害的妄想，形成深层的精神错乱。和德·桑克提斯一样，

---

[74] A. M. Maccheroni, *Come conobbi Maria Montessori, op. cit.*, p. 31.

玛利娅也在思考所谓的"双重自我"到底是产生幻觉的结果还是原因，是否应该在正常精神病理学范畴去找寻根源。三个月后，德·桑克提斯在第九届意大利精神病理学大会上发布了他们的研究成果，后于1897年以二人的名义在《病理学》（*Policlinico*）杂志上刊登了研究文章。这并不是玛利娅的第一篇学术文章，早在此前一年，她便已发表了题为"莱登晶体对治疗支气管哮喘的意义"[75] 的文章。

撰写博士论文的同时，玛利娅还对塞尔吉（Sergi）教授的人类学课程非常着迷。塞尔吉教授率先关注基于对儿童客观观察结果的科学教育法，倡导不带任何偏见的教育理念。玛利娅后来与他有过长达数年的合作。

医学专业毕业

玛利娅·蒙台梭利于 1896 年 7 月 10 日以极为优异的成绩（104/110）获得了医学专业学位。但如此亮眼的考试成绩和大获好评的博士论文并未能让她赢得最高奖励，与她关系亲密的同事尤塞普·费鲁齐奥·蒙特萨诺（Giuseppe Ferruccio Montesano）则曾是这一殊荣的获得者。1891 年 7 月 14 日入学的尤塞普荣获"媒体荣誉大奖"，而事实上他的分数是低于玛利娅的。但玛利娅并未因此感到扫兴和沮丧，因为罗马媒体已经相当罕见地为她撰写了一篇名为"医科专业女

---

[75] « Bollettino della Società Lancisiana degli Ospedali romani, sul signiffcato dei cristalli del Leyden nell'asma bronchiale », 1896.

毕业生"[76] 的文章：

"在今年 7 月 10 日毕业的这群博士生当中，我们非常荣幸地重点介绍一位女博士，她就是玛利娅·蒙台梭利小姐。这位新鲜出炉的女博士拥有顽强的意志与坚定的信念。除了漂亮的成绩单外，她还于两年前荣获罗利奖，并经考核获得了圣让医院助理医生一职。她在该医院已从业一年，始终兢兢业业、无私奉献。以她为傲的父母昨日在家中愉快地接待了前来道贺的大学教授、众多女性宾客、医生、公众人物以及亲朋好友，鲜花与礼物纷至沓来。"

玛利娅的实验能力也相当引人注目。1897 年 3 月，几位教授建议她前往柏林攻读罗伯特·科赫（Roberto Koch）教授的进修课程。科赫教授是传染病研究院院长，并于 1905 年凭借结核病相关研究成果荣获诺贝尔医学奖。[77] 为促成此次求学之旅，亚历桑德罗·蒙台梭利向自己的一位叔父求助，后者专门准备了一笔资金，用于帮助家族成员完成学业。亚历桑德罗借机对女儿的学术成就大加赞赏，显然已从此前对玛利娅选择学医所持的反对立场转变为全力支持。在玛利娅三十岁时，他送给女儿一本厚重的剪报本，里面收集了所有提及她的文章。[78] 不过玛利娅最终并没有去柏林，她对细菌学的兴趣并不大，她真正关注的是精神健康领域。

---

[76] *La Tribuna* du 15 juillet 1896, 引自 V. Babini, L. Lama, Una « donna nuova », op. cit., p. 49.

[77] 引自 G. Honegger Fresco, *Maria Montessori, una storia attuale, op. cit.*, p. 37

[78] 这本剪报本的首页题词如下："我亲爱的女儿，近些年来，你的朋友和仰慕者们往家中寄来大量报纸。这些报纸记录着对你我都无比珍贵的回忆。它们是你卓越天赋与积极工作的证明。但它们一开始只是杂乱地堆放着，毫无保存价值。于是我决定制作一本剪报本。在你三十岁生日之际，我满怀欣喜地将剪报本赠与你自己保存，希望你能喜欢。你的父亲，1900 年 8 月 31 日于罗马"（引自 V. Babini, L. Lama, *Una « donna nuova », op. cit.*, p. 105）。

罗马精神病学派

1897 年 8 月 13 日，部长同意了"希亚玛纳教授关于马里奥（原文如此）·蒙台梭利博士担任罗马精神病诊所神经病学志愿助理（原文如此）一职"[79] 的提议。玛利娅在该诊所一直工作到 1900 年，主要负责以助理身份编写针对妄想狂[80] 专业学生的材料。

而由蓬费格里、德·桑克提斯、蒙特萨诺和蒙台梭利组成的学术"四巨头"创立的罗马精神病学派正式对精神病理学进行了临床分类。在此之前，所有精神病人都被关在一起：患有先天智力缺陷的人与随时可能丧失理智的疯子被无差别地对待。见多识广的德·桑克提斯向团队成员介绍了其他国家的先进经验。玛利娅进一步发挥自己观察和研究儿童发展的特长。她与蒙特萨诺共同展开的研究项目[81] 为意大利儿童精神病学的创立奠定了基础。正如她在著作《自我教育》（l'Auto-educazione）[82] 中描述的那样，行医对她而言是成为"伦理复兴代表人物的机会。这一复兴过程基于人类自然主义研究，旨在对社会进行变革"[83]。

玛利娅治愈患有智力或身体缺陷儿童的努力引起了全国范围的关注。媒体将她和蓬费格里教授誉为该项事业的灵魂人物。她被描写成

---

[79] A. Matellicani (2007), *La "Sapienza" di Maria Montessori. Dagli studi universitari alla docenza 1890-1919*, Rome, Aracne, p. 64.

[80] "妄想狂"，马里奥·蒙台梭利（原文如此）博士 1897—1898 学年担任志愿助理时整理的笔记。

[81] 《心理学、精神病学与神经病学》（*Revue de Psychologie, psychiatrie et neuropathologie*）杂志 12 月 1 日发表了蒙特萨诺和蒙台梭利的研究成果：《关于麻痹性痴呆症患者脑脊液的细菌学研究》。

[82] 即 1916 年出版的《科学教育学》（*Pédagogie scientifique*）第二部分。

[83] 引自 P. Trabalzini, Maria Montessori da Il metodo a La scoperta del bambino, op. cit., p. 42.

"一位严谨博学的年轻女性"，同"一批充满智慧与科研精神的男女"[84]合作无间。参与这项工作的女性多为政治人物的配偶，她们一直对帮助贫困儿童等社会工作非常重视。巴切里在这一时期被提名为教育部长，积极支持填补意大利在相关儿童教育领域的空白。

法国和英国的医疗教育中心成了学习的榜样。玛利娅在研究工作中拜读了爱德华·塞根（Édouard Séguin）发表于1846年的著作《智力迟缓及痴呆儿童教育理论与实践》（*Théorie et pratique de l'éducation des enfants arriérés et idiots*）。大受震撼的她亲自前往巴黎，在德西雷-马格卢瓦·布尔内维尔（Désiré-Magloire Bourneville）担任院长的比塞特医院"持续不断地观察了好几周"。[85]但所看到的一切让她颇为失望，因为她发现大部分教学方法都被无意识地忽略了。她明白了想要严肃而彻底地践行塞根的方法是一件多么艰难的事情，那需要巨大的耐性和实实在在的观察训练。

玛利娅还希望在巴黎找到塞根于首部著作出版二十年后写就的英文[86]论著。但布尔内维尔很肯定地表示，这本书从未登陆过欧洲。在各方友人的帮助下，她辗转获得了这本书，并与一位女性朋友一起将其翻译成意大利文，还通过手抄的形式进一步领会著作精髓。在巴黎期间，玛利娅接触了塞根的老师让-马克·加斯帕尔·伊塔尔（Jean-Marc Gaspard Itard）的理论，其著作《论人的教育》（*De l'éducation d'un homme*）依然在书店有售。这部作品出版于1801年，当时的伊塔尔担任聋哑者研究院院长。他在书中讲述了自己教育阿韦

---

[84] 引自 V. Babini, L. Lama, *Una « donna nuova »*, *op. cit.*, p. 60.

[85] 1901年比塞特医院报告，引自 C. Philippi Van Reesema (1926), « Les précurseurs de Mme Montessori », *Pour l'ère nouvelle*, n° 21, p. 83, note 1.

[86] 爱德华·塞根于1848年离开法国移居美国。

龙省"野孩子"维克多的各种经历。

伊塔尔和塞根两位医生兼教育学家主张依托感官的生理学方法。玛利娅在他们那里找到了自己与罗马同事们在教育智障儿童、提升其能力过程中所遭遇的大量问题的答案。1899年冬，她获得教育部授权，前往伦敦考察一家实践塞根教学法原则的儿童中心。

从伦敦回来后，玛利娅在议会刊物《罗马》（*Roma*）上发表了一篇题为"社会悲剧与科学新发现"[87]的文章。她在文中以相当实际的态度对相关问题进行了探讨，并基于自己在法国考察的经验总结，提出了初步建议方案。

她的主要研究目的是在全国范围内开设针对轻度智力障碍儿童的医疗教育研究所和教学班。全国智障儿童保护联盟于1899年1月正式成立，蓬费格里担任主席，尤塞普·蒙特萨诺和玛利娅·蒙台梭利出任秘书兼顾问。蒙特萨诺始终将该组织视为蒙台梭利倡议的产物，充分肯定她的核心地位。[88]

玛利娅从此进入教育界。在她看来，当时的教育并未将智障儿童考虑进去。她必须在这一领域不断探索，了解教育工作者是否有意愿参与其中。玛利娅被委派出席全国教育工作者大会，向教育界介绍全国智障儿童保护联盟这一全新机构。她这样回忆这件事："1898年9月8日至15日，第一届意大利教育大会在都灵举行，大约3000名教育工作者出席了大会。我也满怀激情地参与了此次大会，并从中隐约看到了教育工作者们的使命与转型，感受到教育界正在迈向光荣的重

---

[87] 1898年7月31日。这篇文章还刊登于《教育者运动》（*Le Réveil éducatif*）杂志，1898年9月4日。

[88] *Corriere delle donne italiane*, 14 juillet 1899, 引自 V. Babini, L. Lama, *Una « donna nuova »*, *op. cit.*, p. 59

生。我是这群人里的异类，因为当时所有人都对医学与教育之间是否存在有机结合的可能性持怀疑态度。"[89]

就这样，玛利娅以医生的身份提出了本应由教学部门负责的智力缺陷儿童教育问题。但有些讽刺的是，一场突发的悲剧事件进一步揭示了特殊儿童群体教育缺失的这一社会问题及其可能带来的风险。"就在这天早上（1898 年 9 月 10 日），奥地利皇后遇刺的新闻如晴天霹雳般爆了出来。又是意大利人干的！这是短期内欧洲发生的第三起意大利人刺杀君主事件！[90]"媒体因此怒斥教育者的无能，将情绪发泄到大会的参与者身上。玛利娅决定发声，强调教育机构须担负起针对所有儿童展开无差别教育的责任："社会不应该无视任何一种可以挽救和教育儿童的方式，不应该放弃那些由于自身困难而无法享受社区学校教育的孩子。[91]"

她指出，空洞的教育改革措施根本没有考虑到这些孩子的实际情况，导致他们被排除在正常教育之外。他们极有可能成为"反叛社会的人，自我放弃，无法适应社会生活，无法自力更生"。玛利娅补充道："他们就会试图窃取他人的劳动果实，进而犯下罪行；收容所、妓院、监狱里随处可见有罪在身的年轻人。[92]"

她的发言效果显著：与会者全票通过她关于开设特殊教育学校的提案，旨在为无法接受传统教育的问题儿童提供让老师因材施教的场所。他们还同意针对未来的教师培训设置新科目，如学习如何开诊断书等。锦上添花的是，在大会闭幕时，主席提出下一届大会期间将召

[89] M. Montessori (1910), *Antropologia pedagogica*, Milan : Vallardi, p. 12-13.

[90] *Ibid.*, p. 13. 行刺者为路易吉·卢切尼（Luigi Luccheni）。

[91] 引自 P. Trabalzini, *Maria Montessori da Il metodo a La scoperta del bambino*, *op. cit.*, p. 34.

[92] 玛利娅·蒙台梭利发言节选，引自 V. Babini, L. Lama, *Una « donna nuova »*, *op. cit.*, p. 63.

开一场专门的智力缺陷儿童主题会议。

本届大会过后，在玛利娅的积极推动下，一个针对智力缺陷儿童的全新临床教育组织诞生了。这些孩子的状况也逐渐好转，不再被当作无可救药的人对待。玛利娅率先在"正常"学校内开设"特殊"班级，为这类孩子提供服务。这样的组织方式非常容易推广，即使在小村镇的孩子也可以就近入学，无需前往离家较远的教育中心。

在一系列积极举措之后，身为教育部长的巴切尼（Bacelli）[93]要求玛利娅组织巡回演讲，在罗马的三家教师培训学校讲授智力缺陷儿童教学法。首场演讲名为"为了那些不幸的孩子"，吸引了大批教师、老教授甚至政治人物前来聆听。记者们强调"这位年轻女科学家能力超群、意志坚定，令人信服地提及 [94]"那些意义重大但在意大利仍未引起足够关注的议题。玛利娅在此后几年一直坚持讲授这门课程。

1900 年 4 月 7 日，由蓬费格里发起并领导的启智学校成立，蒙台梭利和蒙特萨诺担任负责人。该培训中心与全国智障儿童保护联盟联系紧密，旨在培训教育智力迟缓儿童的教师，帮助他们了解不同形式的精神缺陷及针对不同精神状况的教育方法 [95]。玛利娅负责教授心理学、生理学和卫生保健学，重点关注退化预防及卫生教育。她认为

[93] 部长向各大机构及市长们寄送了一份政府通报，请求他们资助全国智障儿童保护联盟的倡议活动。

[94] M. Montessori, « Pei i fanciulli infelici », 29 gennaio 1899, 引自 V. Babini, L. Lama, *Una « donna nuova »*, *op. cit.*, p. 64.

[95] 启智（即发展智力）学校位于沃尔西大道 50 号。培训课程为 7 个月。后续阶段针对希望在该学科领域深造的大学生。课程内容包括生物学，涉及一般遗传学及病理遗传学；人类学，尤其关注退化型症状；解剖学及生理学，涉及神经系统、知觉器官及行为；不同形式的精神疾病分类；检测语言及知觉问题的各种技术；有关儿童生理状况及其演变过程的数据记录及分析；针对感官、行为及语言障碍等问题的特殊教学法，以及性格教育。参见 P. Trabalzini, *Maria Montessori da Il metodo a La scoperta del bambino, op. cit.*, p. 39-40.

这些是为孩子做好接受智力教育准备的关键。时刻保障孩子身体健康至关重要。卫生教育对孩子具有疗愈作用，教师需要刺激并唤醒他们恶化的身体机能及沉睡的感官体验。玛利娅坚信恰当饮食和深切关怀的重要性，她在此后的"儿童之家"里也践行着相关活动。

此外，玛利娅还十分关注塞根倡导的相关教具的制作，并将其交给拉皮耶塔（La Pietà）收容所的五十余名儿童试用。这批孩子后来转入启智学校实验班，以便未来的特殊教育教师们近距离观察孩子使用教具的情况，并练习如何与孩子们相处。

玛利娅自己也从中学到了很多。她曾这样描述道："在两年时间里，我和同事们一起培训教师，教他们观察和教育智障儿童。事实上，在伦敦和巴黎学习了智力缺陷儿童教学法后，更重要的是，我能够自己进行教学，自己领导我们研究所的特殊教育教师们。我就像一个小学老师一样，从早上 8 点到晚上 7 点，直接给孩子们授课；正是这两年的实践形成了我首套真正意义上的教学法。[96]"

到了晚上，玛利娅又恢复到自己的研究者身份中：她对所有观察结果进行分析和分类。她的努力取得了回报：特殊教育班级里的一个学生在期末考试中表现优异，成绩甚至超过了正常儿童。很快，其他同学也迎头赶上了。一切宛如奇迹。但惊讶之外，更多的是质疑。或许这些孩子仅仅只是反应迟缓一些，又或许他们只是需要一种刺激他们积极学习的方法而已？无论如何，玛利娅通过自身的投入与实践，向所有人证明，这些曾被视作无药可救的儿童，不但孺子可教，而且有望成才。

---

[96] M. Montessori (2016), *Pédagogie scientiffque. Tome 1 : La découverte de l'enfant*, Paris : Desclée de Brouwer, p. 23.

与蒙特萨诺的恋情

这些年来，有一位同事一直在玛利娅的生活中占据着特殊位置。玛利娅的后人们将她这段与尤塞普·费鲁齐奥·蒙特萨诺[97]的关系描述为"炽烈的恋情"[98]。他们的结合可谓天造地设。蒙特萨诺的一位学生这样回忆道："她，卓越、坚定、极富创造力、易冲动；他，冷静、拥有超凡的分析力。天赋异禀的二人坠入爱河。蒙特萨诺的温柔与玛利娅的强势极为互补。她在某种意义上是社会主义者，而他是一位犹太教徒兼个人主义者。他不常做礼拜，但遵从中世纪犹太教伦理，道德世界坚定而严谨。这样的差异让他们的感情饱受考验，也促使他们在不同领域成就斐然。蒙特萨诺留下的遗产和他对玛利娅的奉献都让我无比感动！[99]"

出生于1868年的蒙特萨诺在校期间是一名优秀的大学生，他甚至因为赢得两次医学竞赛而获准在1890年取得正式毕业文凭之前便开始执业。他一开始跟随切里在一间卫生研究所工作，后转去精神病诊所。1898年至1923年期间，他担任慈悲圣母院精神病医院主治医师。玛利娅与尤塞普的侄子文森佐·蒙特萨诺（Vincenzo Montesano）是同学，交情匪浅，或许二人正是因此结缘。可以确定的是，从1897年开始，二人都在德·桑克提斯处担任神经病理学医师。

两人的关系似乎从未走上过正轨。他们都拥有自由而现代的观

---

[97] 尤塞普·费鲁齐奥·蒙特萨诺（1868—1961）出生于意大利波坦察的一个犹太家庭。他的一生都致力于精神缺陷儿童的研究，尤其关注精神病患的社会层面问题。他著有大量书籍和科学出版物。

[98] C. Montessori, *In viaggio verso l'America, op. cit.*, p. 6.

[99] G. Honegger Fresco, *Maria Montessori, una storia attuale, op. cit.*, p. 43.

念。尽管母亲极力催促，但玛利娅好像是更不想结婚的那一个，因为一旦结婚，就意味着她职业生涯的终结。当时的已婚女人是不能工作的，而玛利娅显然胸怀大志，坚信自己对儿童有未完成的使命。结婚从某种意义上就是放弃自己经过不懈努力后赢得的一切。因此，玛利娅和蒙特萨诺达成协议，双方不结婚、不同居、不交往他人。

1898 年 3 月 31 日，他们的儿子马里奥出生，但这完全没能改变玛利娅不婚的决定。她在怀孕期间便自始至终隐藏着自己隆起的肚子。他们同意做一对远距离父母，将小马里奥交给居住于罗马北部维科瓦罗地区的奶妈维多利亚·帕斯卡里（Vittoria Pasquali）抚养。他的户籍注册名为马里奥·皮皮里（Mario Pipilli），父母栏为"未知"。马里奥与帕斯卡里家的孩子一起长大，其中有一位名叫科尔内利亚（Cornelia，昵称维里亚）的、比他大几岁的姐姐。在此后的日子里，每次回到意大利，马里奥都会去看望这家人。他与维里亚（Velia）的感情尤其深厚，寄给她的一张照片背后的题词便是最好的证明：

"玛利娅·蒙台梭利医生，1951 年 8 月 31 日八十岁生日之际，她正在聆听献给自己的歌曲。照片摄于奥地利因斯布鲁克附近的伊格尔斯。我陪在她身旁。我们两人一起来到你的卧室陪伴你，维里亚，向你表达我们对你的感情。圣诞快乐，我亲爱的姐姐！ [100]"

马里奥在热闹的乡村长大，玛利娅一有空就会去看望儿子。他后来说完全记得"这位美丽的夫人"，但不知道那就是自己的母亲。这样的情况显然十分出人意料，因为玛利娅·蒙台梭利是如此坚定地捍卫母权价值，并强调母亲在孩子出生最初几年对其身心和谐发展

---

[100] 引自 G. Alatri, *Il mondo al femminile di Maria Montessori…, op. cit.,* p. 47

的重要性。

无论如何，蒙特萨诺接受了这样的安排，或许他希望有朝一日玛利娅能改变主意。他们继续一起工作，直到情况急转直下。玛利娅和尤塞普决裂，后者于 1901 年 9 月迎娶了一名叫做玛利娅·阿普丽尔（Maria Aprile）的女子。

尤塞普在结婚前一周正式承认马里奥是自己的儿子。为什么这么晚才认子？有人认为这是玛利娅需要在儿子父亲与他人结婚并可能拥有其他子女前，正式为儿子确立合法地位。而蒙特萨诺则想要通过这种方式为马里奥赢得优质教育资源。1905 年，他将马里奥送进了菲奥伦蒂诺堡（Castiglion Fiorentino）的寄宿学校。[101]

由于担心马里奥秘密出生的事情被大肆宣传，玛利娅决定斩断与蒙特萨诺的一切关系。这次分手对她的打击相当大。有传言称，她将自己关在卧室整整两天，不吃不喝，最后走出来时是一身黑色装扮。此后，黑色成为她穿着的主色调，直到数年后前往印度才有所改变。[102] 提起蒙特萨诺，她的话语和眼神就会变得冷峻起来："失去挚爱是人生最大的痛苦之一：我必须劝服自己相信他已经完全变成了另外一个人。不得不蔑视他，这是残忍的。"然后，她便迅速转移了话题。

---

[101] "本人，尤塞普·蒙特萨诺医生，慈悲圣母院主治医生，居住于伦加拉街，以马里奥·蒙特萨诺生父的身份，请求您接收这名男生，我的儿子，进入小学就读。我负责按时缴纳住宿费及贵校规定的其他相关费用。我已知悉贵校相关规定。在此，我声明将合法住所设为菲奥伦蒂诺堡市长办公室，您可将一切相关文件寄送至此处。1905 年 11 月 27 日，于罗马。" 引自 G. Alatri, *Il mondo al femminile di Maria Montessori…, op. cit.*, p. 30-31.

[102] 这是她的学生保拉·波尼·费里尼（Paola Boni Fellini）记录的话语，引自 P. Giovetti (2009), *Maria Montessori. Una biograffa*, Rome : Mediterranee, p. 41.

玛利娅放弃了前途一片光明的精神病理学，也由此放弃了与蒙特萨诺共同从事的一切事业。她迎来了全新阶段。经历过深刻的感情创伤之后，在她面前展开的，是一条完全不确定的道路。

第三章　女性主义时代

"妇女们，都站起来吧！在我们当前社会的历史时刻，你们的首要责任，就是要求投票权。我们应该无比自豪地要求光荣的全民投票权，就像全民公决实现意大利统一一样。让我们为其他民族做好文明的典范，让人人都赞美：'自由的意大利是如此伟大，法律对女性充满尊重：大家都来效仿吧！妇女们，站起来吧！举起你们坚定的意大利旗帜走向投票箱，去争取投票权：这将成就无限荣光、精神进步与民族活力！'

玛利娅·蒙台梭利，

于思想与行动协会。"[103]

---

[103] M. Montessori (2019), « Proclama alle donne italiane, *La Vita*, 26 febbraio 1906 », *Per la causa delle donne*, Milan : Garzanti, p. 43-45.

1906年2月26日早晨，意大利多座城市的居民看见了大学生团体连夜偷偷粘贴的公告，内容便是上面这篇宣言。玛利娅还撰写了一篇《致意大利妇女宣言》，刊登在《生活》（*La Vita*）杂志上，推动了多个支持妇女投票权委员会的成立。[104]身为1905年12月成立的"支持投票"（*Pro Voto*）全国委员会成员的玛利娅，是第三位要求登记注册为选民的意大利女性。[105]同年，她成为思想与行动协会名誉成员。该组织主要面向女性精英群体，旨在"以最现代的愿景保障知识女性地位，与陈规陋习作斗争"。

玛利娅与她的记者朋友奥尔加·洛蒂（Olga Lodi）观点恰好相反，她坚信女性无需通过男性来获得更多权利，而应当依靠女性自身的力量。她在一次去奥尔加家中做客后，向其讲述了当时的状况："你忙着招呼客人，没能参与我们的争论。我就像机关枪一样不断发表意见：用餐时，我坐在巴尔奇莱（Barzilai）议员和尼蒂（Nitti）议员中间，对面是玛扎（Mazza）。我连珠炮似的表达着支持女性投票的观点。议员们都在嘲笑我。喝香槟的时候，我举杯表示希望尼蒂可以转变观念，因为他反对得比巴尔奇莱更加激烈，他说女性投票永远不可能实现。[106]"

玛利娅还毫不犹豫地在各大报刊发声，反复强调争取女性投票权的必要性，认为男人们的恐惧在于"害怕女性这股强大的社会力量向前发展。他们就像害怕失去洋娃娃的孩子[107]"。她以全体女性的名义

---

[104] 1946年，意大利妇女最终获得投票权。

[105] 第一位是1906年2月于曼图亚注册的贝娅特里丝·斯卡奇（Beatrice Scacchi），第二位是于罗马注册的特蕾莎·拉布里奥拉（Teresa Labriola）。

[106] M. Montessori, « Proclama alle donne italiane, *La Vita*, 26 febbraio 1906 », art. cit., p. 50.

[107] *Ibid.*, p. 59.

发表观点，尤其为那些因被视为"次等"而无法进行自我表达的女性开口。男人们不断提出反对意见，表示不可能赋予所有女性投票权。对此，玛利娅反驳道："女歌手、女舞者，还有其他没有被公开点名的女性职业，她们的存在正是男人们的欲望造成的！她们是被奴役女性最痛苦的代表。这些女性，这些被剥夺了爱与性的妇女，就像是葡萄酒，而男人正是酒鬼。男人胆敢将女性视为玩物和繁殖工具。[108]"

玛利娅·蒙台梭利从来不将女性与母性二者脱钩，她并不属于极端女性主义阵营。她强调"女性可以在胜任一切男性工作的同时，保持自己独特的母性光辉"[109]，还认为女性即使没有在生理上成为母亲，也可以在精神上具备母性。

女性的脑容量与其智力水平之间的关系是当时众多论辩的中心议题。所谓的女性颅骨容量导致其智力水平偏低的言论甚嚣尘上，成为大多数人对女性最普遍的谴责，著名人类学家塞尔吉（Sergi）和隆布罗索（Lombroso）等科学权威也支持这一观点。隆布罗索曾断言："天才的母亲并不是天才。"而塞尔吉则宣称"女性是没能完全进化的男性"，他质疑世上是否真的有女性天才的存在。有些讽刺的是，后来塞尔吉和玛利娅·蒙台梭利成了同事，但他是否转变了观念，我们不得而知。玛利娅选择以四两拨千斤的方式讽刺所有偏见："在讨论公民权时，智力一文不值，性别决定一切。如果一个男人伤风败俗、放荡不羁、智力低下、头脑不清、对后代不负责任、生下的子女也同样低能，没人觉得有什么大不了。他的儿子照样可以仅凭自身性别就拥有各项权利。法律并不在乎智力；我不明白为什么男人们始终在所谓

---

[108] *Ibid.*, p. 65.

[109] *Ibid.*, p. 8.

尊重的伪装下，坚持认为智力是上等（人类）的标志，妄称真正的天赋取决于大脑和创造性智慧！[110]"

玛利娅之所以选择在人类学方面继续深造，很可能也是想要向人们证明这种谬误，帮助女性克服令其缺乏自信的种种困境。事实上，玛利娅是意大利唯一一名积极涉足这一领域的女医师兼人类学家，她的著述极具科学价值。在课堂上，她反复强调"从人类学角度来看女性处于优势地位"。她在著作《教育人类学》[111]中阐释了这一主题。在该书第二章"颅骨学"中，她通过对颅骨测量结果的不同分析方法，证明了这一推断："女性的大脑仅比男性轻150克，因此女性的脑容量从比例上看大于男性！"[112]在这本书的封面上，玛利娅·蒙台梭利名字下方的介绍文字是"高级女子学院教师、罗马大学教授"。这些头衔是玛利娅历经艰辛、跨越重重阻碍后取得的成果，也令她的呼吁更具影响力。在十余年的时间里，她一直通过各种方式积极为争取女性权益、提高女性社会地位进行斗争。

柏林国际妇女大会

早在大学时代，玛利娅便已成为"为了女性"协会的成员。该组织旨在促进女性之间的团结互助精神。玛利娅担任协会副秘书长，在此期间结识了大量的此后多年来一直同她并肩作战的姐妹。协会为女

---

[110] *Ibid.*, p. 68.

[111] M. Montessori, *Antropologia pedagogica, op. cit.*

[112] *Ibid.*, p. 219.

工们组织了标音[113]及阅读课程，为她们提供了大量报刊。玛利娅还特别负责讲授卫生保健知识。

玛利娅在许多方面都能力过人，演讲水平更是卓尔不群，因此协会决定由刚刚大学毕业的她作为意大利代表，出席 1896 年 9 月 20 日至 26 日于柏林举行的国际妇女大会。这是在欧洲举办的首届妇女大会，共有五百人出席。来自社会各阶层的意大利妇女纷纷慷慨解囊，为玛利娅此次出行提供经济支持。

在柏林期间，尽管玛利娅提到了意大利妇女面临的诸多严峻问题，但记者们关注的却只是"这位意大利美人的女性优雅魅力"。发型、眼神、手套和整体气质使她成为当之无愧的"女性主义美人"[114]。面对这样的状况，她感到十分气恼，在给父母的信中如此写道："我知道有很多报纸都提到了我。我不会再在媒体上露脸了，没人能再赞美我所谓的美貌。我要严肃地展开工作！[115]"

她进行了好几场精彩演说。第一场演讲时，她谈到了女性教育问题、意大利女性在非洲战争期间遭遇的困境以及女性为文化扫盲所做的努力。第二场演讲中，她谴责了女性糟糕的工作条件，尤其是在工时方面，并倡导工资均等。她深知事实胜于雄辩，真实数字和统计数据的说服力远大于宣传口号，于是她有理有据地告诉人们，意大利拥有欧洲最多数量的女工。她紧接着介绍了法国妇科医生帕约（Pajot）

---

[113] 一种类似速记的技术，以语音方式进行书写。

[114] 《米兰晚邮报》（Corriere della Sera）驻柏林的通讯员介绍道："当意大利代表抵达 Englischen Haus 的开幕晚宴时，男人们停止了挖苦讽刺，胜利的微笑浮现在女人们脸上。这位来自罗马的优雅女士完美代表了女性魅力的经典光辉。即使听不懂她的语言，人们也会被她迷人的嗓音和表情所吸引。""妇女大会，1896 年 9 月 25—26 日"，引自 R. Kramer, Maria Montessori. A biography, op. cit., p. 56.

[115] Ibid., p. 56.

的一项研究结果，指出因恶劣工作条件导致女性流产的数量远远高于人们普遍认为的"罪魁祸首"——梅毒所造成的女性流产的数量。玛利娅回忆道："这两大具体的论据给所有人留下了极深的印象，包括反女性主义者。后者认为意大利妇女为国家财富做出的重要贡献导致了社会不平衡，会对人民造成危险。"[116]

玛利娅的大会候选资格并未得到一致认同，因为有许多女性主义者认为自己并没有被代表。她们认为她小资产阶级气息过重，政治理念也与她们大相径庭。但事实上，妇女大会是跨阶级的，玛利娅也不属于任何政治党派，她明确表示只为全体女性发声。会议期间有一群女性社会主义者闯入会场，抗议大会的所谓"资产阶级导向"，并带着有三千人签字的请愿书前来要求废除资产阶级、建立社会主义社会。玛利娅决定跟她们会面。她以灵活的外交辞令宣称"在意大利妇女之间不存在阶级之分"[117]，接着向对方转达了意大利女性社会主义者的敬意。此举赢得了雷鸣般的掌声。她将这件趣事告诉了父母："我就这样从大会的坏孩子变成了好孩子[118]……昨天我将意大利无产阶级的敬意传达给社会主义者协会，今天我又在谈论资产阶级女性。我认为女性面对的最大敌人是不公正，而不是她们各自的政治色彩[119]……"

玛利娅的演讲过于振奋人心，这也引起了德国警方的注意。她被视为无政府主义者，在大会全程都处于被监视状态。

---

[116] M. Montessori, *Per la causa delle donne, op. cit.*, p. 83.

[117] R. Kramer, *Maria Montessori. A biography, op. cit.*, 54.

[118] 原文为法文。

[119] R. Kramer, *Maria Montessori. A biography, op. cit.*, p. 54.

伦敦国际妇女大会

1899 年 6 月 26 日至 7 月 4 日，第二届国际妇女大会于伦敦举行。玛利娅当时正好在英国学习，了解当地为智障儿童所做的工作。巴切尼部长在最后一刻才任命她为此次妇女大会的政府官方代表。蒙特萨诺从罗马致信玛利娅，告诉她部长已经给意大利大使发去电报，让后者将这一消息公之于众。这一来自"高层"的选择立刻遭到多个意大利委员会的批评，它们通过报纸表示该人选只能反映部长的意愿，不能代表意大利女性。它们拿柏林妇女大会举例，认为玛利娅在当时只代表了一小部分意大利女性。当然也有许多支持的声音表示：玛利娅在柏林及意大利国内发表的大量演说都引起了极大反响。有文章写道："著名的丽娜·莫根斯特尔（Lina Morgenster）夫人（柏林大会组织者）对意大利代表在柏林妇女大会上的表现印象深刻，并大加赞赏。尽管有报纸报道了此次任命过程中出现的瑕疵，但她到底奉什么团体之命前来参会都不重要。这丝毫不影响她行动的影响力，不影响她对女性劳动者的敬意。[120]"还有人表示："我们始终欣赏这位在学术界脱颖而出的女性。这位女士克服了来自解剖室和医院不同科室的重重焦虑与压力，只为对社会做出贡献……她值得我们所有人的赞美和厚爱。[121]"

共有来自二十八个国家的三千名女性参加了伦敦妇女大会。玛利娅写道，与会女性并不是"令人反感的群体，不是那些完全无视女性

---

[120] A. Ravizza, *Corriere delle donne Italiane*, le 30 juillet 1899, 引自 V. Babini, L. Lama, *Una « donna nuova »*, *op. cit.*, p. 101.

[121] A. Devito, *Il medico dei bambini e delle signore*, 引自 *ibid.*, p. 72.

主义原则的男人们口中的第三性：一群为自身命运深感悲哀、毫不留情、心怀叵测的女人；家庭和国家的敌人；因内心贫乏而恶意唾弃现状的丑陋老妇人。[122]"玛利娅认为她们是"新女性"，个个致力于为社会进步及全人类福祉而奋斗，且从不介意与男性共同实现这一伟大目标。正如大会箴言所说："我为人人，人人为我。"

行程被各式各样的晚宴排得满满当当，其中便包括维多利亚（Victoria）女王及伦敦主教的接见。玛利娅被眼前的一切深深吸引："我感觉自己来到了维克多·雨果（Victor Hugo）笔下《笑面人》（L'Homme qui rit）的世界：伦敦那些富丽堂皇的宫殿令人沉醉。如何描述巴特茜（Battersea）夫人的晚宴和利奥波德·罗斯柴尔德（Leopold Rotschild）夫人美轮美奂的花园派对呢？她彬彬有礼地向我们展示了皇室花园与君主城堡的绝美风光，杂技艺人和骑兵队伍为我们演出到深夜。她请我们整整六百名与会者乘坐特制列车和骏马牵引的马车！[123]"

大会共安排了二百五十场讲话及五百场演讲[124]，可谓名副其实的"瀑布式发言"。玛利娅在此期间共三次发声。她的第一场简短演说名为"意大利妇女的致敬"，在其中她遗憾地表示女性缺少参与改善社会活动的机会，这主要是由于教育资源匮乏造成的。第二次讲话的主题集中在改善女性教育工作者工作条件的紧迫性上："在意大利，女性教育工作者的数量是男性的近两倍，所有权威部门都承认妇女更适合从事儿童教育工作、在该领域拥有比男性更优秀的能力。但女教

---

[122] M. Montessori, *Per la causa delle donne, op. cit.*, p. 8.

[123] *Ibid.*, p. 22.

[124] « Il congresso delle donne a Londra », *Corriere della Sera*, 18-19 luglio 1899, 引自 V. Babini, L. Lama, *Una « donna nuova », op. cit.*, p. 97.

056 玛利娅·蒙台梭利：为孩子服务的一生

师的收入低于男教师，其职业生涯也没有更上一层楼的可能性。"[125]

她借此机会介绍了一个名叫"母亲联盟"的新协会。该组织旨在为农村地区女教师提供支持，尤其致力于将多个部门统一集中到一间机构，从而将女性从"社会工作者"的命运中解放出来。第三次发言中，她提出应当立法禁止雇用 14 岁以下儿童从事矿场工作。

在意大利发表的多次演讲

自 1899 年开始，玛利娅就在意大利展开了关于女性问题及智力障碍儿童问题的巡回演讲。她前往博洛尼亚、米兰、帕多瓦、威尼斯及热那亚等城市出席活动，为贫困病患及全国智障儿童保护联盟争取到许多利益。

无政府主义者安娜·库里肖夫[126]认为玛利娅的演讲"非常出色。尽管她没有说到什么惊世骇俗的新观点，也并未展现出卓尔不群的非凡智慧，但她的语气掷地有声、充满希望"[127]。而媒体的态度则更加明确。似乎还不太习惯看到一位女性如此自信地侃侃而谈，它们纷纷不吝赞美之词："整场演讲流畅清晰、掷地有声；演讲者显然对自己

---

[125] M. Montessori, *Per la causa delle donne, op. cit.*, p. 14.

[126] 安娜·库里肖夫（Anna Kuliscioff，1857—1925），深受巴枯宁（Bakounine）影响的俄国女性主义者，后成为马克思主义积极分子。她因革命观点被驱逐出俄国。她在瑞士学习医学，主修妇科。此后，她在米兰开设了一间诊所，人送昵称"穷人的医生"。她与意大利无政府主义者安德里亚·科斯塔（Andrea Costa）结婚，后因自身政治观点在佛罗伦萨被捕入狱。后来她与图拉蒂（Turati）结合，二人共同创立了一份社会主义报纸。她曾向议会提议立法改善妇女工作条件，并积极争取女性投票权。

[127] 1899 年 2 月 16 日，引自 V. Babini, L. Lama, Una « donna nuova », op. cit., p. 72.

的观点十分确信，这令她时刻散发着自信的个人魅力。她完美掌控着自己的每一个论点。"[128]

玛利娅打算将自己的演讲文稿发表到报刊上，让更多的人看见。她主动接受了许多采访，希望拓宽知名度。

有了柏林妇女大会的经验，玛利娅深知自己的外表和举手投足对公众具有一定的影响力。她将自己塑造成典范，塑造成一名积极坚定、学识渊博、拥有现代视野、深受科学进步影响的女性。她的演讲标题"新女性"在很长一段时间里都是她最得心应手的武器。她竭力鼓励妇女们团结起来，共同为改善社会做出贡献。她提起女性，总是强调"真正的女性"："我坚信，真正的女性应当是觉醒的女性。她首先是一位从母职束缚中竭尽全力恢复自由的母亲，因为如今的母亲们身处最不利的地位。只有当下一代健康的所有方面得到保障，当一切婴幼儿卫生保健责任得到落实，女性才能以自己孩子的名义发声，男性则应当充分尊重：女性代表着社会的未来，因此她必须拥有属于自己的完整权利。[129]"

卫生培训结合营养及教育，这是玛利娅认为比爱和慈善都更加有效的工具。身为孔特（Comte）的得意门生，她将科学视作物质和社会真实世界唯一的客观认知工具，只有科学可以帮助女性在日常生活中做出最明智的决策。

玛利娅对技术进步为女性生活带来的积极影响了然于心，她鼓励女性积极投身到改善社会的活动当中。"随着技术的进步，各种代替女性劳动的机器被发明出来：缝纫机、洗衣机，等等。女性可以将自

---

[128] *Ibid.*, p. 76.

[129] 引自 G. Alatri, *Il mondo al femminile di Maria Montessori…*, *op. cit.*, p. 23.

己的能量发挥到其他方面。她应该怎么做呢？去学习。女性可以不再依靠内心直觉，而是凭借自己的大脑进行思考；她可以参与各种各样的主题讨论……因为当今世界是在实证主义中运转的，而实证主义只能通过头脑去理解。[130]"

集实用主义与科学精神于一体的女性主义

玛利娅·蒙台梭利遵循实用的女性主义思潮，认为政治地位对女性参与社会工作具有重要意义。女性通过一系列慈善行动不仅证明她们拥有杰出的工作能力，更凸显出大量相关社会组织机构的无能，尤其是在卫生健康领域。但她们中的大多数并没有为争取投票权做好充足的准备。在玛利娅看来，造成这种情况的其中一个原因，是她们缺乏正确的自我评价和指导。因此，必须让女性意识到自身的能力。女性主义者们为实现一个更加公正而自由的社会积极奔走，她们坚信，能够达成这一目标的唯一途径，就是让女性进入各类社会机构。玛利娅强调，首当其冲的，是要帮助女性正确认识自己的力量。出于独特的专业背景，她极力提倡"科学女性主义"，即鼓励女性精进自身知识水平，进而实现经济独立。在帕多瓦的一次演讲中，她谈及科学与政治的结合，提出打破男性在科学领域的垄断。她希望将科学推向大众："我想要让女人们都爱上实证科学，这并不意味着掩盖心灵的声

---

[130] 1899 年春，于米兰发表的演讲，引自 V. Babini, L. Lama, Una « donna nuova », op. cit., p. 74.

音，而是将其放大并证明为真。"[131]

　　玛利娅鼓励女性进修学习，选择一份职业，并通过女性视角丰富科学发现。根据从前的经验，她深知女性在科学领域往往容易满足于从属地位，她希望这样的情况能够有所改变。此外，她还毫不犹豫地公开谴责隆布罗索等男性知识分子的厌女情结，宣称反对女性的并不是科学本身，而是某些男性学者。她还借此次演讲之机，宣布"妇女协会"成立。这是一个罗马"实证科学女性研究者圈子"，米兰也设有分会。

　　玛利娅始终站在争取妇女权益的最前沿。她为前来罗马女校的年轻女生无落脚之处的现状痛心不已。1880 年，五十余种奖学金因无人申请而没能发放出去；到了 1907 年，情况已大不相同。约两百名女大学生申请进入罗马的三所女校就读，其注册费高于普通大学。住宿也是个大问题。玛利娅曾写道："因为它们是女校，于是遭到忽视，甚至是蔑视。"而这些女大学生是全意大利最具智慧的一群女性。她们努力学习，"形成自由的女性意识。她们来自偏见横行、文盲遍地的小村落，前景原本一片漆黑。但她们凭借惊人的勇气坚持学业，向往拥有更高的社会与知识地位。尊重并帮助这群勇气可嘉的女性，这应当成为国家的首要责任。然而，我们甚至没想过要好好接待她们！我们完全没考虑过。反而是修道院肩负起了迎接她们的重担。梵蒂冈资助了许多修道院，让它们收容所有无依无靠的女大学生。政府并没有像梵蒂冈那样意识到她们的迫切需求，未能尽到罗马的地主之谊，也没有表现出非教会世界对女性的鼓励。在修道院里，她们（却）被

---

[131] *Ibid.*, p. 73.

反复灌输过时、严苛且与当代要求自由强大意识的社会运动背道而驰的'精神'。"[132]

此外，这些女校的培训水平还关系到意大利创新意识的传播。这些女生学成返乡能否促进当地科学的发展，仍是她们要面临的一大挑战。玛利娅完全支持女校的重组和改进工作，因为"我们拥有大量文学文凭，却没有拉丁文教学；科学教育丰富，但没有科学文凭。教授们的收入也不稳定。但有人听到我们的呼声吗？这都是些女校！画画花儿、背背彼特拉克（Pétrarque）的诗句、评评圣方济各（saint François）的《小花》（Fioretti），对这些女孩而言，难道还不够吗？"[133] 她痛心不已。玛利娅对女校的情况可谓了如指掌，她从1899年开始就在那里教授卫生学。蓬费格里教授向巴切尼部长推荐她前去任教，因为"她父亲的补贴相当微薄，她得全权负责年迈父亲的开销"[134]。她的课堂非常强调实践，常常带领学生拜访实验型卫生室、消毒间、学校、乳品厂及屠宰场，每次都会进行十分详尽的介绍和解释。这些访问活动常常导致她的课程超时，尽管并非有意为之，但她最终还是获得了加薪。

艰苦卓绝的岁月

虽然拥有许多荣誉时刻，但玛利娅依然度过了一段为期数年的艰

---

[132] M. Montessori, « Gli istituti di magistero femminile. 5 maggio 1907 », *Per la cause delle donne, op. cit.*, p. 85-89.

[133] *Ibid.*, p. 86-91.

[134] G. Honegger Fresco, *Maria Montessori, una storia attuale, op. cit.*, p. 63.

难岁月。蒙特萨诺的婚姻和儿子马里奥不在身边的现实，是最让她难以忍受的。在从医七年后，她再度开始学生生活，而从前那些同学有的已经成为教授。玛利娅的经济情况也不容乐观。她不得不动用些许社会关系来改善生活。好友吉娅辛塔·马尔蒂尼（Giacinta Martini）致信教育部长，请他将"智力缺陷儿童教育法"讲师一职交由玛利娅担任："我诚挚地请求您，尽快将此教职委派给蒙台梭利小姐，并希望薪酬数量能够为她提供切实帮助。她的经济状况的确不容乐观。"[135]

在赢得成功和知名度，并顺利成立全国智障儿童联盟及启智学校后，如今的玛利娅却只能孤身一人继续摸索前进的道路。她曾气恼地向一位女友袒露心声："我在大学里听说有一些新的启智学校在各地成立。女孩们都在谈论各种迎宾、演说及庆祝活动。我买了份报纸，看到了一则新闻，现在就来跟您说一说。您应该也会读到一些东西，了解我的敌人们大获全胜[136]的样子。一切都顺了他们的意：热情的权力机构给当地新建组织拨出大笔款项，还提供各种保障措施。谁还记得我呢？在这样的学校里，他们不准提起我的名字，把我当作敌人来对待。他们毁掉了所有关于我的东西。他们甚至损坏、烧毁了我倾尽心力监督制造的教具。这样，就不会有人再说我倡导的东西是有用的了。但这间机构的成功，正是我用灵魂与鲜血铸就的：我深爱着它！我为它奉献了自己最美好的五年时光。无数的不公就这样时刻折磨着我，在我心中深深扎根，就像一个残暴的鬼魂正企图撕碎我的心。我能感受到苦涩而冷酷的孤独！我亲爱的朋友！当有温柔慷慨的灵魂诚邀我恢复信心时，您能看见我在抽泣。面对漠不关心或残酷无情的

---

[135] 引自 A. Matellicani, La "Sapienza" di Maria Montessori, op. cit., p. 84.

[136] 尤塞普·蒙特萨诺被任命为启智学校校长。

人，我常常都会感到孤独；我只能在自己身上寻找力量，鼓励自己重新投入工作、克服一切绝望。我从教授和医生的身份重新变成了学生。但悲伤笼罩着我，无数失望的苦涩代替了年轻学生原本的灿烂憧憬！（我）就像个死人一样，冰冷而孤独。我拼尽全力重新振作、东山再起。"[137]

这段时期的玛利娅常常陷入莫名的哀愁之中。她曾向一位女友讲起过自己做的一个梦，朋友转述的内容如下："她梦到自己死了；接着又在一个装满书且半开着的棺材里苏醒过来。这些书挤压着她，让她喘不过气来，但她还是紧紧抓着书，用尽全力想要活下去。终于，她成功站起身来，感觉如重生一般：那个期待爱和被爱的女人已经死了，依靠学习而重生的她只为科学而活。"[138]

这个梦展现了学术生涯为玛利娅提供的无限支持。她将工作视作人生最关键的原则，每个人都能通过工作凸显创造力、不断提升方方面面的潜力。她全身心地投入到工作中，竭尽所能地传达自己的精神力量。她成了一名"不知疲倦的研究者"[139]，永不满足地汲取知识，关注一切有助于理解人类的学科。就这样，她成长为思想开放自由、充满创造力的女科学家，在追求知识的道路上从不因循守旧、盲目跟随前人步伐。

---

[137] G. Honegger Fresco (ed.), *Montessori perché no?, op. cit.*, p. 76-79. 来自一封玛利娅·蒙台梭利手写的信件草稿（五页米色纸），注明"致多娜·克里斯蒂娜（Donna Cristina）的信"。

[138] 玛利娅将这个梦告诉了保拉·波尼·费里尼，*I segreti della fama*，引自 V. Babini (2011)，« Le donne sono antropologicamente superiori, parola di una donna di genio ». *Se vi sono donne di genio. Appunti di viaggio nell'antropologia dall'Unità d'Italia a oggi*, Rome : Casa Editrice Università La Sapienza, p. 18.

[139] 这一说法出自 A. Scocchera (2005), *Maria Montessori. Una storia per il nostro tempo, op. cit.*, p. 9.

攻读哲学

于是，玛利娅开始关注哲学，想要学习该领域的本科课程。但这一过程并非一帆风顺，她向一位女友说道："我不确定能不能注册到大学三年级的哲学课程。真是难以置信，部长居然因为我否认了他自己签署的法规。他刚刚才同意了一项允许自然学科及医科学生进入哲学系学习的规定。我是第一个按照上述标准行事的人，他们却拒绝了我。为什么？因为我十三年前的高中考试成绩不符合要求，当时我学的是数学而不是逻辑学。十三年前，高中成绩！！！我当然曾经只是个初学者，但现在已经从医七年，还在一所高等学府当了四年教师。您可能以为我得了被迫害妄想症，但这就是残酷的现实。再说，我们只能凭借数学成绩申请学习自然学科，而规定又允许我们从科学转向哲学。因此，无论如何，我都是合规的。但部长就是不同意我的申请。他把我的申请书提交给了教育部高级委员会！就是这位部长，他曾委我以重任，让我负责创立了一所学校：一切都有文件为证。他对我是有所亏欠的，我（在启智学校免费）教书三年，为公共教育做出过贡献。我教导过智力缺陷儿童，负责培训教师，还推广了全新的教学法。"[140]

几经周折之后，玛利娅终于在 1903 年 7 月申请进入哲学系三年级就读。这段学习经历无疑可以提高她的知识和文化水平，但同时她也希望可以依靠这张新文凭得到升职加薪的待遇。她学习的课程包括理论哲学、哲学史、伦理哲学和意大利文学，但并未参加考试。除此

---

[140] « Lettera a Donna Cristina », 引自 G. Honegger Fresco (ed.), *Montessori perché no?, op. cit.*, p. 78.

之外，她还修读了中世纪罗马史和人体测量学，后者旨在进一步补充她在教育人类学和心理学方面的知识，以便更好地同德·桑克提斯教授展开工作。令她印象最为深刻的，是拉布里奥拉（Labriola）教授的教学法课程，因为他将实验心理学融入到教学方法中。他的课"杂乱而有趣"。他鼓励学生发表意见，并分享他自己对教育机构的民主看法。他的课堂成了进步学生们聚会的地方。

攻读人类学

人类学是玛利娅非常重视的一门学科，她认为学好人类学对从事教育帮助巨大。她将人类学视作深入了解人类的方式，认为通过对既往史和生活环境的研究可以推动人类的发展。像自己的教授莫雷斯科特一样，她也坚信只要自己真正了解想要帮助群体的日常规律，就可以从根本上改变社会。

凭借对儿童生理及心理发展的专业认知，她成为教育人类学的先驱之一。她也由此成为教育人类学运动的一员，同许多医生和教师一起，致力于倡导教育领域的社会科学新方式。

在被她视为导师[141]的人类学研究院院长塞尔吉教授的鼓励下，玛利娅参与到一项大型医学人类学研究项目中。这项研究旨在辨识需要护理或治疗的人群。他们开设了多间人类学研究室来收集数据。玛利娅负责研究罗马小学里的情况。教师们基于智力水平选出 110 名学

---

[141] M. Montessori, *Antropologia pedagogica, op. cit.*, p. 11.

生。玛利娅先对他们进行测试，然后将测试数据与他们所处社会阶层及智力（或至少基于他们的老师所提供的信息）等相关信息相结合。研究目的在于了解测试结果与孩子的头颅形状和智力水平是否存在关联。该项研究也令玛利娅对智力相关概念及其定义标准产生了大量疑问，同时指出了阐释相关测量方法的困境。这一系列问题重重的智力测试方法困扰她数年之久，最终她选择将其摒弃。玛利娅组织的早期国际教师培训课程中，采取的仍是这套老办法来测试每个孩子，并借此确定其生理图景。但她很快意识到这些方法虽然有时可以解决部分儿童发展案例，但并不全面。她后来这样写道："科学的教育应当基于客观的研究，依靠心理基础，还应当改善正常儿童。如何做到？当然是以高于普通的标准教育他们，让他们成为更优秀的人。这不仅意味着观察，更要求改善（孩子们）。"[142]

拉齐奥地区妇女研究

1902 年，为申请在大学教授人类学的资格，她开始了漫长的手续办理过程。如申请获批，她的工资收入将与注册上课人数直接挂钩。但她首先需要完成一项实验人类学的研究。教师委员会在接受她的申请后，才会分配研究主题。一切都很艰难，就像玛利娅给好友描述的那样："我眼看着周围的人纷纷起身阻止。他们不明白我只是在履行自己的责任：生存和工作，即使它们并非易事。他们不理解我那被压

---

[142] M. Montessori (2016), *Pédagogie scientiffque. T1 : Les maisons des enfants*, Paris : Desclée de Brouwer, p. 30.

迫的身躯只为完成教学使命而来。他们只会不断重复：这个好事的女人跑来这里干什么？她的知识还不够多吗？我想要研究人类学，而他们却用谎言害我白白浪费了八个月。这些教授们合起伙来拒绝加入我的考核委员会，真是太卑鄙了！今天这个辞职了，明天那个又不干了；今天这个表示不相信我的能力足以应付考核，明天那个又找借口说我作为一个女人知道的实在是太多了。终于，在八个月掺杂着各种承诺的不确定等待后，他们现在决定不组建（我的考核）委员会。"[143]

幸好，委员会最终还是成立了，分配给她的研究主题是"拉齐奥地区年轻女性的生理特点，提取至少 100 名研究对象的观察数据"。

这是一次不小的挑战，有些教授希望她能知难而退。他们实在太不了解她了。玛利娅在圣让医院开始了自己的研究。她在这里找到了半数的观察对象，年龄在 20~30 岁之间。不过，对象虽然找到了，问题却依然存在，因为这些年轻女性一看到测量器材都吓得不轻。做研究的那段日子令她疲惫不堪："我有时得在医院各个病房往返徘徊七八个小时，只为劝说和安慰康复期的女病患们。我每次都要编出新理由来请她们参加测量！这件事需要彻底达到忘我的境界，才能抵抗其中的无聊和危险。连续不断的责骂和威胁让我心力交瘁。而我有整整四个月，每天都是这么度过的！"[144]

此后，她又前往罗马周边村落展开实地考察："拉齐奥地区的人无法享受城市居民的良好条件，我由此意识到从人类学角度研究该地

---

[143] « Lettera à Donna Cristina », 引自 G. Honegger Fresco (ed.), *Montessori perché no?, op. cit.*, p. 77.

[144] M. Montessori, « Caratteri ffsici delle giovani donne del Lazio (desunti dall'osservazione di 200 soggetti). Atti della Società Romana di Antropologia. 12 : 37-120 », 引自 G. Alatri, *Il mondo al femminile di Maria Montessori…, op. cit.*, p. 58.

区年轻女性时可能面临的问题。我仿佛置身于自豪而野性的人群中，他们的文明水平显然落后于工业时代……面对他们，我不再是一个女人，也不是什么医生；我的请求让他们觉得惊讶而又莫名：医生为什么要寻找（和研究）身体健康的漂亮女人呢？不对。我一定是个魔法师、女巫、老鸨、间谍或者做画像卡片的。这就是我有时在他们无知而迷茫的眼中所呈现出来的形象。他们把我当敌人看待，对我非常粗鲁……不知道有多少回，我正在对某位女性进行测量时，突然就冲进来一个凶神恶煞的男人对我厉声质问。我只能中断工作：当时的我无法得到对方的理解，只能一边被驱赶一边遭辱骂。"[145]

在罗马各家诊所结识的诸多女性朋友、学生以及特拉斯泰韦雷地区妇女赞助机构圣玛利娅修道院修女们的帮助下，玛利娅最终提交了两百个案例数据。上述所有女性都义务投入到这项工作中，竭力协助玛利娅完成研究。基于这些研究结果，玛利娅将女性分为两大类：棕发、个头矮小、优雅迷人的"长头型"，以及金发、圆脸、身材高大的"短头型"。

1904 年 6 月 8 日，委员会成员对该项目进行最终审核。教授们充分认可了玛利娅克服重重困难后呈现的研究成果，尤其赞赏她对研究主题和研究工具的掌握程度。同时，他们也提出她在数据分析方面还有待进步。次日，考核继续，内容为考生随机抽取主题进行五十分钟的课程讲解。玛利娅的讲课题目是《演示分析颅骨学及人类与灵长类动物的测颅法对比》。她的最终得分是 40 分（满分 50 分）。此后，按教育部相关法令规定，玛利娅正式获得人类学教学资格。[146]

---

[145] *Ibid.*, p. 57.

[146] 1904 年 12 月 29 日。

教育人类学教授

1906年1月，玛利娅开始在物理学、数学与自然科学系教授教育人类学。课程安排在每周三和周五的17点至18点，以及周日的9点至10点。这样的课时量她一直坚持到了1910年。

她的第一堂课是分析一篇专业杂志文章："周日上午10点，玛利娅·蒙台梭利博士在罗马大学二号教室（来听课的人实在太多，教室根本坐不下）宣布自己的首节人类学课正式开始。她用水平极高的发言和现代感十足的观点展示了人类学对于相关法学及教育学等学术领域的重要性，怀抱对贫困、弱势及智力缺陷群体极为深刻的怜悯之心与公正立场。她指出，人道主义是帮助弱势群体重生的必经之路。科学工作者、律师、研究人员、教师以及许许多多的妇女都满怀热情地聆听了这场科学慈善演说。她充满智慧地传递着自己的现代人道主义责任观。第一堂课在大家雷鸣般的掌声中落下帷幕，'思考与行动'妇女协会为她献上了一束洁白美丽的鲜花。"[147]

玛利娅认为，教学法应当起到提升教师文化与科学素养的作用。她将教育人类学设计为"一种能够以完成教学为目的的组织小学生积极学习的方法"[148]，希望由此促进孩子的和谐发展。这要求将生理及哲学要素有机结合，并融入不可或缺的人种学知识。通过此前的实地考察研究，她意识到某些因素是特定群体独有的，比如有的畸形发育的情况不仅仅是由于当地的生活条件导致的，还因为他们的特殊习俗

---

[147] « La prolusione della dott. Montessori. *I Diritti della Scuola.* (28 gennaio 1906), 引自 G. Alatri, *Il mondo al femminile di Maria Montessori…, op. cit.,* p. 56.

[148] M. Montessori, *Antropologia pedagogica, op. cit.,* p. vii.

或语言。对这种特殊性有充分了解之后，就可以展开更具针对性的教学方式。教育人类学的课程包含卫生学、生物学及统计学相关内容，但最主体的部分涉及的是人体（皮肤、身材、胸廓、盆腔、四肢尤其是手部）及其正常发展和可能出现的偏差。玛利娅通过各类生物学图示让这些未来的小学老师们直接观察儿童特征。

安娜·玛利娅·玛切罗尼是这门课上的常客，她后来也成为玛利娅的亲密同事之一。与玛利娅的相识过程令她记忆犹新，多年后她如此回忆道："我是在 1906 年 11 月第一次见到蒙台梭利博士的。她站在学生们面前，目光炯炯有神。她的眼神极具穿透力，但并不会让观察对象感到不适。后来我才明白，原来她可以跟每个人都建立起某种意义上的精神关联，从而'感受'每个人。我迅速意识到她拥有一种与众不同的美。我发现她并不追随当时高知女性的时尚潮流。那时的高知女性人数精少，而且都穿着男士外衣并搭配领带。但她并非如此！她的着装简洁而优雅，精致又不失女性风韵。她没有表现出女中豪杰的气场。"

关于这门课程，安娜·玛利娅·玛切罗尼是这样描述的："她并没有直接谈及人类学，而是强调理想型学校。她认为学校和教师的责任在于帮助而不是评价。脑力劳动不应该是让人疲于奔命的，而应当滋养灵魂。她所使用的语言总是简单而清晰。她的嗓音和谐悦耳，表达方式十分活泼，即使最被动的那群学生也乐于跟随她的思路推进。她讲课的所有内容都基于现实世界。我记得有学生表示，上她的课令她们更有意愿成为优秀的人。她的讲桌上有一个金属支架，上面是一副骨架。那应该是一个刚出生不久的婴儿的骨架。她在跟我们讲到生命初始阶段时，说那不是一段休眠期，而是人体活动极为密集的时候。

然后她会给我们看解剖元素，比如一个分离开来的大脑，这时她通常会穿上医生的白大褂。她总是用自己独创的方式为我们授课。她将我们带上了一条创新的道路，我想她告诉我们的东西是此前没有人教过她的。"[149]

意大利妇女大会

为进一步传播自己的观察结果，玛利娅力求抓住一切机会拓展自己的受众，而不仅局限于前来上课的大学生。1908 年 4 月 23 日至 29 日于罗马法院举行的首届意大利全国妇女大会对她而言无疑是个良机。开幕仪式在市政厅隆重举行，一千一百名与会代表将这里挤得水泄不通。包括大量议员在内的百余名男性代表也身在其中，他们只有在大会主席的邀请下方可发言。非宗教协会、天主教协会、女工协会、慈善协会等各种组织济济一堂，大会还吸引了三个外国代表团出席。

但各大报纸关注的论战主题是：如果说"科学、优雅与美丽（都已得到完美呈现），那么来自工厂、煤矿与田野的坚强女性又在哪里呢？"[150] 不过，很快这一争论就被大会多场演讲及讨论的深刻内容给冲淡了。大会围绕不同主题组织了六大版块的活动：教育与知识；救济与预防；妇女的道德与法律环境；卫生健康；移民；以及针对文学、艺术、刺绣与钩花等各类爱好的常规主题。

---

[149] A. M. Maccheroni, *Come conobbi Maria Montessori, op. cit.*, p. 10-14.

[150] 引自 V. Babini, L. Lama, *Una « donna nuova », op. cit.*, p. 216.

玛利娅是卫生健康板块负责人，同时参与其他主题探讨。在"妇女的道德与法律环境"板块，她发表了一篇名为"教育中的性道德"的演讲。该主题为大会两天前提到的承认非婚生儿童身份的迫切问题提供了必要补充。事实上，不被承认的儿童数量呈上升趋势，他们面临的社会环境着实令人担忧。意大利在这方面处于落后状态，法律并不许可亲子鉴定，也不承认同居关系。不过，玛利娅虽然做了相关演讲，但并没有像往常那样参与到辩论当中，因为她本人也面临着这一令人痛苦不堪的问题。

　　由于玛利娅知名度颇高，大会请她面向更广泛群体再次发表演讲。她的发言稿还以小册子的形式被分发传阅。这是大会唯一涉及"性"这一"禁忌"主题的发言，人们的期待相当之高。她演讲中的红线便是性别平等。她揭示道："即使女性身为母亲，但性这一问题依然对她而言是心照不宣的禁区。"这在她看来是导致"性奴役"的"清教主义"。[151] 社会将女性禁锢于"儿童监护人"的角色里，这就是某种意义上的矮化。女性由此只能成为"对生活和命运一无所知、幼稚可笑、思想和意识狭隘"[152] 的小姑娘。

　　玛利娅主张母亲应当教育孩子关于人类生命周期的自然规律，给孩子讲解何为性爱、何为生育，从而让他们真正懂得尊重他人。她认为母亲在儿子成长过程中所扮演的角色是至关重要的："母亲是主动的教育者，教会儿子真挚、忠诚与正直。但一旦儿子进入青春期，她便背弃了自己的角色。作为曾经的启蒙者，她居然在面对可能导致儿子走上诱奸、私通、乱伦这类不归路的异常性习惯时沉默不语。如此

---

[151] 引自 P. Trabalzini, *Maria Montessori da Il metodo a La scoperta del bambino, op. cit.*, p. 76.
[152] *Ibid.*, p. 76.

自相矛盾的母亲就是奴隶。"[153]

在玛利娅看来，迫使女性在其子成长过程中失语，明确要求其支持社会强势习俗下的不道德行为，这就是对女性的压迫。

玛利娅希望性习惯能够在社会层面得到深刻变革。她鼓励女性不再逆来顺受，而应当成为男性的合作伙伴。她强调女性肩负的责任，激励她们积极投身到推动社会进步和未来世代发展的事业中去，避免结交品行低劣的朋友和发生有风险的性行为。因此，她建议年轻女性在选择伴侣时不要仅凭感情就做出决定。她提醒女性拒绝那些"无论出于生理还是心理缺陷，导致不配拥有生育资格的男人，拒绝同拥有癫痫、智障者或精神错乱等各类严重缺陷者生儿育女"。[154] 年轻女性们如果想要成为"明确意识到自身使命的母亲"，玛利娅则鼓励她们多读书，尤其是诗歌，她们可以从中找到许多优秀的女性典范，即使是虚构的人物也能为她们带来积极影响。[155]

这样的发言显然会引起争论。玛利娅多年来都被批判，说她企图动摇家庭的稳定，有人曾针锋相对地说："身为可爱母亲的体验与体贴配偶的感受，要比女科学家和书呆子的所谓智慧教条有价值得多。"[156] 还有人批评她不知廉耻。她所使用的语言甚至让部分女性也深感震惊，比如玛利娅·克里斯蒂娜·朱斯蒂尼亚尼·班蒂尼（Maria Cristina Giustiniani Bandini）公主就曾这样评价道："女性主义的贞女

---

[153] 引自 V. Babini, L. Lama, *Una « donna nuova »*, op. cit., p. 244-245.

[154] *Ibid.*, p. 252.

[155] 玛利娅举了邓南遮（Gabriele Annunzio）作品《伊奥里奥的女儿》（*La figlia di Iorio*, 1903）中的米拉以及尼采（Nietzsche）作品《查拉图斯特拉如是说》（*Ainsi parlait Zarathoustra*, 1884）中超人母亲的例子。

[156] *Corriere della Settimana* (juillet 1899), 引自 V. Babini, L. Lama, *Una « donna nuova »*, op. cit, p. 77.

们是现代主义圈子的常客。在这群女人之中，最危险的就是玛利娅·蒙台梭利。我认为她骄傲自大、暴露成性，她的观点破坏性十足。她斩钉截铁地说，帮助意大利家庭最好的办法是给儿童提供性教育。为了支持自己的观点，她使用的语言露骨到让人无法接受。"[157]

玛利娅还提倡在学校里开设性教育课程，坚持认为强调性与生育之间的关联可以提高每个人的责任感，防止性异常现象的发生。当然，这一观点也在某种程度上与优生学不无关系。

玛利娅通过一年多的时间逐步意识到精神疾病与社会阶层对儿童产生的影响。她定期前往大学所在地另一头的圣洛伦佐街区，将自己的科研成果应用到为"缺陷"儿童服务的工作当中。

---

[157] 玛利娅·克里斯蒂娜·朱斯蒂尼亚尼·班蒂尼公主（1866—1959）的发言，引自 C. Siccardi, *Maria Montessori, una vita fra massoni, modernisti e femministe – II*, www.europacristiana.com, 9 febbraio 2019.

第四章　儿童之家

　　"现在，我要给你们讲讲始终萦绕在我脑海中的一个想法。尽管我进行过很多研究甚至抗争，踏足过多个大洲，但在我的头脑里始终有一道'光'，一段'独一无二的记忆'。每当我想到自己研究工作的根基，总会有一个唯一的元素浮现出来。没有了这段记忆，我便无从解释自己研究工作的精髓。这是我永远无法抹去的锚点，我将在这里讲给你们听，也让它能够永载史册。"[158]

　　于是，玛利娅开始讲述这段激发她教学法诞生的记忆，和这群来自罗马圣洛伦佐街区的"缺陷儿童"。正是因为他们，玛利娅开始了

---

[158] M. Montessori, « Il miracolo del bambino. 4 mai 1951 », A. Schocchera (éd.), *Maria Montessori. Il metodo del bambino e la formazione dell'uomo, op. cit.*, p. 21.

她所谓的"生命的冒险与悲剧"[159]。多年来，她不断重复着自己始于圣洛伦佐的教学法研究，希望人们能够充分理解她的科研维度。这对于她来说至关重要："我想要阐明这一点，这是深植于我精神和内心的东西，尽管科研让人变得冷酷无情。"[160]

诞生于圣洛伦佐的"儿童之家"是一场规模宏大的社会实践的一部分，玛利娅起初在其中担任卫生医师和心理专家的角色，因为她表示："我从前不是，现在也不是一名教育学者。"[161]她甚至承认，自己从来没有"被这类研究吸引"[162]过，尽管此前曾在女校从事过十二年教育学相关工作。在那段时期，她参加过数百次考试，旁听过五百余场论文答辩，其中涉及"教育学界所有可能出现的作者及其（所有）著述，无论名气大小"[163]。

在1906年刚刚开始前往圣洛伦佐工作时，玛利娅完全没有想过发展出一套全新的教育方法。她以研究人员的身份毫无偏见地来到这里，希望能观察这些被认为是"正常"的孩子的反应，由此了解其与被诊断为有"缺陷"的儿童之间有何不同。她的观察是在一种可谓新式的实验室里展开的。那不是传统意义上的无菌实验室，里面不包含用于观察刺激物反应的孤立标准；而是一处现实生活场景，特别为儿童设计的活动环境，他们可以在其中自由发展，里面布置有供他们使用的特定物品：部分物品严格按照伊达尔（Itard）、塞根和其他一些教育学家的科学理念制作而成，部分则根据对孩子们的观察结果特别设

[159] *Ibid.*, p. 9.

[160] *Ibid.*, p. 23.

[161] *Ibid.*, p. 22.

[162] F. De Giorgi (éd.), *Maria Montessori. Il peccato originale, op. cit.*, p. 33.

[163] *Ibid.*, p. 33.

计。玛利娅所接受的专业训练、敏锐的洞察力、卓越的病症及病患分析能力或许对孩子们的活动体验产生了影响，她从中发现了一些此前从未有人关注到的现象。比如，她发觉孩子们的注意力可以令人惊讶地集中很长时间。这与人们的普遍认知恰恰相反，当时所有人都以为儿童的注意力是分散的，甚至是不存在的。

罗马圣洛伦佐街区

圣洛伦佐街区得名于城墙外圣老楞佐圣殿（San Lorenzo fuori le Mura），地处罗马维拉诺公墓入口位置。深陷墓地、铁路与罗马城墙环绕之中的这片旧城区卫生条件堪忧，迷信氛围浓郁，导致此处人迹罕至，毫无吸引力。不过，随着城市化进程的推进，来自农村的廉价劳动力纷至沓来，导致住房需求不断攀升，这处被长期闲置的土地再度进入人们视野。1884 年，五栋五六层高的楼房在圣洛伦佐拔地而起，但丝毫没有考虑社会影响及卫生因素。为了取得银行推出的补贴，人们不顾一切地迅速建造住宅群。到了 1888 年至 1890 年，房地产危机爆发，建筑企业破产，留下了许多仅建成主体框架和门窗结构的烂尾楼，内部装潢、管道铺设完全缺失，房屋四壁满是坑洞。但即使是卫生条件如此恶劣的住宅，依然有人居住在内。不仅如此，由于烂尾楼里的居民大多收入微薄且不稳定，他们还会将房屋的其中一部分分租给比自己更加贫困的人。住宿环境的拥挤杂乱令人咋舌，曾于 1886 年肆虐的霍乱等传染病也因此蔓延开来。

在各家日报的社会新闻头条中，这个街区都被称为"贫民区"。

当时的人们常说，"好"人只有在去世之后，才会去那里。玛利娅在自己的社会实验项目之初，便以十分严厉又极为现实的词汇形容过圣洛伦佐地区的生活条件：那里就是"这座城市的人文垃圾场"[164]，也是整个国家的耻辱。人们还将该地区视作犯罪和卖淫的王国。所有想要藏匿起来的人，或是刚刚出狱的罪犯，都来到这里定居，因为他们无处可去。玛利娅描述道："我发现路上行走的人们个个面带悲戚，迷茫无助，甚至露出恐惧的神情。路面坑坑洼洼，乱石丛生，仿佛刚刚被洪水席卷过一般。再走近看那些楼房，底楼大厅破败不堪，光秃秃的墙面上东缺一块砖、西漏一片瓦，就像刚刚发生过地震一样。"[165]

一些临时工和他们的家庭都处于极度贫困状态，只能与轻型罪犯们为伍。房屋内没有下水道也没有自来水。街道是打架斗殴的舞台，"一场场肮脏污秽的演出，其恐怖程度远超我们想象"。孩子们便是这许许多多荒诞闹剧的无辜见证者。考虑到实验成果的评审们很难想象如此恶劣的生活条件，玛利娅使用了十分具象的语言。她发现意大利语中通常用于表达孩子出生的短语"来到阳光里"完全不适用于圣洛伦佐的孩子们，因为他们根本来到了"黑暗中，并且一直在这暗无天日的环境中长大"。[166]

---

[164] *Ibid.*, p. 39.

[165] Istituto Superiore di ricerca e Formazione dell'Opera Nazionale Montessori (2000), *Maria Montessori. Il Metodo della Pedagogia Scientiffca applicato all'educazione infantile nelle Case dei Bambini, Edizione critica*, Rome : Edizioni Opera Nazionale Montessori, 2000, p. 143.

[166] 玛利娅·蒙台梭利随笔，引自 G. Alatri, *Il mondo al femminile di Maria Montessori...*, *op. cit.*, p. 80.

借街区重建之机开设第一堂课

极具远见卓识的埃多阿多·塔拉莫[167]为圣洛伦佐带来了重生。他是罗马不动产研究院（Istituto Romano dei Beni Stabili, IRBS）[168]的理事之一，该组织汇集了数万名投资不动产的小股东。圣洛伦佐地区房屋改造的主要目标是通过缩减公寓面积来限制令股东们怨声载道的非法转租行为，从而满足普通平民家庭的住房需求。塔拉莫领导了一场宏大的现代化宣传攻势，力求让所有改善型住房都符合卫生标准。每间厨房都配备了饮用水和砖砌炭火灶。无法单独为每个家庭提供的设施则采取公用形式：每层楼设一间热水浴室；每栋楼设洗衣房、医务室及阅览室；天井处布置共享花园。这项改善计划的关键词是：阳光、空气与洁净。

"宽敞的内部花园得到精心布置，沐浴在阳光下。园内植被郁郁葱葱，四周楼房外墙的窗台上摆放着鲜花。这里是整栋楼空气最清新的地方，干净整洁、愉悦动人的氛围为住户带去优雅舒适的体验，居民们无不心旷神怡。"[169]

许多工人家庭有幸被选中入住这些新近改建的房屋，整个住宅区最多可容纳千人。很快，儿童托管问题被提上日程。父母外出工作期间，如果放任孩子们肆意妄为，可能导致住宅区环境迅速恶化。为了从教育层面推进改善计划，塔拉莫向玛利娅发出了邀请。他读过玛

---

[167] Edoardo Talamo（1858—1916），建筑工程师，曾监理那不勒斯平民住房改善项目。他在政治上力主意大利实现现代化，是一名激进的左派参议员。

[168] 罗马不动产研究院成立于 1904 年，与意大利银行联系紧密。

[169] 引自 P. Trabalzini, « Il quartiere San Lorenzo e le Case dei Bambini », L. De Sanctis (ed), *Le ricette di Maria Montessori cent'anni dopo, op. cit.*, p. 41.

利娅发表于《生活》杂志上关于预防青少年犯罪问题的相关文章。这份邀请对于玛利娅而言可谓适逢其时："我想过在小学一年级学生中试验自己最初为智力缺陷儿童开发的教学方法；不过，我从未考虑过幼儿园。1906 年底的这次机会对我来说完全是个偶然。当时我刚刚在米兰被选举为世博会科学教育与实验心理类奖项评委会委员，一回到罗马就收到了罗马不动产研究院总理事埃多阿多·塔拉莫工程师的邀约，成为该机构的幼儿园组建项目负责人。"[170]

　　玛利娅抓住这次机会，继续展开自己的研究项目。她将一间大教室重新布置，配备了为孩子们量身定制的家具，还带来了自己在实验心理学中应用过的部分感知材料以及一些现实生活中会用到的物品，旨在仔细观察孩子们如何进行操作，并由此研究他们的反应。与她合作密切的妇女协会成员们买来了其他教具和教室装饰品：植物、相框和漂亮的画作都悬挂在与孩子视线齐平的位置，小宠物也前来做伴。看着焕然一新的学校，埃多尔多和玛利娅共同的朋友、记者奥尔加·洛蒂（Olga Lodi）赞叹道："这不就是儿童之家吗！"学校的名称由此诞生，拉斐尔（Raphaël）名画《椅中圣母》（*La Vierge à la chaise*）里怀抱孩童的圣母形象成为儿童之家的标志，被悬挂于教室中央。此后，每所新成立的儿童之家都会布置这份画作。

　　接下来需要遴选女老师，也就是玛利娅口中的女园长。她将目光锁定在居民楼看门人之女坎蒂达·努西特利（Candida Nuccitelli）身上。她认为，想要让这次教育计划取得圆满成功，就必须选择生活在当地的居民作为负责人，这样才能给家长和孩子们树立真正的榜样。

---

[170] 玛利娅·蒙台梭利随笔，引自 G. Alatri, *Il mondo al femminile di Maria Montessori...*, *op. cit.*, p. 78

坎蒂达的另一个优势在于，她并未接受过教师培训，这样反而更有利于在面对玛利娅选择的这群儿童可能做出的各种行为时，凭借本能的认知进行干预。玛利娅对她的唯一要求就是，仔细观察孩子们的一举一动，然后详细汇报他们在这片特别营造的环境中都有哪些行为表现。玛利娅当时虽然忙于大学的教学任务，但她保证每周至少前往圣洛伦佐一次。

在住宅楼门口，塔拉莫粘贴了一些标语："呵护家人，就是呵护自己""家庭卫生是儿童健康的保障""污损墙面及楼道者，缺乏最基本的教养"。孩子如果衣着脏乱、不守纪律、迟到早退或者其父母不尊重老师，都可能被退学。老师每周会与家长面谈一次，介绍孩子的在校情况。将公寓维护得井然有序且积极配合老师展开教学工作的家庭，可以在塔拉莫设立的圣洛伦佐街区节上获得奖励，甚至享受免去一个月房租的待遇。通过在住宅区内创建学校这种方式，塔拉莫希望让成年人也受到教育。在几周的试运行之后，首间儿童之家于1907年1月6日，即主显节当天，正式宣告成立。对于孩子们来说，这是极其隆重的一天，因为"女博士"会给表现优异的孩子送上礼物，给不那么乖的孩子带去些煤炭。玛利娅在儿童之家成立仪式上的演讲可谓振聋发聩。谈起这一天时，她这样写道："伴随着一种难以名状的感觉，我模模糊糊地意识到，一场引人注目的伟大事业即将开启。开幕仪式上的发言像是一种先兆和预言：'当大地被黑暗笼罩之时，星辰从东方亮起，光芒引领众人。'所有参加仪式的人都惊讶万分，他们思索着：为什么蒙台梭利博士会给这所贫困儿童学校赋予如此夸张的重要性？"[171]

---

[171] M. Montessori (2018), *L'enfant*, Paris : Desclée de Brouwer, p. 154.

事实很快便证明玛利娅如此重视儿童之家绝非偶然："最初阶段观察到的结果深深震撼了我，令我感到无比欣慰，也更加坚定地投入其中。"[172]

学校的缺勤率非常低。孩子们身上发生了翻天覆地的变化，连身体也变得强壮起来，看上去更加健康了。玛利娅承认，在最初看到他们病恹恹的状态时，她曾想过给他们吃一些维生素。但事实上，她没有选择维生素，而是让孩子们接受了更为深入和持续的治疗。他们的气色渐渐好转，眼神更加灵动，情绪也越来越稳定。身为医生的玛利娅立刻意识到儿童心理健康对其生理层面可能带来的影响，以及她的这类学校可能在帮助儿童康复过程中起到的作用。

玛利娅的目标是"为活动树立规则，而不是限制儿童的活动自由，让他们陷入被动状态"，因为她认为"所有儿童都能展开有用处、有智慧、有意识的活动，且不会表现出任何不礼貌的行为，这样的课堂（才是）有条不紊的"[173]。为达到这一目的，孩子们获准自由走动，自由选择课堂活动，这与传统学校截然不同。很多原则都是在偶然间发现的。起初，老师给每个孩子分发他们想要的教具。某一天，老师迟到了，有个孩子竟然翻窗进入教室，为同学们打开了大门。等老师到达时，发现孩子们正安安静静、聚精会神地摆弄着各自的教具。老师"有些生气，说教室里进了小偷，要惩罚那个孩子"[174]，但玛利娅认为，这正是自由选择的好处，是一种适合自由教育的意愿表达。

---

[172] *Ibid.*, p. 155.

[173] M. Montessori (2016), *La découverte de l'enfant. Pédagogie scientiffque, t.1*. Paris : Desclée de Brouwer, p. 41.

[174] E. M. Standing (1995), *Maria Montessori. Sa vie, son œuvre*, Paris : Desclée de Brouwer, p. 30-31.

在罗马，人们开始关注这所与众不同的学校。阿根廷大使满怀好奇地想要实地考察一番。为避免学校对他的到访有所准备，他事先并未通知就直接来到了学校所在地。他抵达时，儿童之家的校门关闭着，但孩子们看到他在院子里问看门人拿钥匙。大门打开后，孩子们自如地进入教室，开始各自展开活动，无需任何成年人提醒。眼前这一幕让大使惊得说不出话来。这样的教学成果也令家长们颇感意外："这些孩子的母亲都是举止粗鲁的女工，大多不识字。她们来告诉我们说，孩子如今已成为她们的老师：他们教妈妈用肥皂洗手、不要喝酒，他们看上去就像文化人一样。他们很希望向别人展示自己有能力完成被指派的复杂任务。只需说一句'安静'，教室就会奇迹般地鸦雀无声。五十几名可以自由活动的儿童真的可以瞬间做到完全安静。我常常在放学时看到孩子们热情地为我欢呼，然后乖乖地跟在我身后一起离开。我就这样走在大街上，背后是五十多个小不点儿。但我只要对他们说'再见，现在安安静静地回学校去吧'，他们便会立即转身，轻手轻脚地往校门口跑去。"[175]

令人信服的奇迹

渐渐地，孩子们的自律程度越来越高，但妈妈们的期待也越来越大。她们对玛利娅说："我们发现孩子真的改变了很多，进步非常大。他们对好多事情都感兴趣，还会观察每位家庭成员的行为。他们比以前聪明和懂事了许多。您能不能也教他们写写字？他们一定能学会

[175] F. De Giorgi, *Maria Montessori. Il peccato originale, op. cit.*, p. 41.

的。我们做家长的是帮不上忙了，所以，请您教教他们吧。"[176]

玛利娅给孩子们展示了各种不同的字母。他们开始用一种几乎自发的独特方式学习书写和朗读，掌握速度快得"出奇"。他们认识字母的过程非常愉悦：大家开心地迈着舞步，在字母间跳来跳去。记住一部分字母后，他们会主动要求学习新的。看着孩子小小年纪便能够如此轻松地学习读写字母，家长们"争先恐后地请求学校通过文字和其他辅助工具教育孩子。几个月后，孩子们便可以识字，不再是文盲了"[177]。

这种轻松且接近自然的学习方式很快成为焦点，参观者们纷至沓来，想要亲眼见证"奇迹"。由于前来拜访的人过多，学校不得不在附近张贴告示："请不要与孩子交谈。"[178] 有些教育学教授甚至是远道而来，他们提出各个方面的问题，力求充分理解这种幼儿成功学会书写的现象。玛利娅后来讲述道："这些问题让我很尴尬，我回答说：您无法理解，即使自己拥有全世界所有的教育学教授头衔，也无法达到这样的结果？您不明白没有任何方法可以创造这种所谓的奇迹？我什么都没做，只是把字母交到他们手上，甚至都不是所有字母，因为他们已经认识其中的一部分了。"[179]

由此说来，孩子们似乎是在自学。他们只是被放于一处依照其需求布置的环境之中，可以自由自主地学习，没有束缚，也不会被打扰。

---

[176] A. Scocchera (éd.), « Maria Montessori, Lezioni di Milano. 1926 », *Vita dell'Infanzia*, 2016/5-6/7-8, p. 9.

[177] *Ibid.*

[178] A. M. Maccheroni, *Come conobbi Maria Montessori, op. cit.*, p. 70.

[179] M. Montessori, « Il miracolo del bambino. 4 mai 1951 », A. Schocchera, *Maria Montessori. Il metodo del bambino e la formazione dell'uomo, op. cit.*, p. 24.

首间儿童之家大获成功后，同年 4 月，圣洛伦佐地区开办了第二间儿童之家。其效果同样立竿见影且得以持续，孩子及其家长都非常满意。塔拉莫在 1911 年回顾道："儿童之家或许正因其简洁的理念与实施方式而获得了立竿见影的卓越效果，这甚至超出了我的预期。当地住户们很快便感受到这所新机构带给他们的好处。近在咫尺的校舍专为孩子设计，让他们不再受到此前流落街头时堕落的身体和心理影响。妇女们也终于有机会找一些离家较远的工作来帮补家用，而无须担心孩子的安危。这也使得家长们在不知不觉间得到了自我提升，变得更讲规则、更有教养、更加礼貌，因为每天晚上，受过良好教育的孩子们都会将这些东西带回家。儿童之家还促使家长们逐渐远离咖啡馆，转而围绕孩子营造出亲密的家庭氛围，这也令社会生活更加和谐。"[180]

伴随误解

IRBS 原本计划在圣洛伦佐地区设立十六间儿童之家，但最终开办起来的仅有四所。1908 年 11 月，普拉蒂地区也开设了一间类似的机构，主要针对企业雇员子女，但效果不佳，缺勤率很高。尽管圣洛伦佐的成功毋庸置疑，但塔拉莫和蒙台梭利之间的关系从 1908 年开始紧张起来。后来由于分歧过大，二人于 1909 年底彻底闹僵，终止

---

[180] G. Alatri, « Maria Montessori e l'educazione come rimedio ai mali sociali dell'infanzia », L. De Sanctis (éd.) (2013), *L'infanzia svantaggiata e Maria Montessori, esperienze psicopedagogiche, educative e sociali dal '900 ad oggi*, Rome : Fefè editore, p. 36.

了合作。首间儿童之家的门卫甚至接到指令，不准玛利娅再踏入其中。塔拉莫推崇促进"人类文明"[181]的人文主义理想，尤其强调尊重卫生健康原则，这同时也能满足股东们的利益。他无法理解玛利娅主张的不设赏罚原则，不按照 IRBS 规定设立严格的规章制度也是他不能接受的。塔拉莫向二人共同的朋友奥尔加·洛蒂解释了自己反对玛利娅的理由："我对她说：'您就负责教学吧，让我来管学校纪律的部分。'她回答我说，纪律不能独立于教学存在。"[182]

两人在纪律方面的观点非常不同。塔拉莫希望施加压力，而玛利娅想要顺其自然。两个人都性格强势，分毫不让。塔拉莫认为，儿童之家的理念是由他提出的。1913 年，他在《论坛报》上撰文表示："蒙台梭利教学法是一回事，儿童之家是另一回事。蒙台梭利教学法充满智慧，值得所有赞誉，是适合儿童的教育方式；儿童之家，即把家和学校融为一体的概念，事实上是 IRBS 提出的、计划在其各居民住宅区内实施的想法。"[183]

玛利娅这边则不同意将这些学校单纯视作 IRBS 项目的附属品。1908 年，米兰人道主义协会借鉴这一模式开办的学校似乎引起 IRBS 的不满，后者显然将其视作竞争对手。但玛利娅仍然选择勇往直前，这些争执无法阻挡她的步伐。

[181] R. Foschi, « L' esperimento delle prime Case dei Bambini. M. Montessori incontra i "Beni Stabili" », *ibid.*, p. 68.

[182] *Ibid.*

[183] *Ibid.*, p. 68-69.

在米兰继续使命

1908 年 10 月 18 日，米兰的首间儿童之家在人道主义协会创建的首个示范街区索拉里街（Via Solari）[184] 正式成立。这是一所崇尚改良社会主义的世俗学校，针对邻近街区的工人子弟，旨在提升工人家庭的社会、健康及文化水平。理念先进的发起者们致力于将街区打造成为令每位家庭成员都能解放思想、接受教育的地方。为此，他们在该地区布置了大量服务设施：药房、餐厅、洗衣店、图书馆、母婴室、哺乳间、绘画学校、平民大学分校、健身房以及青年娱乐室。如此庞大的综合体由使用者们协同管理。人道主义协会希望"无差别地提升贫困人群自主性，为其提供自力更生的条件，帮助其获取援助、工作和学习机会"[185]。

玛利娅是在 1906 年米兰世博会期间知道这间机构的。他们在展馆内向人们展示了未来索拉里街区的模型。细致入微的建筑结构美不胜收，吸引了大量参观者驻足观赏、赞美连连。每栋公寓都配置有自来水、燃气及独立卫生间。小阳台便于家家户户洗晒衣物及地毯。位于街区中心的学校共有三间教室，每间可容纳五十名儿童。教室中央布置有一间八边形的多功能活动室，可用于做操和演出。但最终，这一街区计划仅实现了一半，而学校也只是设在了一间可容纳五十余名儿童的公寓内。

1908 年 5 月，米兰妇女联盟组织的全国妇女职业大会召开，为

---

[184] 人道主义协会在普罗斯佩罗·莫瓦泽（Prospero Moisè）的资助下于 1893 年在米兰成立。

[185] 人道主义协会章程第 3 款，引自 V. Babini, L. Lama, Una « donna nuova », op. cit., p. 274.

期四天。玛利娅在会上介绍了圣洛伦佐街区的工作成果以及专为儿童设计的各种教具。人道主义协会成员们聆听了她的讲座，被其魅力深深折服。六周后，该组织领导层决定将其新建街区的幼儿园打造成为蒙台梭利学校。于是，玛利娅在米兰待了好几周，筹备新学校开学事宜。在接下来的 9 月份，三场"全新科学儿童教育法"讲座面向大众开放。部分听众对此深感钦佩，而另一部分则毫不掩饰自己的困惑："怎么能让孩子在一间到处都是易碎家具的教室里随意走动！"[186]

到了 10 月份，这所由安娜·玛利娅·玛切罗尼[187]主管、配置有一名女看门人的新型幼儿园共容纳了四十六名 3～5 岁的儿童。学校实施免费入学政策，原则上只有家庭条件许可的儿童需要支付每月 2 里拉的学费，但事实上来自该区域的所有家庭都没有支付过任何费用。

报纸纷纷报道了玛利娅在学校成立时发表的演讲，称其充满诗意。她谈到了在家庭与学校之间形成理想的联盟，让孩子无须离开母亲就能去上学。她呼吁教师、母亲和医生们团结起来，共同实现目标。在这样的全新组合里，医生负责监督孩子的饮食与健康。每名儿童每月可享受两次体检、热水澡及头部消毒（避免寄生虫滋生）。

米兰的首间儿童之家无疑也获得了认可。于是，1909 年 11 月 21 日，第二间儿童之家在伦巴第新街区[188]成立，计划容纳一千两百人。玛利娅为此在米兰待上了整整一个月，力求新机构准时开放，首批可

---

[186] 引自 C. A. Colombo, M. Beretta Dragoni (éd.) (2008), *Maria Montessori e il sodalizio con l'Umanitaria. Dalla Casa dei Bambini di Via Solari ai corsi per insegnanti*, Milan : Raccolto edizioni, p. 30.

[187] 安娜·玛利娅·玛切罗尼（1876—1965）是蒙台梭利忠诚的学生。她为蒙台梭利教学法在欧洲的传播和推广起到了巨大作用，主要关注的领域是深化音乐及数学教学。

[188] 更确定的位置是罗托勒街。

迎来一百二十名儿童。所有细节她都亲自检查，正如在给友人的一封信中写道："我为这群素昧平生的孩子工作，就在这些甚至尚未完全落成的儿童机构里！我的健康状况非常好。我每天早上都起得很早，风雨无阻，我要亲自为孩子们选购教具。我买了很多漂亮的版画，准备把教室布置得让人感到轻松愉悦，让孩子们目之所及之处都是美好。我还买了玩具、小家具、家居布艺、刺绣小桌布，开始为他们的课堂活动做准备。我得从米兰城的一头跑到另一头，因为这些工人聚居区都位于城市边缘。我还为如女儿般亲密的同事费德利[189]布置了一间小公寓。我想要自己一件一件地准备好所有必要的家具，人道主义协会的员工们都很慷慨。第一天晚上，我只收到了一张床、一块床垫和两床羊毛被子；接下来，我有了餐桌和两把椅子；今天，我终于见到了承诺中的衣柜。这下我'女儿'总算配齐了像样的家具，尽管房间还是略显简陋。目前还缺瓦斯暖气，不过我已经帮她买好了从前那样的壁炉木炭。"[190]

玛利娅与人道主义协会之间的合作硕果累累，此后又有好几间儿童之家相继成立。这有赖于人道主义协会教育负责人奥古斯托·奥斯莫（Augusto Osimo）的积极支持和贡献。奥斯莫与蒙台梭利拥有相同的价值理念，两人互相尊重，成就了深厚的友谊。玛利娅曾这样对奥斯莫写道："我永远不会忘记您的信任，亲爱的奥斯莫先生，您的坚持和毅力让我们收获了斐然的成绩。我始终怀抱热切期望，愿我们

---

[189] 安娜·费德利（Anna Fedeli，1855—1920），与玛利娅·蒙台梭利关系十分紧密的同事。本书第 5 章将介绍到，玛利娅·蒙台梭利把与自己最亲近的同事都当作女儿一样对待。

[190] 致玛利娅·玛莱尼的信，1909 年 11 月 16 日，引自 G. Alatri, *Il mondo al femminile di Maria Montessori…, op. cit.,* p. 120-121.

能够梦想成真。"[191]

　　两人都抱持着革新教育的强大信念，希望大力开发儿童的自主性。他们意义非凡的合作一直持续到 1923 年奥斯莫去世。

　　玛利娅对奥斯莫的感激之情溢于言表。正是因为他坚定不移的支持，促成了蒙台梭利教学理念在意大利北部生根发芽。她后来如此写道："我认为米兰是一座伟大而光辉的城市。我梦寐以求的教育中心正是在这里——而不是在罗马——得以成立。"[192]

　　她提出开设一所学校来培训遵循蒙台梭利教学法的教师。奥斯莫主编的《大众文化》（La Coltura popolare）杂志成为传播蒙台梭利理念的主要媒介，她与学生们在意大利践行以及借鉴自世界各地的教学经验也体现在这份刊物上。此后，蒙台梭利运动拥有了属于自己的宣传机构。人道主义协会教师培训机构培养了十余名教师，分别进入当地各间儿童之家工作。而开设儿童之家必不可少的蒙台梭利教具在当时是无法买到的。于是，旨在为手工工匠们提供工作机会的人道主义协会"就业之家"负责制造了大部分的教具。细木工、纸板及玩具制造工坊按照儿童的身材量身定制了小型课桌椅，还打造了许多"有利于开发儿童触觉的艺术类玩具、彩色纸板和小木块"[193]。到了后来，这些制造工坊将教具出售到意大利其他地区以及整个欧洲。玛利娅密切关注制作过程的每个细节，会毫不犹豫地指出不符合要求的产品。她有时会直白地表达自己的不满："你们很清楚这些东西的重要性。

---

[191] 引自 I. Pozzi, « La Società Umanitaria e la diffusione del Metodo Montessori (1908-1923) », *Ricerche di Pedagogia e Didattica – Journal of TTeories and Research in Education*, vol. 10, p. 110.

[192] 引自 C. A. Colombo, M. Beretta Dragoni, *Maria Montessori e il sodalizio con l'Umanitaria…*, *op. cit.*, p. 68.

[193] *Ibid.*, p. 32-33.

我知道你们很积极，因为你们能够按时把教具做出来；但有时，如果做得不够用心，出现了瑕疵，就会显得很没有诚意。"[194]

朱斯蒂街榜样计划

    玛利娅的所谓儿童"改造"计划始于圣洛伦佐街区的居民住宅群，此后她参与的儿童之家项目则在"环境更加理想"[195] 的区域展开。这便是于朱斯蒂街（Via Giusti）12 号圣玛丽方济各会（Franciscaines missionnaires de Marie，FMM）宽敞隐修院内开设的儿童之家。[196] 这所学校的特别之处在于，其接收的六十余名儿童都是 1908 年 12 月 27 日墨西拿（Messine）大地震的幸存者。这场前所未有的恐怖灾难摧毁了整个墨西拿和雷焦卡拉布里亚地区，造成一万两千人遇难。[197] 原本的街区小学校，在十余名修女接受教学培训后，成了一所儿童之家。萨瓦的玛格丽塔（Marguerite）王后为学校捐助了物资，还亲自前去探望过那些被她主动称为"保护对象"的孩子们。我们对这群孤

---

[194] *Ibid.*, p. 33.

[195] M. Montessori (2018), *L'enfant*, Paris : Desclée de Brouwer, p. 191.

[196] 关于这间儿童之家的准确成立日期说法不一。常见的资料上显示的是 1910 年 4 月 11 日，但从玛利娅·安托尼亚（Maria Antonia）修女于 1909 年 5 月 15 日写给救赎圣母马利亚修女的信中可以看出，学校在 1909 年就已成立。她在信中提到"（王后玛格丽塔的女伴）维拉米娜（Villarmina）侯爵夫人及其侄女来访。她们参观了庇护所内的校舍及学生作品，感到非常满意。离开时，侯爵夫人对我说，王后打算几日后前来探望我们，届时看见孩子们的喜人变化，她一定会非常满意。她询问了玛利娅·蒙台梭利的上课时间，以便下次到访时能够旁听"，《蒙台梭利档案》（*Dossier Montessori*），FMM 历史档案，罗马。

[197] 墨西拿市被彻底摧毁。数千名小孤儿被意大利全国各地的宗教机构收容。另一批儿童被格罗塔费拉塔修女院收留。

儿的信息一无所知，他们都是从废墟中走出来的：没有名字，没有姓氏。他们的状况非常令人揪心：惊慌失措、沉默不语、拒绝进食。到了夜晚，他们会忍不住地大声哭喊。显然，对他们必须采取不同于圣洛伦佐儿童之家的教学方式。

玛利娅请求女友们慷慨解囊[198]，并亲自监督校舍的装修工程。美观、精巧、细致入微，这是她反复强调的标准，只为给这群可怜的孩子营造出绝对宁静安全的氛围。修女们也对这方面十分敏感。她们在教室里布置了大量插满鲜花的花瓶、画框以及精挑细选的装饰摆件。碗盘、杯碟、桌布、餐巾、肥皂和擦手巾等全部按照儿童尺寸设计。隐修院的花园美不胜收，有成群的鸽子飞来飞去，还有五彩缤纷的小鱼在缸内游来游去。方济各会修女们种植了许许多多的花卉和橘树。所有这些区域都可以供孩子们玩耍。在这片充满爱的环境里，孩子们很快回到餐桌旁，开始正常进食。很多修女都来自贵族家庭，他们自动自发地将良好生活习惯教给了孩子们。面对眼前的一切，玛利娅感动不已："孩子们孜孜不倦地学习礼仪举止。他们学会了像王公贵族那样优雅用餐，像（彬彬有礼的）一家之主那样待人接物。"[199]

这些孩子的转变令人叹为观止。他们到了夜晚可以安静入眠。他们能够在内院中蹦蹦跳跳，将小桌椅搬来搬去而不碰坏任何东西。他们的面部表情开始变得生动而愉悦。悲伤似乎与他们渐行渐远："日常生活的点点滴滴，无微不至的悉心呵护，为这些孩子找回了曾经熟悉的家庭氛围，这对抚平生离死别带来的严重创伤至关重要。这群被

---

[198] 比如，她花费 300 里拉购入的小家具就是以弗朗切蒂男爵夫人的名义，并赋有其名片作证，FMM 历史档案。

[199] M. Montessori, *L'enfant, op. cit.*, p. 192.

压抑的幼小灵魂得到了真正的慰藉，他们收获了平静、快乐和对生活重新燃起的希望。只有当这一切达成之后，我们才能走向下一步，也就是像圣洛伦佐的学校那样，开始培育他们的智力发展。"[200]

这所儿童之家同时还向街区的其他孩子开放，但每名儿童都身穿相同的罩衫，绝不表现出任何社会层级的差异。从米兰赶回来负责这个特殊班级的安娜·玛利娅·玛切罗尼在多年后仍会想起当时极其独特的校园氛围："出于对自然与艺术之美的热爱，鲜花、建筑与装饰都反映出方济各会的简约质朴。教室相当宽敞，即使五十多名儿童都拥有独立桌椅，也仅占去整个空间的一半。巨大的玻璃门外便是修道院和花园。我将钢琴摆放在这扇门边，椭圆区域[201]就绘制在地面上。有一天，我们同时迎来了一百名访客！"[202]

与塔拉莫终止合作后，这所学校也成为玛利娅·蒙台梭利唯一认可并允许接待访客的儿童之家，并继续将其影响力带给全世界。修女们成了玛利娅忠实学徒伊丽莎贝塔·巴勒里尼（Elisabetta Ballerini）、安娜·玛利娅·玛切罗尼以及安娜·费德利的接班人。玛利娅建议她们在各自学校践行蒙氏教学法。修女们为孩子的转变深感欣慰，她们接受了玛利娅的提议，但提出了一个条件：教学的初始阶段需要有宗教内容。于是，玛利娅调整了课程表，在饭前和傍晚时段加入了祷告环节，并设计了简单的宗教入门课程。她认为这样的形式有助于细化

---

[200] 引自 G. Honegger Fresco, *Maria Montessori, una storia attuale, op. cit.*, p. 103.

[201] 玛利娅·蒙台梭利认为，行走时的平衡性是人类的特殊技能之一。她观察到，所有儿童都喜欢在人行道边缘或是铁道上行走。她意识到这是孩子对自我技能提升的需求。为帮助孩子展现这种技能，她请人在地面上画出了一个椭圆区域，要求孩子们准确无误地踩在该区域内行走。孩子们非常喜欢手拿一两件物品行走在这片区域内，通过使任务更为复杂，来展示自己行动的准确性。孩子们正是通过这种方式掌握了行走的要领。

[202] A. M. Maccheroni, *Come conobbi Maria Montessori, op. cit.*, p. 66.

儿童意识和认知，尽管方式十分传统。不过，双方美好的合作关系于1914年戛然而止：军队征用了这片区域，修女们也被遣散到了不同的修道院。

争议不断

发展儿童之家占据了玛利娅绝大部分的时间和精力。成为"一名简单的幼儿园教师"[203]（这是她的一位教授某天对她做出的评价）之后，她很快便失去了自己在医学界曾经艰难赢得的地位。医学同行们对她颇有微词。她所创立的学校里，孩子们卓尔不群的表现引发了社会的激烈争论，嫉妒之声不绝于耳。此外，玛利娅越来越清楚地知道，前来学校参观的访客们只是贪婪地想要获取她的教学方法，然后迅速复制如此傲人的成功，丝毫不去考虑方法背后深层次的重要原则。玛利娅已经察觉滥用其教学法可能导致的误解和风险。她曾满怀失望和忧虑地写道："我不知道该怎么办。那么多事情要完成，却没有人肯跟我合作。那些人要么接受我的意见但要求给出更多解释，要么只是把时间浪费在批评上。我现在真正需要的，是一群同事和研究人员帮助我检验已经完成的工作，不是简单的反对或吹捧，而是怀抱实验与科研精神与我并肩作战。他们可以帮助我在事后分析有建设性的批评意见，而不是在事前空口无凭地随意评论。为了保持科研独立性，我从未与任何人密切合作过。如今，我处于某种孤立无援的状态中，这

---

[203] 引自 S. Radice (1920), *The new Children. Talks with Dr. Maria Montessori*, New York : Frederik A. Stokes Company, p. 141.

是我最不愿看到的。这是一份浩如烟海的事业，我无法一人完成。我在这世界上实在太孤独了。"[204]

玛利娅很快便找到了支持者。

---

[204] *Ibid.*, p. 141-142.

第五章　教育关系网的诞生

　　玛利娅·蒙台梭利如此描述儿童之家迅速取得的成功："这套教学法以无法阻挡的趋势在多个国家传播开来，但其实大部分都只是生搬硬套，并没有深入了解过这套教学法：只是赞不绝口，或是奋力维护。鲜少有人真心热爱和研究教育。甚至可能没有人洞悉真相：它只是一种新兴的方法，尚未完善，丞须帮助和支持。"[205] 蒙氏学校的名气越来越大，但玛利娅任重道远……她还需要继续观察和研究，需要进一步传播自己的基本教育理念，力求让对蒙氏教学法感兴趣的人们不止停留在那些趣味十足的教具层面。虽然已经有相关报刊文章面世，但大多仅限于对课堂教学场景的描述或是就"奇迹般"的成绩大唱赞歌。玛利娅对此显然不够满意。她还得进一步培训教师，确保蒙

---

[205] F. De Giorgi (éd.), *Maria Montessori. Il peccato originale, op. cit.*, p. 43.

氏教学法稳步推进。如何才能保证蒙氏学校完全按照玛利娅的基本理念展开运作呢？

这是一项艰巨的使命，玛利娅独自一人是无法监管方方面面的落实工作的。她本就事务繁忙、课程缠身。最初几年尤其关键。如果当时玛利娅没有得到来自多方的有力支持，或许蒙氏教学法不会以如此之快的速度冲出意大利，向全世界传播开去。它或许只会停留在美好的社会及教育创新实验阶段。

弗朗切蒂‑蒙台梭利法

阿丽丝·哈尔加滕·弗朗切蒂 [206] 为玛利娅教育理念的传播起到了至关重要的推动作用，其教学法甚至一度被称为弗朗切蒂－蒙台梭利法。弗朗切蒂男爵夫人从 1901 年开始为翁布里亚地区各家族庄园的孩子们设立了一些免费学校。她请来了像园艺教师露西·拉特尔（Lucy Latter）[207] 这样来自英国、拥有前卫思想的教育工作者。玛利娅也从她那里借鉴经验，运用到儿童之家的教学活动中。阿丽丝·弗朗切蒂前往玛尔西街的儿童之家参观后，便对玛利娅这种极具革新性

---

[206] 阿丽丝·哈尔加滕·弗朗切蒂（Alice Hallgarten Franchetti）生于 1874 年，一生致力于慈善事业。她还开设有一间织布工坊，旨在保留古法技艺，为年轻女性提供就业机会和福利收入。工坊内设施完备，带厨房、浴室、花园，甚至还有让女工们可以放心托管孩子的托儿所。

[207] 露西·拉特尔在伦敦一所幼儿园开发了园艺及露天活动课程。她的著作《儿童园艺教育》（*School gardening for little children*）在弗朗切蒂家族的支持下翻译为意大利文出版。

的方式赞不绝口，认为这样的教学法潜力巨大。她惊叹道："这简直就是奇迹！孩子们完全自由地成长，自觉遵守纪律，没人强迫他们。他们就这样不知不觉地进步着，从原始状态慢慢发展出精确的知觉能力，开始掌握丰富的知识，学习算术、阅读和写字！"[208]

当然，弗朗切蒂男爵夫人也察觉到了玛利娅的不安。"这位揭示出儿童心理巨大秘密的女士"[209]亟需支持和帮助，正如她自己承认的那样："我处于一片混沌之中，孤立无援。没人理解我所做的这有些悲剧色彩的努力，我必须竭尽全力不让自己消沉。这是一份艰难的工作，像这世上所有尚未得到认可的新鲜事物一样。许许多多的访客来到儿童之家，只希望这里的精神水源能够让他们自己变得更强大：只有弗朗切蒂男爵夫人明白，这是可以滋养人性的水源。"[210]

为了给玛利娅提供更加有效的帮助，阿丽丝决定动用丈夫的大量高层资源。她首先需要说服丈夫前去参观这所理念先进的学校。为此，她特地前往西西里岛迎接从非洲访问归国的丈夫，然后陪同他来到了玛尔西街。男爵被眼前的儿童社区景象深深吸引，充满惊奇地观察了很长时间。接着，他向玛利娅提出了一个具有关键意义的问题："您写过这方面的著作吗？否则您去世后，这些理念就不复存在了。"[211]

得到否定回答后，男爵请求玛利娅刻不容缓地完成教学法著作，还邀她前往自己的府邸居住，"在公园环绕的绝佳环境下"展开写

---

[208] 引自 G. Alatri, *Il mondo al femminile di Maria Montessori…, op. cit.*, p. 130.

[209] *Ibid.*, p.130.

[210] 引自 D. Cavini (2017), « Alice Hallgarten Franchetti. Un nome dimenticato in fretta », *MoMo*, 2017/1, n° 9, p. 14.

[211] A. M. Maccheroni, *Come conobbi Maria Montessori, op. cit.*, p. 49.

作。玛利娅需要做的，是将自己的大量笔记和报告整理成书。二十天后，《运用于儿童之家的幼儿教育科学方法》（*La méthode de la Pédagogie scientifique appliquée à l'éducation enfantine dans les Maisons des Enfants*）一书的初稿诞生了。

"书稿付梓时，弗朗切蒂夫妇并没有去找出版社，唯恐稿件文字遭到改动。他们来到了一家小打字社，要求对方必须一字不差地将稿件印制出来，一个标点符号都不能错。"[212]

男爵夫妇对这本书的发行也非常上心。阿丽丝为玛利娅打开了盎格鲁–撒克逊世界的大门，她在《伦敦教育日报》（*The London Journal of Education*）发表了首篇关于儿童之家的文章，获得大量积极正面的反馈。

阿丽丝还在卡斯泰洛城创立了一所名为"弗朗切蒂学院"的家庭教育学校，由费利希塔·布什内尔（Felicita Buchner）[213]担任院长，旨在"为传统学校、孤儿院及寄宿学校培养优秀的保育员和家庭教师"[214]。正是这所学院首次组织了"运用于儿童之家的教育方法课"。阿丽丝积极促成这种培训模式免费开放，因为她希望新开一间幼儿园，同时改革一家现存的小学。

"有了蒙台梭利教学法，我对在小学里实现大刀阔斧的改革充满

---

[212] *Ibid.*, p. 49-50. 玛利娅将自己首部著作献与弗朗切蒂夫妇："谨将本书献给尊贵的阿丽丝·弗朗切蒂-哈尔加腾男爵夫人及利奥波尔多·弗朗切蒂（Leopoldo Franchetti）男爵、王国参议员，正是在他们的不懈努力之下，本书才得以迈出进入思想界的步伐，让儿童之家成为科学文献的一部分。"

[213] 费利希塔·布什内尔（1856—约1944），德国籍犹太教师，践行行动主义，为被遗弃儿童创办了一所新型学校。该校位于威内托大区维桑斯附近，校舍布置尽可能与居家环境保持一致，每名保育员最多负责八名儿童。

[214] 引自 G. Alatri (2015), « Le donne, l'infanzia », Vita dell'Infanzia, n° 11/12, p. 34.

信心、无比从容。你已经知道了，蒙台梭利已经答应在三个月假期这段时间来卡斯泰洛城教课。我向你保证，上过她的课之后，你、我，还有其他教师，都会知道应该如何有条不紊地使农村儿童的智力得到开发。"[215]

玛利娅的这门课于 1909 年 8 月 1 日至 31 日在男爵夫人位于蒙特斯卡的家族宅邸举行，这里还住着许多女大学生。注册前来听课的学员有约七十名，其中大部分是教师，还有二十多位修女，以及玛利娅的几位女助手（安娜·玛利娅·玛切罗尼、安娜·费德利以及伊丽莎贝塔·巴勒里尼）。这批学员中的好几位，比如特蕾莎·蓬滕皮（Teresa Bontempi）、阿德尔·科斯塔·格诺奇（Adele Costa Gnocchi）和凡切洛（Fancello）姐妹，后来都成了玛利娅的同事。开课仪式非常庄重，男爵上台致辞："我荣幸地向大家介绍蒙台梭利博士，请她与我们分享她的学术研究成果。她沿着历史上无数伟大教育者的道路，在教育学领域更进了一步。"[216]

玛利娅的发言稿则已提前印刷并分发给到场的众多知名人士。

她的这门课教学内容安排非常紧凑："科学教育法是什么？；新式学校与新式教师；自由、自主教育及其实践；学校与家庭教育协作概念实践；儿童人类学检测及生理学图表绘制；儿童卫生基本概念：身体护理及饮食；美术手工、积木搭建、泥塑手工；感官教育；智力教育；图像文字及口述文字；自发书写法。"[217] 培训课程的节奏一气呵

---

[215] 1909 年 1 月 21 日的信件，引自 M. L. Buseghin (2013), *Alice Hallgarten Franchetti, un modello di donna e di imprenditrice nell'Italia tra'800 e'900*, Pérouse : Editrice Pliniana, p. 32.

[216] 引自 D. Cavini, *ibid.*, p. 16.

[217] 引自 G. Alatri, *ibid.*, p. 34.

成，其中一名学员这样评价道："我可以肯定地说，我们真的是一刻不停地在学习；天刚亮我就起床了，午夜才下课，直到此时夜深人静，我才有时间给你们写信，但整个班级的气氛都非常愉快，蒙台梭利总是面带微笑，看上去对我们很满意。"[218]

有时课上到一半，还会出现学生听得热泪盈眶的情况。玛利娅为自己讲的内容充满"悲伤"而深感担忧和失望。她不解地询问学生到底自己说了什么让她们如此难过。她们是这样回答的："我们切切实实地感受到了自我意识的觉醒。"[219]

她们流泪，仅仅是因为意识到了自己在此之前的日常实践中犯下的种种错误。

玛利娅每天的教学任务都非常繁重，有时亟须休息，没人可以去打扰她。但有一天，安娜·玛利娅·玛切罗尼获准前去跟她打声招呼。谁知安娜惊讶地发现玛利娅并没有休息，而是在奋笔疾书。玛利娅笑着对她说："如果可以不呼吸，肺会休息吗？"[220]

玛利娅解释道，在舒适环境下自愿选择从事的活动，事实上等同于休息。

由于课程内容过多，培训时间延长了两周，但仅针对玛利娅亲自遴选出来的学员。在这两周延时课开始之前，玛利娅前往罗马短暂休整了几天。在此期间，她给一位女朋友写信说道："我会在罗马待上三四天；我太累了，整整一个月不间断的集中备课和授课让我疲惫不

---

[218] 阿德尔·科斯塔·格诺奇的信，引自 G. Honegger Fresco (éd.) (2001), *Radici nel futuro. La vita di Adele Costa Gnocchi (1883-1967)*, Molfetta : Edizioni La Meridiana, p. 25.

[219] S. Feez (éd.) (2013), *The 1913 Rome Lectures. First international Training Course*, Amsterdam : Montessori-Pierson Publishing Company, p. 3.

[220] A. M. Maccheroni, *Come conobbi Maria Montessori, op. cit.*, p. 52.

堪！我不止在上课，还在与世隔绝般地冥想，这样的状态持续了一个月之久。每天早晨，我都会复述前一晚的反思和总结。最后，我筋疲力尽了。第二天在进行总结的时候，我感觉骨头一阵疼痛，好像得了重感冒一样；手腕也很疼，可能是因为长时间思考时不自觉地捏手造成的。您知道吗，弗朗切蒂男爵从来没缺过一次课，我讲课内容的一字一句他都记得！他完全理解我；您无法想象这带给我多么大的快乐。男爵比其他任何人都更懂得如何为我的教学法辩护，因为他已对这套方法了如指掌。好像很多学校都要采用这套教学法了，我真是不知所措啊！！！我该怎么办呢？"[221]

9 月中旬，培训正式结束，学院组织了一场结业考试。阿德尔·科斯塔·格诺奇回忆道，部分学员觉得考题难度很大："修女们让我感到很难过，她们的考试成绩不理想。你能想象吗：蒙台梭利真的会打零分！"[222]

而对阿德尔的考核似乎只是走个过场，"就跟女博士热烈地聊了一会儿天"。此后，阿德尔便成了玛利娅的亲密伙伴。[223]

阿丽丝·弗朗切蒂也在这批学员中迅速招募了四位，开设了自己的儿童之家。她对蒙氏教学法坚信不疑，时刻关注着学校里孩子们的发展。如果不在卡斯泰洛城，她会要求教师们详细汇报孩子的进步情况："我要求她们将孩子们在儿童之家的表现事无巨细地写信告知，

[221] 致玛利娅·玛莱尼的信，1909 年 9 月 4 日，引自 G. Alatri (2018), « Maria Montessori e Maria Maraini Guerrieri Gonzaga », art. cit., p. 121.

[222] 阿德尔·科斯塔·格诺奇的信，引自 G. Honegger Fresco (éd.), Radici nel futuro, op. cit., p. 25-26. 这件事的有趣之处在于，蒙氏教学法是不主张打分数的。

[223] 阿德尔·科斯塔·格诺奇先修完哲学专业课程，后于宫廷酒店大楼（罗马）创立了著名的蒙氏学校，招收 3~12 岁儿童。这也是纳粹上台期间唯一未遭关闭的蒙氏学校，因为阿德尔将其伪装成自己的办公室。她主要关注低龄儿童的发展，陆续创立有儿童辅助学校及蒙氏婴幼儿中心。

并附上她们自己的观察。"[224]

在一次米兰访问之旅结束后，阿丽丝向一名教师介绍了她观察到的新事物，希望对其有所启发："那天早上，我在儿童之家度过了很愉快的时光。我给你寄了几张图画，请把它们展示给其他教师观看。我觉得它们都可以被巧妙融合到教学当中，我想这些东西会让大人小孩都觉得很有趣。"[225]

阿丽丝在玛利娅周围建起了牢固的支持关系网。她亲自将玛利娅介绍给了致力于改善民众家庭生活的玛格丽塔王后。"她对儿童之家的感情既独特又浪漫：她来到学校的院子里，与靠窗的女教师们交谈几句后，剩下的几个小时都跟孩子们待在一起。"[226]

王后非常鼓励培训新教师。1910 年夏，她为"第二届蒙氏儿童教学法理论与实践培训项目"提供了资金支持。这次的培训项目以私教课程形式在朱斯蒂街区的圣玛丽方济各会举行。此次培训没有做任何宣传，但仅凭玛利娅广阔的人脉关系便吸引到二百五十名学员。她们大部分来自小资产阶级和贵族阶层，还有很多隶属不同教会的修女也前来学习。百余名美国学员的参与也充分说明阿丽丝在自己的祖国是如何不遗余力地传播着蒙氏教育理念的。然而，万分不幸的是，阿丽丝的身体健康开始每况愈下。她于 1911 年 11 月在瑞士莱森疗养院去世。就在此前不久，玛利娅才来探访过她。失去这位挚友，令玛利娅悲痛欲绝。

---

[224] 书信，引自 M. L. Buseghin, Alice Hallgarten Franchetti···, op. cit., p. 34.

[225] 1910 年 9 月 14 日的信，*ibid.*, p. 34.

[226] 引自 A. Scocchera (éd.) (2016), « Maria Montessori. Lezioni di metodo. Milano, 1926 », *Vita dell'Infanzia*, n° 5/6-7/8, p. 9.

玛利娅·玛莱尼

玛利娅是幸运的，每当她因事务缠身而感到精疲力竭的时候，另一位好友玛利娅·玛莱尼·格里耶利·贡扎加（Maria Maraini Guerrieri Gonzaga）侯爵夫人[227]都会陪伴在身旁，给予她鼓励和安慰。侯爵夫人是玛利娅最忠诚的友人之一，她将毕生精力都倾注于实践女性主义及在小学阶段推广蒙氏教育理念。两位密友之间通信十分频繁，以姐妹相称。玛利娅将自己新鲜出炉的著作率先寄给玛莱尼阅读，并题词如下：

"致我最珍爱的儿童之母，致一所前途无量的学校……之创办人……"[228]

不仅如此，《科学教育学》第二卷能够面世，也多亏了玛利娅·玛莱尼的帮助。玛利娅在其 1911 年的序言中如此回忆道："（玛利娅·玛莱尼）想要为完全自由的个人体验式教学法打下基石，希望了解在各种先进材料的辅助下，我们是否能够于已然大获成功的幼儿教育领域再创辉煌。"[229]

她自己的孩子是蒙氏教育法的首批受益者。后来随着蒙氏教育理念的不断完善，她在自己家族的领地上开设了一间学校，招收住在附近的乡村家庭孩子。这里还接纳了因 1917 年 10 月 24 日卡波雷托战

---

[227] 玛利娅·玛莱尼 1869 年生于曼图亚，1950 年去世。她是罗马首家护士学校的创办人之一。她在自己家族领地上开设了儿童之家，并特别强调用传统家具布置校舍。

[228] 1909 年 7 月 27 日从卡斯泰洛城致玛利娅·玛莱尼的信，引自 G. Alatri, *Il mondo al femminile di Maria Montessori…, op. cit.*, p. 164.

[229] M. Montessori (2018), *Pédagogie scientiffque. Tome 2 : Éducation élémentaire*, Paris : Desclée de Brouwer, p. 11.

役而流离失所的一百五十名儿童。共有约六十万意大利士兵在这场恐怖的战争中缴械投降，大量民众无辜惨死，威内托大区无数村民纷纷撤离。

玛利娅·玛莱尼多次向玛利娅·蒙台梭利提供必不可少的经济资助，金额不容小觑。然而，玛利娅·玛莱尼的丈夫克莱蒙特·玛莱尼（Clemente Maraini）侯爵对此颇有微词。他受不了玛利娅频繁出现在自己的生活中，也很不满妻子如此慷慨地帮助玛利娅。弗朗切蒂夫妇和玛利娅·玛莱尼的帮助总是不遗余力，但带有经济支持的友情显然是脆弱的。有时只需稍加挑拨，这种关系便会分崩离析。玛利娅与玛格丽塔王后之间就出现了这样的问题。在多次向玛利娅提供资金后，王后认为其计划过于庞大和铺张，并为此感到十分恼火。于是，她令人意想不到地突然中断了对玛利娅的资助。玛利娅对这突如其来的翻脸很难接受。她完全知道，很多达官贵人都唯王后的马首是瞻，如今王后态度大变，很可能影响到其他人对自己的支持。玛利娅当时秉承的原则是"尽量少树敌，多争取支持"[230]，但情况急转直下。这一转折点刚好出现在玛利娅计划利用王后资助租下"理想校舍"，并在最短时间内将其改建为一所小学时。这栋房屋空间宽敞、位置绝佳，"有好几个大卧室和许多小房间。总共有十四间屋子，再加上两处游廊和两个面朝波波洛广场的露台"。玛利娅询问好友玛利娅·玛莱尼："你觉得失去了王后的资助，我们还能租下这里吗？"[231] 或许得玛莱尼亲自出马去寻求帮助了。玛利娅为此给玛莱尼写了好几封信，详细陈述

---

[230] 1911 年 8 月底致玛利娅·玛莱尼的信，引自 G. Alatri, *Il mondo al femminile di Maria Montessori…, op. cit.*, p. 175.

[231] 1911 年夏致玛利娅·玛莱尼的信，引自 G. Alatri, « Maria Montessori e Maria Maraini Guerrieri Gonzaga », art. cit., p. 126.

了预算困难和谋求资助的问题。

"我得再加把劲儿了。我还能保留在罗马女校的教职吗？弗朗切蒂夫妇说只要我离开大学，就可以资助我这笔费用，否则我肯定没有那么充足的时间投入到新项目里。我们需要市政府的帮助，我还得组织一门课程。这些东西你都明白吗？真是让人焦头烂额！有时这些数字就不停地跳到我眼前，让我不得不去想办法。我们的信念是坚定的，这一点毫无疑问，我坚信成功就在不久的将来。但我们必须随时保持清醒！目前让我忧心的事情包括：要不要租下这套如此理想的房屋（理由非常充分）；凝聚让教育实验取得成功的各种力量；料理日常事务的能力（招募儿童、管理收入）；如何将房屋改建成崭新而美观的理想校舍：它代表着对美好未来的憧憬，一定会让世界各地的人们赞不绝口。"[232]

玛利娅经过无数次盘算后，最终发现，想要让计划成真，王后的资助必不可少。她曾认为"因某位外行的君主一时心血来潮，就被迫放弃如此理想的计划，真是太疯狂了"[233]。但如今，她不得不将自尊心放在一边，努力修复与王后之间的关系。她请求玛利娅·玛莱尼帮忙牵线搭桥，虽然明知在这种情况下，玛莱尼并不是前去说情的最佳人选。但真的是在玛利娅·玛莱尼的巧妙斡旋之下，事情才最终得以解决。玛利娅终于可以大展拳脚了。

---

[232] 1911 年 8 月 25 日致玛利娅·玛莱尼的信，引自 G. Alatri, *Il mondo al femminile di Maria Montessori…, op. cit.*, p.127.

[233] 可能是于 1911 年 8 月底致玛利娅·玛莱尼的信，引自 G. Alatri, *Il mondo al femminile di Maria Montessori…, op. cit.*, p.175.

首批三位情同母女的工作人员

这套房屋让玛利娅仿佛拥有了一次崭新的生命："我在这个家里不再是女儿，而是母亲。我和我的'女儿'们一生都将相互依赖、密不可分。我们拼尽全力为了共同的目标奋进。这种关系看似微不足道，但其实美妙绝伦！她们虽然只是三个女孩，但我何其幸运可以拥有如此亲近的三位知己，在这条艰辛的开拓之路上助我一臂之力！她们不顾一切、不求回报，只是我教育理念的信奉者。"[234]

这三位"女儿"便是伊丽莎贝塔·巴勒里尼、安娜·费德利和安娜·玛利娅·玛切罗尼。

伊丽莎贝塔·巴勒里尼通常被昵称为贝蒂娜（Bettna），她在此之前便已经是玛利娅生活中十分重要的左膀右臂了。她是玛利娅在罗马女校里最得意的门生之一，后来又成为玛利娅的第一位同事。玛利娅对她视如己出："我还在孤军奋战的时候，她便一直跟随我左右，给予我许多鼓励，我把贝蒂娜当作女儿一样看待，她填补了我内心的空虚。"[235]

在玛利娅看来，贝蒂娜代表着"新式教师"。玛利娅很肯定地表示，只需给贝蒂娜两周时间，她便可以让一个班级的孩子发生奇迹般的转变。玛利娅还无比自信地解释称，贝蒂娜只要给方济各会修女们培训两个月，她们便能够完全理解蒙氏教育的精髓。在 1908 年的意大利全国妇女大会上，也正是贝蒂娜上台介绍了蒙台梭利教学法。

---

[234] 1910 年 8 月 22 日致玛利娅·玛莱尼的信，引自 G. Alatri, *Il mondo al femminile di Maria Montessori…, op. cit.*, p. 95.

[235] 1909 年 11 月 14 日致玛利娅·玛莱尼的信，引自 *ibid.*, p.103.

玛利娅原本还打算将玛利娅·玛莱尼新近创立的儿童之家交给贝蒂娜管理。但遗憾的是，贝蒂娜的健康状况欠佳，玛利娅不得不在最后时刻找人代替她的位置。想要找到能够接替贝蒂娜的人绝非易事，因为真正接受过全面培训的人员屈指可数。而且，开设新学校所涉及的工作非常艰巨，玛利娅很难信任其他人选。当时她甚至声称没有人可以与"最疼爱的女儿、全身心投入这项事业"[236] 的贝蒂娜相提并论。面对年纪轻轻便病魔缠身的贝蒂娜，玛利娅感到相当自责，她在给玛利娅·玛莱尼的信中说道："我只希望她能够赶快痊愈。她之所以生病，都是因为我给她安排的课太多了。她从来都不会拒绝我。教育是我生命中做的为数不多的好事，我就这样不知不觉地向前推进着。但正当我热情高涨地蓄势待发时，又陷入了棘手的泥潭！"[237]

玛利娅时刻关注着贝蒂娜的健康，带着她到处寻医问药，希望让她得到最好的治疗。她亲力亲为地照顾贝蒂娜，两人甚至睡在同一个房间，以便随时查看恢复状况。但玛利娅无力回天。贝蒂娜于1914年去世，年仅28岁，还没来得及发表自己的研究成果。玛利娅对此深感悲痛和遗憾。

自此之后，安娜·费德利和安娜·玛利娅·玛切罗尼便成了她最重要的工作人员。玛利娅这样评价两个女孩："俗话说，真理不缺捍卫者，我早期的两位门生安娜·费德利和安娜[238]·玛切罗尼就是这样的人。费德利放弃了佛利尼奥师范学校校长一职，玛切罗尼也拒绝了多家师范学院抛出的橄榄枝，只为投入我们的这项事业，她们甚至为

---

[236] 1909 年 11 月 4 日的信，*ibid.*, p.92.

[237] *ibid.*, p. 93.

[238] 即安娜·玛利娅·玛切罗尼，玛利娅·蒙台梭利通常将其唤作"安娜"。

此贡献了（所有的）家庭资产和积蓄。"[239]

意大利原版文章中不仅将二人称为玛利娅早期最忠诚的学生，更视她们为玛利娅最"宝贵的工作人员"。

安娜·费德利与玛利娅·蒙台梭利相识于 1905 年，当时的她是"思想与行动"协会成员。她被玛利娅讲授的教育人类学课程深深吸引，毅然放弃了原本的大好前程，前去与玛利娅并肩作战。身为意大利语专家的她，主要负责开发语法方面的教学材料。许多在今天看来不可或缺的教材和教具，都是从那时开始逐渐形成的。有时，某个教具的诞生可能是灵光一现的结果，比如活动字母块。那是 1907 年 9 月的一天，安娜在和其他人一起裁剪字母时，突发奇想，决定将字母都放入一只大箱子里。她还在院子的地上发现了一个掉落的字母。于是她把自己的想法告诉了玛利娅，同时表示"还很粗糙"，不够精致。但玛利娅立刻被说服了。

安娜在人道主义协会也有相当亮眼的工作表现，尤其是在 1911 年开始举办的教师培训课程期间。在玛利娅三不五时需要出差、无法授课时，正是安娜负责为她代课。她还毫不松懈地密切关注着学生们最初几年的工作经历。

尽管常常被称为"蒙台梭利博士的秘书"[240]，但安娜在玛利娅身边扮演着更为重要的角色。她还全权管理玛利娅的"经济事务"[241]。1917 年于巴塞罗那订立的一份公证书显示，安娜有权"无限制地处置

---

[239] M. Montessori (2007), *La pédagogie scientiffque*. Tome 2 : *Éducation élémentaire, op. cit.*, p. 18.

[240] Rita Kramer, *Maria Montessori. A biography, op. cit.*, p. 243.

[241] 引自 G. Alatri, *Il mondo al femminile di Maria Montessori…, op. cit.*, p. 105.

财产并管理所有相关问题，其签名在任何法定文件上均可生效"[242]。

安娜给玛利娅提供了无微不至的协助，除了负责家庭开支外，还要接待来自世界各地的访客。1913年在圣彼得堡（Saint-Pétersbourg）开设俄国首间儿童之家的教育学家茱莉娅·弗塞克（Julija Fausek）如此写道："玛利娅·蒙台梭利（向我）提了许多关于其教学法成果的问题。玛利娅·蒙台梭利的工作人员安娜·费德利拿过俄国儿童制作的手工以及展示圣彼得堡儿童之家教学成果的文件资料。她将这些东西与英美教育工作者带来的教材存放在一起。"[243]

安娜经常代表玛利娅参加在意大利举行的各种大会。她在发言中强调儿童们拥有着奇迹般的潜力，宣称他们是满目疮痍的战乱年代里令人振奋的希望。她于1916年在米兰发表的演讲便是其中之一："当我们看到接受蒙氏教育的孩子们拥有如此惊人的洞察力、知觉力和精神活力，每个人都应当庆幸他们将成为未来的公民，会将自己从小学会的丰富知识和扎实技巧用于服务社会。而如果我们想要人为地干预成长，他们的天赋和潜力便会遭到浪费。如果任由人为因素抹杀人性，我们培养的就不是真正的人，而是某种意义上的幽灵，甚至是魔鬼。我们这个时代已经给出了证明。"[244]

安娜是蒙氏教育当之无愧的代言人，但她不幸染上了结核病，1920年去世时年仅35岁。当时玛利娅正在巴塞罗那授课。安娜被葬在蒙台梭利家族位于维拉诺的墓穴中，足见玛利娅对英年早逝的她怀

---

[242] *Ibid.*

[243] 引自 G. Honegger Fresco (2012), « Julia Ivanovna Andrusova Fausek. Trent'anni con il nome di Maria Montessori nel cuore », *Il Quaderno Montessori*, 2012/1, n° 112, p. 59.

[244] A. Fedeli, « Il metodo Montessori », *La Coltura popolare*, p. 888.

有无比深厚的感情。[245]

再来说说安娜·玛利娅·玛切罗尼，她被亲切地唤作"玛克"。在大学旁听玛利娅的教育人类学课程后，她感觉自己仿佛找到了人生方向，进而来到这位女教授身边。她会"在没有什么特殊理由"的情况下前往玛利娅的住处，向她倾诉个人问题。她后来曾表示被玛利娅善于聆听的品质深深感动："女博士能对那些与她亲近的人感同身受。我还记得她对我说道：'总有几扇大门是人人都在敲打的，而另一些则无人问津。'"[246]

安娜·玛利娅·玛切罗尼全身心地投入到蒙氏教育发展和玛利娅及其家庭的生活当中。她最初是以旁观者的身份前往玛尔西街区的儿童之家拜访，而眼前见证的一切彻底颠覆了她的认知。她回忆道："（这）跟我当年聆听她课程后的所思所想以及内心感悟完全契合。我找到了自己想要的东西，求得了内心的平静。看着她跟孩子们在一起的样子，比阅读她的著作对我的帮助更大。我观察着，感知着她丰富多彩的内在，尽管表面看来一切是那么稀松平常。这是一种'腔调'，她整个人散发出一种极尽单纯的气质。"[247]

可惜的是，安娜·玛利娅的健康状况也不容乐观。玛利娅像母亲一般竭尽所能地保护着她，正如这封写给玛利娅·玛莱尼的信里表达的那样："要知道，我就是玛切罗尼的母亲。在她这个年纪，的确已无需生母的呵护，但我的教诲对她却是必不可少的。我为自己拥有这样的母权深感自豪，我要去行使它。我们俩的母女感情坚不可摧、永

---

[245] 贝蒂娜由于父母反对，并未安葬于蒙台梭利家族墓穴。

[246] A. M. Maccheroni, *Come conobbi Maria Montessori, op. cit.*, p. 17.

[247] *Ibid.*, p. 19.

无止境。如果玛切罗尼趁我不在的时候做出这样的决定（去做外科手术），我永远不会原谅她。"[248]

安娜·玛利娅担任过两届国际教师培训课程的助理，后在加泰罗尼亚政府的要求下，被派往巴塞罗那开设了一间新的儿童之家。从那时起，她便扮演着玛利娅·蒙台梭利身边举足轻重的角色：到处出差，负责各种后勤保障工作，是绝对值得信赖的工作人员。她会在玛利娅抵达现场之前将上课内容准备妥当，派送必要的教材资料（这项工作绝不能掉以轻心，在伦敦的时候，她们就曾无缘无故地丢失了两大箱教材）。她还要负责在教材应用课期间辅导学生。开课的最初几个月，她常常在玛利娅离开教室后继续留下来帮助学生完成任务。对于玛利娅而言，她是低调而又不可或缺的。

安娜·玛利娅会弹钢琴，她坚信应该"让音乐用属于自己的语言诉说"。她还经常在教室里为孩子们弹奏乐曲。班级里的孩子可以自由选择安静地坐着欣赏，还是随着音乐节奏动起来。安娜·玛利娅设计了许多音乐类教具。她制造了著名的音乐钟，还撰写了三十六本简单明快的游戏小册，旨在向孩子们介绍基本乐理和操作步骤。玛利娅对她的音乐教学天赋赞不绝口，曾惊叹道："上帝也会对你卓尔不群的成就感到敬佩，还有你的音乐才能！我相信这会给你带来巨大的满足。上帝保护着你，给予你如此明确的灵感，让你可以尽情施展才华。你的付出与奉献，都将得到上帝的嘉奖，你的高尚品格是如此珍贵和非凡。所有这些品质我都能深切感知。它们和你打造的一切音乐教具

---

[248] 1911 年 9 月 19 日致玛利娅·玛莱尼的信，引自 G. Alatri, *Il mondo al femminile di Maria Montessori…, op. cit.*, p. 100.

一样，都令我顶礼膜拜。玛莫利娜（蒙台梭利的昵称）。"[249]

安娜·玛利娅·玛切罗尼终其一生都是蒙台梭利一家亲密无间的挚友。蒙台梭利全家人都给予了她无微不至的关怀，在物质生活方面也对她呵护有加。马里奥在跟她讨论去巴西授课的事宜时，语气就像跟亲姐妹说话一样温柔体贴："你唯一需要关注的，就是自己的形象。你得好好梳妆打扮一番，漂漂亮亮地出场，那里的人很注重外表，如果忽视这一点，不仅对你个人有影响，也会限制你的工作效果。原谅我这么说，这不是在批评你，只是建议。你问玛莫利娜要的那些衣服，她很乐意都给你寄过来。"[250]

安娜·玛利娅于 1965 年 6 月 28 日去世，她将一生都奉献给了蒙氏教育的传播。她也与蒙台梭利家族一道安葬于维拉诺墓穴中。

罗马市政府

1911 年，蒙氏教学法之友协会成立，相关培训班开设于罗马、米兰和那不勒斯。该协会的使命是推动创建蒙氏学校，尤其针对意大利各大城市的贫困街区，参考此前罗马落后街区的情况。罗马市长恩内斯托·纳桑（Ernesto Nathan）经由妻子弗吉尼亚·米耶丽（Virginia Mieli）结识了玛利娅，当时她正积极投身女权主义运动。此后，纳桑向多位意大利市长推荐了蒙氏教学法。

[249] 玛利娅·蒙台梭利 1951 年的信，引自 A. Scocchera (éd.), *Maria Montessori. Il metodo del bambino e la formazione dell'uomo, op. cit.*, p. 281.

[250] 1951 年 1 月 15 日的信，引自 A. Scocchera (éd.), *Introduzione a Mario M. Montessori, op. cit.*, p. 145.

与此同时，为满足大量富裕家庭希望孩子接受蒙氏教育的要求，罗马市决定在苹丘街区开设一所付费的蒙氏学校。不过这个看似会令玛利娅·蒙台梭利兴奋不已的决定，最终却让她颇感不满。根据与市政府的协定，这所学校交由意大利全国妇女大会教育委员会管理，恩里切塔·齐亚拉维格里奥（Enrichetta Chiaraviglio）担任负责人。在卡斯泰洛（Castello）城的教师培训课上，她从一开始就让学员们印象深刻，因为她"不断地提出问题，一定要回答完全符合她自己的理念才罢休"[251]。玛利娅应该也对她印象不错，因为她是方济各会修女们组织的培训课程考核委员会成员之一。这至少说明她算得上一位蒙氏教学法专家。她或许对自己的专业十分自信，因此从来没有向玛利娅请教过任何建议，也没有告知关于这一学校项目的进展。玛利娅感到被排斥在外，于是向好友玛利娅·玛莱尼写信抱怨："我知道他们（苹丘儿童之家）开工了：涂了墙壁，布置了家具。学校肯定能开起来。唯一一个被排除在计划外的人，就是我。当然了，他们不会当面把我拒之门外，我可以随时想去就去，就像其他在里面工作的太太一样……"[252]

玛利娅或许将这种情况视作某种程度的背叛，因为她认识为这所学校工作的大部分女士，她们都曾给予她支持。而最令她不安的并不是被孤立，而是自己的理念无法真正落实，从而达不到预期效果。

她向玛利娅·玛莱尼坦陈："（1910年）10月，市政府和协会负责教材教具的人像夏天里的苍蝇一样把我团团围住了。他们向我做了

---

[251] 阿德尔·科斯塔·格诺奇的信，引自 G. Honegger Fresco, *Radici nel futuro, op. cit.*, p. 26.

[252] 1910 年 8 月 22 日致玛利娅·玛莱尼的信，引自 G. Alatri, *Il mondo al femminile di Maria Montessori…, op. cit.*, p. 142

无数承诺，提出了大量计划，但没有一项落实的。他们并不是在帮我，而是在阻止我参与。亲爱的，你是对的，我应该创建属于自己的学习中心。可你要知道，在这所学校，我不仅无法做实验，还不能交流自己的观点。有些卑鄙小人可能借此机会剽窃我的理念，甚至扭曲我的想法，这样会阻碍我前进的道路。我想要从这里抽身，安安静静地搞自己的研究，就像往常一样。这在目前尤其重要，因为我感觉自己可以完成非常有价值的工作。现在这样充满猜忌的环境，我真是太厌恶了……我对这个项目有一种很不好的预感，也许唯一能做的，就是退出……"[253]

玛利娅想要创立自己的蒙氏学校，无奈遭遇资金困难，而市政府竟然投入大笔经费在一个她根本无法利用起来继续教学实验的项目当中。不仅如此，市政府还自作主张地将她的教学实验拓展到小学里，而玛利娅根本还没有将研究主题深入到这个年龄段。

几个月后，"蒙氏教学法"的名气越来越响，参观者纷至沓来，而他们很有可能观察到的是玛利娅并不认可的教学方法。对此，玛利娅深感不安，她这样描述道："每一天似乎都有新的国家表现出兴趣，然后开始付诸行动。人们都在谈论创建学校和研究教学法的话题。但事实上，在这里，什么都还没有。正如您所知，我连自己的学校都没有。到目前为止的教师培训课程根本就不够，而且只是浮于表面。一切都应该重新开始、重新组织，因为教学法只是第一步，需要改革的是整套教育理念！6岁的孩子如果回到传统教学法的环境中，很快便会丧失此前习得的东西。因此我们应当牢记，这是一项十分庞大的工程，

---

[253] 1910 年 9 月 19 日致玛利娅·玛莱尼的信，引自 G. Alatri, « Maria Montessori e Maria Maraini Guerrieri Gonzaga », *Annali di storia dell'educazione*, art. cit., p. 123-124.

一切才刚刚起步；而由于初始阶段的成功引起了全世界的兴趣，更需要创立严肃专业的组织。必须仔细研究关于传播、保护以及培训教师等各式各样的具体问题。"[254]

玛利娅还有无比艰巨的使命尚未达成，但她始终信心满满，坚信自己选择的方向。

[254] 1912 年 3 月致安娜·乔治（Anne George）的信，引自 C. Montessori (2016), « Montessori - ambasciatrice del bambino nel mondo », *Il Quaderno Montessori*, 2016/1, n° 129, p. 59.

第六章　崇尚灵修的女性

　　玛利娅·蒙台梭利的整个求学生涯都沉浸于实证主义与唯物主义的氛围之中。精神病学领域尤其如此，科学研究方法的优势不断显现：可验证与可测量的事实依据逐渐取代了从前那些迷信、宿命论以及伦理主义判断方式。直到1910年左右，玛利娅都身处非宗教环境当中，周遭围绕的是来自权力机关、共济会组织及推动意大利现代化进程的激进民主主义人士。

　　当时的意大利政治社会也处于严重分裂状态，人们就宗教教育与公立学校问题争论不休。这种分歧在意大利全国妇女大会内部也相当突出。深受共济会和反教权影响的慈善团体同天主教组织之间存在大量矛盾。玛利娅在1916年写道："市政府内掌权的政党废除了公立学校的宗教教学，宗派主义式的严格要求让人们对'上帝'这个词充满恐惧，就像虔诚的教徒害怕'魔鬼'一样。"[255]

在这样的大背景下，众多科学家纷纷选择与宗教世界割席。但思想素来十分开放的玛利娅并不认为自己的理性方法论与从母亲那里传承而来的宗教信仰之间有什么不可调和之处。她会毫不犹豫地在众多演讲及书面作品中引用《圣经》、圣人生平故事以及教会神父们的作品。更令一部分人看不顺眼的是，她还公开将自己的名字和工作同宗教组织联系起来。在卡斯泰洛城授课四个月后，她便开始与方济各会修女们广泛接触。此外，朱斯蒂街儿童之家也取得了"令教皇庇护十世热切关注的成绩"[256]。玛利娅同方济各会的关系并不仅限于儿童之家或组织教师培训课程。她与这一组织非常亲近，因为身为"献身科学事业的女性，玛利娅·蒙台梭利同时也拥有深厚的灵修兴趣。这是相当与众不同的一点，有人因此批评她，但她毫不在意"[257]。事实上，玛利娅是一位相当注重灵修的女性，深受宗教神圣事物的影响。她不接受天主教的部分教义，比如宿命论及原罪，更为认同每个人的尊严与责任。她对所有人的信仰都始终保持尊重，无论何种宗教。玛利娅接受的教育是自由而果敢的，远离教条束缚，因此她得以在天主教及其他所有在她看来有助于推动社会进步的运动之间灵活地搭建起联系。她与神智学会的关系就是这样产生的。

---

[255] M. Montessori (2007), *Pédagogie scientiffque*. T. 2 : Éducation élémentaire, Paris : Desclée de Brouwer, p. 252.

[256] F. De Giorgi (éd.), *Maria Montessori. Il peccato originale, op. cit.*, p. 43. 这位教皇相当重视儿童问题，并支持儿童参与圣事。他致信感谢朱斯蒂街孩子们给他寄去的图画，并向他们送上祝福。

[257] 玛利娅·安托妮塔·保丽妮（Maria Antonietta Paolini）所言，收录于 G. Honegger Fresco, *Maria Montessori, una storia attuale, op. cit.*, p.137.

成为神智学者？

1947 年，当被问及是否算一名神智学者时[258]，玛利娅的答复有些另类："我是蒙台梭利主义者。"[259] 或许她践行着"神智学原则，也就是对高级真理的认知诞生于人类的直接体验，而这种经验本身应当始终保持私密"[260]。总之，玛利娅于 1899 年 5 月 23 日加入了欧洲神智学会[261]。她与这一哲学派别具体是如何建立联系的，我们不得而知。

1898 年 3 月，安妮·贝桑（Annie Besant，1907～1933 年任神智学会主席）在罗马发表了一场关于神智学基本原则的讲座。玛利娅很可能前去聆听了这场演讲，因为神智学当时对大量高知女性都极具吸引力，她们认为这是"灵修的熔炉"[262]。性别平等是神智学的基本原则之一，因此该协会拥有大量女性信徒，尤其在英国。玛利娅在伦敦期间一定也结识了一些神智学者。通过父亲的关系，她还认识了罗马

---

[258] 神智学会由海伦娜·布拉瓦茨基（Hélène Blavatsky）和亨利·奥尔科特（Henry Olcott）于 1875 年创立。其倡导的哲学和宗教学说认为，所有宗教均仅拥有宇宙真理的片面部分，仅少数被授以奥义之人能够知晓。但这类认知并非通过理性形成的，而是通过人的直接体验，这就要求对所有形式的生命都给予极大尊重。神智学并不倡导偶像崇拜。

[259] 这是玛利娅·蒙台梭利在印度阿迪亚尔市一次授课过程中被问及的，引自 R. Kramer, *Maria Montessori. A biography, op. cit.*, p. 355.

[260] 引自 M. Schwegman, *Maria Montessori, op. cit.*, p. 64.

[261] 神智学会意大利分部直到 1902 年方才成立，因此玛利娅加入的是欧洲分部。她的会员证目前收藏于印度阿迪亚尔市的神智学会总部档案，引自 P. Giovetti, *Maria Montessori…, op. cit.*, p. 35.

[262] 引自 F. De Giorgi (éd.) (2013), *Montessori. Dio e il bambino e altri scritti inediti*, Milan : Editrice La Scuola, p. 77.

著名雕塑家弗朗西斯科·朗多纳（Francesco Randone）[263]，他同时也是共济会成员和神智学者。无论如何，玛利娅在早期就已经接触了神智学会。马里奥·蒙台梭利曾非常确定地表示，母亲"是第一位将神智学带到意大利的人。她的一位英国女病人是神智学者。引入意大利的首批神智学文章也是由她负责翻译的"[264]。

神智学者们对科学和人文进步的持续关注，以及跨宗教和反教条的视角，都令玛利娅深感钦佩。在她看来，神智学代表着许多重要价值观的综合：实证主义、女性解放、现代化、自由主义与灵修。此外，神智学会还积极参与社会事务，并且非常重视教育。协会创始人之一的布拉瓦茨基夫人在教育问题上发表过大量论著。玛利娅应该至少看过这些论著的其中一部分，因为她曾对一位朋友说起"很惊讶地发现早在好几年前，（布拉瓦茨基夫人便持有）与她自己极为相近的教育观点"[265]。1907 年，身在伦敦的玛利娅旁听了一场安妮·贝桑的讲座，后者提到了自己对"全新的蒙台梭利教学法"的欣赏。玛利娅当天并未上前与贝桑交流，她们是在几年后的罗马结识的。两位女性之间立

---

[263] 著名雕塑家。他开设有一所艺术学校，用于教育年轻人欣赏和尊重建筑与艺术作品。朗多纳擅长再现日常生活中最常见的物品，并研究其在历史长河中的演变过程。他还组织有陶艺相关课程，旨在复兴让所有意大利人引以为傲的佛罗伦萨式花瓶制作工艺。玛利娅在早期儿童之家的艺术活动设计上，参考了他的相关方法。在《科学教育学》的前两版中，玛利娅写道："孩子们可以由此学习欣赏周围的物品和建筑。两三节课后，孩子开始被花瓶的结构深深吸引，并懂得悉心呵护自己的作品。" 5 岁大的孩子们学着使用陶车，还会在院子里堆砌砖墙，从而"完成人类的原始劳作"。学习陶艺的部分在 1926 年的第三版中被删除了。参见 *Edizione critica. Il Metodo della Pedagogia scientiffca*, p. 330-331.

[264] 马里奥·蒙台梭利，1941 年 8 月，"儿童的骑士"，引自 E. Moretti, « Il difffcile equilibrio tra cattolicesimo e teosoffa », L. De Sanctis, L. (éd.) (2019), *Il destino di Maria Montessori*, Rome : Fefè editore, p. 98.

[265] R. Devi, « Dr Montessori's Ideals », 引自 P. Giovetti, *Maria Montessori…, op. cit.*, p. 38.

刻建立起和谐的友谊。[266]

神智学者也由此成为蒙台梭利教学法的第一批推动者。但玛利娅对这份支持很难接受，她在一封写给方济各会圣母马利亚修女的信中承认道："您可能也听说了一些问题，（起因于）神智学的那篇文章。这说明（我们正面临）危险，我们的课程如此受到外国人士的信任。"[267]

上面提到的那篇文章发表于《神智学者报》[268]，作者是普约尔（Pujol）夫人。她参加了朱斯蒂街的课程，并在长期观察儿童之家的情况后，写下了这篇充满溢美之词的随笔文章。她尤其赞赏儿童之家"将我们的神智学原则应用于教育，这在普通学校是完全没有的情况"。她强调了蒙台梭利教学法与神智学学说之间的众多共同点，并补充道："通过与蒙台梭利夫人及其同事的交流，（又进一步）阅读了她的论著，我们发现其整个系统都基于神智学理念的原点，即内在发展（就）是一切发展的理由和条件。（因为蒙台梭利夫人明确表示，）人类的一切胜利和进步都可以归因于内在力量，而内部因素是基本（要件），关乎人类及个体的演进。"

经过一番实用性描述后，普约尔夫人宣称："我们经由各种方式，最终达成相同结论，决定在巴黎开设一间名副其实的幼儿园。我们将应用已经在罗马和米兰（的儿童之家）大获成功的方法，以蒙台梭利

---

[266] R. Kramer, Maria Montessori. *A biography, op. cit.*, p. 341-342.

[267] 玛利娅·蒙台梭利致救赎圣母马利亚修女的信，1911 年 10 月 23 日，《蒙台梭利档案》，FMM 通用档案，罗马。

[268] 《儿童道德教育联盟工作与计划——普约尔夫人报告》（*Travaux et projets de la Ligue pour l'éducation morale de la jeunesse - rapport de Mme Pujol*），1911 年 10 月 1 日。FMM 通用档案的《蒙台梭利档案》中收录了这份长篇报告的手稿。

博士的理念为指导，遵循神智学传统，展开实验式教学。"[269]

在私下与好友玛利娅·玛莱尼交流时，玛利娅毫不掩饰自己的兴奋之情。神智学者助力其教学法在法国落地和发展，这件事令她相当喜悦。

"他们已经在默默展开工作了。现在，巴黎的儿童之家已经基本完工，而且引起了广泛关注。他们给我寄来项目合同，让我授权将教材翻译成法文，并许可制造相关教具和培训教师。（他们提出）明年派学生来罗马。他们会去跟教育部商谈，希望这套教学法能够得到官方认可。他们已经在积极说服巴黎的福禄贝尔（Fröbel）教育法联盟转为使用蒙台梭利教学法。他们应该是写了一篇热情洋溢的推荐文章，因为（我们）开始收到许多来自法国的信件，家长们纷纷推荐自己的孩子入学。"[270]

玛利娅不会拒绝任何拓展其教学法应用范围的机会，致力于让更多的孩子受惠。虽然她后来没有再更新自己的神智学会会员资格，但始终与神智学者们保持着良好关系。他们在新教育运动期间的表现也相当积极。

由于玛利娅·蒙台梭利同神智学的联系过于紧密，导致人们常常忽略了天主教灵修在她生命中的重要地位。她从未否认过天主教对自己的影响。这是她独特个性中鲜为人知的一面。

---

[269] 这所学校位于神智学会法国分部所在地附近的特里皮耶将军大道 5 号。

[270] 致玛利娅·玛莱尼的信，1912 年 10 月，引自 G. Alatri，« Maria Montessori e Maria Maraini Guerrieri Gonzaga », art. cit., p.137.

沉迷宗教的时期

玛利娅的孙子小马里奥曾写道："在她生命中的某一段时期，（祖母）有一股非常强烈的宗教情感，后来慢慢变弱了。这段经历令她不断被灌输对创世的深刻景仰，尤其是对人类、对孩童、对自己融入纷繁复杂族群能力的坚定。"[271]

仔细研究玛利娅的职业生涯，就会发现这段沉迷宗教的时期应该是在 1922 年至 1932 年之间。她在这十年里的宗教灵修类作品非常丰富。1922 年，玛利娅考虑创建一所天主教教师培训中心。[272] 同年，她出版了意大利语著作《教会里的孩子》（*L'enfant dans l'Église*）。这是一本仅五十余页的小册子，由"宗教教育笔记"组成。1931 年，她出版了《信仰耶稣·基督的生活》（*La vie en Jésus Christ*）。1932 年，《儿童经历的弥撒》（*La Messe vécue par les enfants*）[273] 在英国出版。以上三部作品均获得 imprimatur[274] 许可出版，形成了一套短小的宗教教育方法论。

这可以算是玛利娅·蒙台梭利思想的转折点吗？人们评价她的第一部著作《科学教育学》是一部"不涉及上帝的书，是玛利娅·蒙台梭利突破形而上学及哲学束缚的教学研究随笔"[275]。考虑到当时的

---

[271] M. Jr. Montessori (1989), « Maria Montessori, mia nonna », *Il Quaderno Montessori*, n° 19, p. 57.

[272] 致圣伊格纳斯修女的信，1922 年 7 月 21 日，引自 F. De Giorgi, Maria Montessori. *Il peccato originale, op. cit.*, p. 25.

[273] 该书率先于英国出版，直到 1949 年才在意大利发行。

[274] imprimatur 是由天主教会权威机构官方颁布的出版许可。

[275] 该观点出自 A. Scocchera (1990), *Maria Montessori, quasi un ritratto inedito*, Florence : La nuova Italia, p. 151.

文化环境，将她的立场视作中立可能是更客观谨慎的判断，因为玛丽亚曾确切地表示"这套教学法中绝无对非基督教的偏见"[276]。1932 年，她还曾毫不犹豫地写道："这些修士并不认识我本人。他们并不知道我是天主教徒；在我的书里，儿童之家与我的宗教信仰没有任何直接关联。"[277]

玛利娅对方济会修士们采用传统的"纸上谈兵"[278]方式宣传宗教提出了批评。她认为"宗教应当融入生活，而且它跟任何其他学科的教学都有所不同。我们希望'宗教'本身能够培养出教徒，而不是一个'获得了智识教育'的人。"[279]

她的三本关于宗教灵修的书籍参考的是安娜·玛利娅·玛切罗尼自 1915 年起在巴塞罗那蒙台梭利学校首创的教学方式。圣文森特·德·保罗修道院的修女们在那里"收养了一批弃儿"。玛利娅回忆起第一次拜访此地的感受："这是一栋很漂亮的建筑，过道宽敞、地砖闪亮，窗户在电灯照耀下闪出星星点点的光芒，衣柜中满是给婴儿准备的干净服装。每一只摇篮都一尘不染，里面装着一个个孩童。但溢美之词仅止于此……修女每天早晨去城里，回来时总是带着被遗弃的新生儿，一个、两个、三个……我的心中无比悲哀。"[280]

观察这所蒙台梭利示范学校[281]里较大一点的孩子时，玛利娅被

---

[276] 她曾就此向非常重视自己教学法的路易吉·斯图尔佐（Luigi Sturzo）表达过这一立场，但后者发现对自然主义的非难限制了其教学法在天主教内部的传播，引自 ibid., p. 151.

[277] M. Montessori (1956), *L'éducation religieuse. La vie en Jésus Christ*, Paris : Desclée de Brouwer, p. 18.

[278] *Ibid.*, p. 19

[279] *Ibid.*, p. 32

[280] A. M. Maccheroni, *Come conobbi Maria Montessori, op. cit.*, p. 98.

[281] 修士们采用的是负责管理巴塞罗那幼儿园的克拉卡尔神父的方法。

"孩子们身处的浓郁宗教氛围"深深感动。"他们自觉地祈祷，因为一旁的大人们就是这样做的"。[282] 因此，学校环境被略做调整，令其更适合祈祷，让孩子们更容易通过感官体验接受礼拜仪式上表达的宗教信仰内容。

在孩子们准备初领圣体时，玛利娅看到了与圣洛伦佐类似的景象。"（他们的）父母（向神父）自我介绍，神情感动而迷茫。他们请求神父教化自身，请求允许他们和自己的孩子一道初领圣体。家长们说：'他们还那么小，就能怀着如此强大的信仰解释关于上帝的事……这让我们非常惭愧，也非常希望跟他们一起感受这些事，这样我们的灵魂才不会分离。'"[283]

次年，在蒙特塞拉特大会上，面对包括五百名神父在内的两千位与会者，安娜·玛利娅·玛切罗尼介绍了这一全新经验，即礼拜仪式可以将儿童完全引入教会生活。

不过值得注意的是，玛利娅·蒙台梭利在四年后才出版了《教会里的孩子》。而按照她的惯例，通常会迅速发表自己的新发现。或许她是希望借此淡化理想主义者们对其儿童生物学观点的批评？抑或是减弱耶稣会会士们对其关于服从、规则缺失及惩罚等观念的遣责？因为后者认为上述方面是严肃教育系统的根基。1910 年后的数年期间，的确有相关批评文章发表于天主教期刊《基督教文明》（*La Civiltà cattolica*）上。

这类争论反映出意大利天主教内部对玛利娅·蒙台梭利及其教学

---

[282] A. M. Maccheroni, *Come conobbi Maria Montessori, op. cit.*, p.101.

[283] M. Montessori (1956), *L'éducation religieuse. La vie en Jésus Christ*, Paris : Desclée de Brouwer, p. 26.

成果的波动态度。罗马教廷在赞誉支持与谴责控诉之间来回摇摆。教皇庇护十世资助了部分宗教人士参加朱斯蒂街儿童之家课程的费用，本笃十五世差人给她送去一封亲笔签名的祝福信[284]，而到了继任教皇时，风云突变。玛利娅明显感觉到庇护十一世在其教皇通谕《儿童基督教育》(*Divini Illius Magistris*) 中的批评意见。这位新教皇认为"新教学理论的发明者们只关注方式方法本身，不仅是在简化教育，还形成了一种高效的新型教育模式。而无论什么形式的教育自然主义，如摒弃或意图减弱基督教超自然行为在儿童教育中的影响，则都是错误的；所有仅依托自然力量的教育方法都是错误的"[285]。

不过，玛利娅依然得到了自由派天主教徒的支持。她完全知道，有许多天主教徒批评她在支持女性解放和争取女性投票权方面的积极态度，以及在大学讲堂里秉持的现代主义观点。

玛利娅总能根据实际状况做出及时修正和补救，如这一封 1917 年致代理教皇[286]的信中所述："我的目的并不是让您对我的教学法感兴趣，也不是引起批评和纷争。我希望您能将这一切视作无足轻重之事。我向您保证，我将承认和修正所有错误，因为我相信一切真理都在教会的真理之中。（它们包括）表达的错误，我希望消除的非自愿性错误。"[287]

---

[284] 1918 年 11 月 21 日，玛利娅·蒙台梭利收到一封教皇祝福信："致我们深爱的女儿玛利娅·蒙台梭利。愿教皇祝福成为天国慈悲与庇护的征兆，成为我们希冀的《应用于儿童之家的儿童教育的科学教学法》之善源。"这封祝福信首度发表于 1926 年《科学教育学》第三版。

[285] 教皇庇护十一世关于《儿童基督教育》的通谕，1929 年 12 月 31 日。

[286] 即在罗马教区代理教皇一职的红衣主教。

[287] 致圣迭戈的巴希尔奥·蓬皮尔吉（Basilio Pompilj）红衣主教的信，1917 年 7 月前，摘自 E. Moretti, A. M. Dieguez, « I progetti di Maria Montessori », *Annali di storia dell'educazione*, p. 94.

个人问题

如果仅仅将宗教信仰视作玛利娅的私人问题来看待，那么这段宗教生涯就要往前提许多。玛利娅·蒙台梭利习惯每年前往博洛尼亚圣心教堂的神仆处隐居，展开冥想灵修。1903 年 10 月，玛利娅收到一封斯万帕（Svampa）红衣主教的信[288]，后者因她前来艾米利亚-罗马涅大区这间教堂时正好不在，而特别表示问候。从信中的语气可以看出，二人非常熟悉且彼此尊重。这位红衣主教将玛利娅引导至一个"开放新派的天主教环境中，这里不仅充满文化气息，也有着虔诚的宗教热情，重点关注圣体及圣心崇拜"[289]。

玛利娅在十五年后如此描述这段时期："我的初修期很长；一直以来，我都能感受到宗教生活的召唤。一开始，我是在圣心教堂神仆那里得到的召唤，那里的女主持可以证明。在 1904 年，我曾请求被纳为修女。但在进入之前，当有一次在罗马的圣特蕾莎教堂陷入绝对冥想时，我意识到我还有另一项事业需要完成。为呼应这次意识，我在神仆处进行灵修（我已经在那里进行过多次了），我的教学法浮现了出来。我并不是自己意识到这一点的，而是修女对我说：'看吧，这个教学法就是上帝希望您完成的事业。'我也正是因此发现了我的教学法。我热爱它，捍卫它，试图理解并发展它。这一缘起足以说明，我永远不可能做出任何有悖教会原则的事，恰恰相反，教学法是教会

---

[288] 1903 年 10 月 2 日的信，F. De Giorgi, « Maria Montessori tra modernisti, antimodernisti e gesuiti », *Annali di storia dell'educazione e delle instituzioni scolastiche, op. cit.*, p. 28.

[289] *Ibid.*, p. 30.

的成果！"[290]

那段时期，玛利娅的职业生涯还充满不确定性，未来前景十分模糊。可以推测，或许在某些感到无力的时刻，她想要躲进一处让自己能够完全放松的环境中，体会难能可贵的安全感。不过，类似的宗教召唤几年后再度出现了，尽管方式有所不同。

玛利娅会抓住一切机会与圣玛丽修道院的方济各修女们共同工作。除了在儿童之家之外，玛利娅其他时候也会因为有方济各修女们，尤其是救赎圣母马利亚修女在身边，而收获自己迫切需要的支持和慰藉。为了给不断扩容的家庭提供充足开销，玛利娅坚持在罗马女校任教，"在那里，她（必须）绝对（表现得像是一个）毫无宗教信仰的人，（这）对她而言非常痛苦，不得不违背自己内心意愿，展现另一面"。[291] 在她与修道院女主持的通信中，更多呈现的是一位孤独且有时有些沮丧的女性形象。面对庞大的使命，她深感重任在肩。

从 1910 年起，玛利娅曾多次前往格罗塔费拉塔和弗里堡的方济会修道院隐修。她在那里找回了平静与安宁。1910 年，她写道："你们的慷慨热情和对我及我小家庭的保护，让我们在这条困难的道路上变得更加坚定，也抚慰了我们的心灵。"[292]

"我们要同如此多的困难作斗争，而你们的帮助是名副其实的善举，抚慰着像我们这样压抑的灵魂。（我在经历）考验，仿佛背负着千斤重担。我亲爱的修女，我要无数次地感谢上帝将我置于您如此慈

---

[290] 玛利娅·蒙台梭利致圣迭戈的塔奇·文特里（Tacchi Venturi）神父的信，1917 年 9 月 23 日，引自 ibid., p. 31.

[291] 圣母领报伊丽莎白修女致救赎圣母马利亚修女的信，1910 年 11 月 20 日，《蒙台梭利档案》，FMM 历史档案，罗马。

[292] 致救赎圣母马利亚修女的信，1910 年 8 月 12 日，《蒙台梭利档案》，FMM 通用档案，罗马。

悲的胸怀保护之下。我在您的修道院里度过了平静的灵修时光，让我恢复了力量。"[293]

这段友谊对玛利娅十分重要。在公众面前看似意志坚定的她，在这里展现出了谦卑的一面。她对自己的缺点了如指掌。

"我不知道您是否感受到了我内心的深切依恋，这其中充满了对您的尊敬和崇拜，以及对您认可的看重。当然，我的行为并未表现出来，因为我有着太多的担忧和不确定，这都是由于我缺乏经验造成的。这就导致我将自己封闭在了一个看似自私自利的空间里。我就像那些穷苦之人与不幸之人一样，不停地接受却鲜少道谢。"[294]

她们的交流也会涉及教学，因为救赎圣母马利亚修女对教育非常感兴趣。

"您关于教学法的重要意见让我的信仰和力量加倍增强。在您身边，我倍感平和与安全：慈善与光明常伴左右！我完全置身您的保护之中。任何艰难险阻、悲哀痛苦都不会影响这种感觉，这是对生命的承诺。"[295]

尽管仍有部分天主教人士提出批评，但方济各修女们还是毫不犹豫地在米兰创建了一处新社区，并开立了一间儿童之家。格梅利（Gemelli）神父起初非常支持这一决定，但此后数次建议她们留心玛利娅·蒙台梭利的意见，他认为玛利娅的想法对基督教信仰是危险的。神智学者群体也开始转而反对玛利娅，在基督教徒的批评之外又添了

[293] 致救赎圣母马利亚修女的信，1910 年 9 月 19 日，《蒙台梭利档案》，FMM 通用档案，罗马。

[294] 致救赎圣母马利亚修女的信，1912 年 8 月 12 日，《蒙台梭利档案》，FMM 通用档案，罗马。

[295] 致救赎圣母马利亚修女的信，1911 年 10 月 23 日，《蒙台梭利档案》，FMM 通用档案，罗马。

一把火。来自无神论者的谴责之声层出不穷，方济各会会长被勒令说明自己支持蒙台梭利教学法的理由。玛利娅坚持站在会长一边，竭力捍卫这所朱斯蒂街区儿童之家。1913 年，会长甚至被米兰大主教要求给出明确解释。[296] 来自各方面的攻击将方济各会修女们打倒了。房产被军队征收只是被迫关闭学校的借口。当时，玛利娅与修女们之间的关系似乎并未遭到破坏，她们共同面对着眼前的一切，正如下面这段文字所述："当得知朱斯蒂街的学校被关闭时，我们的整个心都碎了！那是我们的支柱，以及在人们眼中，也是教会展示博爱与赞美的唯一标志。当没有任何解释，没有提前通知，一切就这样突然消失时，我们深感绝望。"[297]

虔诚联盟计划

方济各会修女们在玛利娅的灵修生活中始终占据着重要位置，她"在每周一的宗教课程开始之前都显得非常高兴。她和她的学生们真心实意地渴望上这门课"。[298] 从 1910 年 5 月开始，玛利娅和她的助手们每周三次 [299] 聆听伊丽莎白修女的宗教指导课程，后者是初学修

---

[296] F. De Giorgi, *Montessori. Dio e il bambino e altri scritti inediti, op. cit.*, p. 87.

[297] C. Bazin, « Maria Montessori incontra il Cattolicesimo dalle Suore Francescane Missionarie di Maria », F. De Sanctis (éd.) (2011), *La cura dell'anima in Maria Montessori. L'educazione morale, spirituale e religiosa dell'infanzia*, Rome : Fefè editore, p. 57-58

[298] 玛利娅·安托尼亚致方济各会女主持的信，1910 年 5 月 15 日，《蒙台梭利档案》，FMM 通用档案，罗马。

[299] 格罗塔费拉塔圣罗斯之家日志摘要，《蒙台梭利档案》，FMM 通用档案，罗马。

士的导师。[300] 玛利娅对这些课程非常满意："我们定期去上伊丽莎白修女的宗教课程。感谢上帝让我结识了这位拥有极强智慧的女士，她具备深刻的灵魂。我认为我们从这些课程中收获良多。"[301]

负责授课的这位修女对玛利娅及其学生们的印象是"以非常现代的方式接受宗教。她们并没有彻底的基督教精神，尽管她们竭尽所能想要达成这一点。（她们）不仅希望成为基督教徒，也想要成为修道者。"[302]

玛利娅对工作的投入态度相当激进，也希望助手们能够像她一样，全身心地扑在事业上："投身我的事业，就意味着要摒弃一切其他选择，尽心尽力地付出，跟随我的步伐。"[303]

玛利娅决定低调地成立一个符合她们这种生活方式的正式组织。她同自己最亲近的助手们共同居住于普兰斯佩萨·克洛蒂尔德街的一间大公寓里，她的父母也在那里生活。这种亲密无间的关系令一些访客相当震惊，比如多萝西·坎菲尔德·费舍尔（Dorothy Canfield Fischer）就曾这样描述道："一个由五名虔诚信徒组成的小团体，[304] 几位年轻的意大利姑娘与她共同生活，称她为母亲，只为她和她的理念而活，这份炽烈与坚定同修女对其热爱之女主持的感情如出一辙。"[305]

---

[300] 救赎圣母玛利亚修女与德拉尔布尔神父之间曾有多封信件往来，了解这一教学方式是否能够满足蒙台梭利小团队的需求。

[301] 致救赎圣母玛利亚修女的信，1910 年 5 月 27 日，《蒙台梭利档案》，FMM 通用档案，罗马。

[302] 圣母领报伊丽莎白修女致救赎圣母玛利亚修女的信，1910 年 11 月 20 日，《蒙台梭利档案》，FMM 历史档案，罗马。

[303] 致玛利娅·玛莱尼的信，1910 年 10 月，引自 G. Alatri, *Il mondo al femminile di Maria Montessori...*, *op. cit.*, p. 160.

[304] 凡切洛姐妹加入了第 5 章中介绍的三名女学生之列。我们对两姐妹的情况几乎一无所知，仅了解到她们来自撒丁岛，在罗马的儿童之家工作。

[305] D. Canfield Fischer, *A Montessori Mother*, p. 225-226.

多萝西·坎菲尔德·费舍尔对这种关系的描述可谓相当准确。玛利娅坚信她得到了上帝赐予的、本不属于她的东西，她要做的只是推动其发展。

"并不是什么特殊的需求，也不是某个人的意愿或道理，而是一股清澈、强大而又不可抗拒的力量促使我们这个小家庭得以诞生。在我们的教学创新中，有一些东西在（自主地）发挥作用，那是生活自然而然的产物。让人自由地服从上帝的旨意，用人类智慧创造的美好为其助力，这便是生生不息的秘诀。世界已经准备好迎接这样的变革，但如果没有我们的事业，社会便不会出现（重生的）迹象。"[306]

玛利娅及其最亲密的助手们 1910 年 8 月前往方济各会修道院小住了两周，准备酝酿"联盟计划"。这些记录在一本小册子[307] 上的生活规范将用作玛利娅计划成立的新宗教学院的组织纲领。规范特别制定了新家庭的祷告安排[308]、思考灵修生活以及传递宗教祝福（贫穷、纯洁及服从）的方式。每名成员必须保持"学习而非教授、听从而非命令"[309] 的态度。每日时刻表安排得非常精准：日工作时长不得超过七小时，必须预留大量静默和冥想时间。而学习计划分布在两年内完成，涵盖多个学科。[310] 接下来是三年的社团集体生活及指定学校实习，

---

[306]《联盟计划》，"蒙台梭利档案：其宗教计划与规定"，FMM 通用档案，罗马。

[307] 这本小册子为黑色皮质封面，收藏于《蒙台梭利档案：其宗教计划与规定》，FMM 通用档案，罗马。完整收录于 F. De Giorgi, *Montessori. Dio e il bambino e altri scritti inediti, op. cit.*, p. 316-357.

[308] 圣母马利亚、圣母卡尔梅勒、圣皮埃尔与圣保罗、圣依纳爵罗耀拉、圣阿拉维的特蕾莎、圣阿西西的方济各和圣锡耶纳的卡特琳娜。

[309]《联盟计划》，"蒙台梭利档案：其宗教计划与规定"，FMM 通用档案，罗马。

[310] 第一年：宗教、拉丁语、意大利文学、教育学、自然科学、园艺学 / 动物饲养学、女性工作、烹饪、家政、儿童生理卫生。第二年在上述课程的基础上增加了心理学、哲学、艺术史、社会学、政治经济、音乐及绘画。

结束后女教师们才有资格独立进入公立学校工作。小册子还明确规定，"每个人都抽离了世界，她的家庭与职业。其职业便是在教会中侍奉上帝，以社会文明的高级形式为上帝征服人心"。[311]玛利娅自己作为表率，于1910年11月10日，为一场宗教仪式放弃了出诊工作。在那场仪式上，新家庭的全体成员亲密相聚，宣读祝圣辞。[312]这一全新组织的终极目标是"保护孩子。一项公正、慈爱的事业"[313]。

因此，必须培养全心全意投入这项事业的人，她们必须认可相同的理想："深刻改革教育，重新培养教师，因为人们（是）亟须创新理念学校的。"她们的模式是"公共机构教师"模式，必须身穿"面料防水的深色羊毛套装"，仪表不得出现半点差错，才能"更容易地对那些有着恐惧教会的人产生影响"[314]。

在依照教规成立团体所需的一系列必要过程中，玛利娅得到了代理教皇秘书马格尔·法布尔吉（Mgr Faberj）珍贵而强势的支持，"他全权负责这项工作，直接与教皇对话，获得教皇许可进行弥撒及不久后的圣体仪式"。[315]救赎圣母马利亚修女谈及玛利娅和她的"女儿们"时是这样说的："她们在自己家中设了一个祭台，每天早上都会有一名神父前去做弥撒。"[316]

---

[311]《联盟计划》，"蒙台梭利档案：其宗教计划与规定"，FMM 通用档案，罗马。

[312] 祝圣辞摘要："在天主面前，我表达献身天主教会事业的渴望，愿意为此牺牲。我愿意戴上十字架，跟随耶稣·基督的垂范。我愿意实实在在地生活于贫困、纯洁与服从之中。只有基督更新人类文明，教会在伟大的文明中大获全胜。"《联盟计划》，"蒙台梭利档案：其宗教计划与规定"，FMM 通用档案，罗马。

[313] A. M. Maccheroni (1953), « 10 Novembre 1910 », *Vita dell'Infanzia*, 1953/10-11, p. 13.

[314]《联盟计划》，"蒙台梭利档案：其宗教计划与规定"，FMM 通用档案，罗马。

[315] 圣母领报伊丽莎白修女致救赎圣母马利亚修女的信，1910年11月20日，《蒙台梭利档案》，FMM 历史档案，罗马。

[316] 救赎圣母马利亚修女致德拉尔布尔神父的信，1910年11月17日，《蒙台梭利档案》，FMM 历史档案，罗马。

另一位熟人补充道："（她们特别布置了）秘密入口给神父进出，因为她们不想让任何人知道，家里的仆人也不行。蒙台梭利的父亲反对宗教，而母亲几年前跟女儿一起皈依了。"[317]

置身日常生活

渐渐地，玛利娅与"女儿们"的社团生活越来越难以维系，因为已经有人开始悄声非议，其他人则直接远离了她们的圈子。但据阿德利亚·皮勒所言，玛利娅还是在继续丰富自己的灵修生活。阿德利亚从 1915 年开始走近玛利娅的日常生活。她可以算是玛利娅的秘书兼翻译，精通意大利语、法语、西班牙语和德语。阿德利亚·皮勒出生于长老派家庭，加入天主教会后取教名为玛丽。

"在这方面，老师蒙台梭利给予她行为、道德与宗教生活上的大力帮助。辗转于不同城市之间时，祈祷就像是她们日常生活的面包一样。参与弥撒及圣餐仪式是她们每天的功课。玛丽（阿德利亚·皮勒）表示，所有这些差旅以及同蒙台梭利共同生活的经历，不断坚定着她对天主教信仰（的）真实性的确信。"[318]

不过，玛丽·阿德利亚走得更深远一些。当听说皮奥（Pio）神父的事迹时，她被这位嘉布遣修士深深折服，立即阅读了关于他的一切。与玛利娅一起在卡普里岛度假期间，一位罗马女校的毕业生

[317] 救世主伊丽莎白修女的信，1910 年 9 月 16 日，《蒙台梭利档案》，FMM 历史档案，罗马。

[318] M. Crochu-Lozac'hmeur, « Introduction », in Isabel Eugenie, E. M. Standing (2019), *La pédagogie religieuse de Maria Montessori. Conférences de Londres 1946*, Paris : Artège.

前来与她们会合。两个年轻女孩计划前往圣乔瓦尼·罗同多（San Giovanni Rotondo），希望能够在那里见到著名的皮奥神父。一番舟车劳顿之后，她们终于在一所教堂里看到了正在祷告的神父。但后者向她们示意，表示不希望被打扰。二人只好返回了罗马。但玛丽·阿德利亚依然被皮奥神父的思想深深影响，直至某一天，她不得不开口对玛利娅说："有一位圣人生活在这个世界上，而我因为无法伴随他左右而痛苦不已。我想要再去见他，希望您能陪我一起去。"[319] 玛利娅毫不犹豫地答应了。这一次见面时，皮奥神父邀请玛丽·阿德利亚放弃玛利娅那里的工作，前来圣乔瓦尼·罗同多生活。玛丽·阿德利亚毫不犹豫地决定留下来。

　　玛利娅非常失望，独自一人回到了罗马。她对皮奥神父"夺走了她最珍视的朋友和翻译"[320] 感到十分气愤，同时也对玛丽·阿德利亚相当恼火，认为这是一种背叛。她丝毫没有掩饰自己对于这趟旅程感到的苦涩和不快，在给玛利娅·玛莱尼的信中这样写道："我一直在奔波，去威尼斯的旅程让人筋疲力尽，一分钟都不得休息。我花了一段时间才恢复过来。现在，我终于在伦敦这里的一间小房子里安顿下来了，开始有规律地授课。最初几天，阿德利亚的态度令我感到不可思议，也很不舒服：这种感受日夜折磨着我。还好马里奥起了大作用，给予我很多帮助。他的陪伴让我重拾快乐，我们俩已经很长时间没有这样单独相处了。他抚平了我因遭到残忍背叛而造成的严重创伤。今年将由一位跟我同龄的陌生女士（在我看来只能算陌生人）负责翻译

---

[319] D. Gaudiose, « Maria l'americana. La vita di Mary Pyle all'ombra di Padre Pio », cité par G. Alatri, *Il mondo al femminile di Maria Montessori…, op. cit.*, p. 196.

[320] *Ibid.*

我的课程。我跟她只是在讲座期间照过面。等马里奥回罗马之后，我应该会很孤单吧！热情体贴的哈钦森（Hutchinson）太太也住得很远。她以前每次上门，都会带来很多意大利美食和西昂蒂葡萄酒。她还常常在家里默默地弹钢琴为阿德利亚的演唱伴奏。"[321]

对鲜花情有独钟的玛利娅在伦敦时会利用闲暇时间从事园艺。这项手工劳作，再加上马里奥的陪伴，让她得以度过又一段无比失望的日子。巴塞罗那原本大有希望的项目由于几位学校负责人的英年早逝而宣告搁浅。但个性坚强的玛利娅不但没有被击垮，她还试图在这次失败的教训中找寻意义。

"我们的事业尽管还在黑暗中摸索，但终将赢得胜利。然而所有在这些年来辛勤付出的、给予我们支持的人（都已离开）。为什么上帝要让教会的首批儿童之家遭受这暴风雨般的挫折？或许正是为了让我们更加坚定深入地推动这项使命。'让我们行动起来，教育众生，福泽所有人。'"[322]

这便是玛利娅终生坚持的事业：不断拓展自己教学法的维度。她的课程面向不同背景的人们：无神论者、新教徒、穆斯林、印度教徒，还有许许多多隶属不同政治派别的人。

"令人惊奇的是，每个人都能从我们的孩子身上看到自身理想的现实化身，找到问题最终的解法。一位政客曾说：'学科知识就是这样通过自由的方式习得的：管理者们都该学习这种方法。'一位社会党人说道：'简而言之，这就是社会主义预言的人类社会应有的样子：

---

[321] 致玛利娅·玛莱尼的信，1925 年复活节，引自 G. Alatri, *Il mondo al femminile di Maria Montessori...*, op. cit., p. 197.

[322] M. Montessori (1956), L'éducation religieuse. *La vie en Jésus Christ*, Paris : Desclée de Brouwer, p. 26.

136　玛利娅·蒙台梭利：为孩子服务的一生

个体自由与完美的社会组织在现代的胜利。'贵族太太评价道：'这是我们的孩子应当接受的教育，他们可以由此习得礼仪，不再拘谨。'圣玛丽方济各会的主持修女则认为这一教学法是一种'基督教辅助'方式，希望将其应用于梅西内的孤儿院，因为她觉得我的方法可以让孩子们'自动养成严肃学习与愉快玩耍'的习惯。"[323]

玛利娅在此后四处旅行的过程中结识了许多其他宗教派别的重要人物，不断开拓着自己的灵修视野。

[323] F. De Giorgi, *Maria Montessori. Il peccato originale, op. cit.*, p. 43.

第七章 遨游四海

　　玛利娅在 1934 年写道："又到一处新地方啦！我感觉自己像个流亡之人，得克服很多困难才能适应这里：真希望能找个地方安定下来呀！工作能稳定下来该多好呀！但这或许永远不可能实现。我这一生的工作也许就是在不同国家的人们之间'飞行穿梭'！就像某位前辈呼喊的那样，这是一种激情澎湃的承诺。"[324] 她经常搬家，还有无数的差旅任务在前方等候。在此期间，玛利娅不停思考着如何创造最理想的工作条件。她根据国际教师培训课程的安排前往世界各地，每次都历时数月。此外还有许许多多的演讲活动需要参与。尽管这对精力是相当大的考验，但每当谈及儿童的话题，她的交流热情就会被

---

[324] 从阿姆斯特丹写给玛利娅·玛莱尼的信，1934 年 5 月 15 日，引自 G. Alatri, *Il mondo al femminile di Maria Montessori…, op. cit.*, p. 225

激发出来。玛利娅有着丰富的活动积极分子经验，懂得如何巧妙运用话术并灵活地面对不同群体，吸引所有人的目光。她的课程相当精彩，从不重复啰唆。年复一年的工作并未令玛利娅失去激情，她仍然能够轻而易举地攫住听众的注意力。因此，在年近七旬时，她依然能够一边抵御荷兰冬季的"严寒"一边幽默地表示："我，一个老太太，还在拉恩和阿姆斯特丹坚持授课。昨天是我圣诞假期前的最后一节课。我在车里准备了羊毛帽、毛皮大衣、格呢毛毯和好几个热水袋！"[325]

在美利坚初获成功

玛利娅花了很长时间才最终以私立方式组织起著名的"蒙台梭利课程"，她也由此得以完全自由地按照自己的计划进行安排。她关注所有细节，精心遴选员工。由于过分追求完美，也很难对他人真正建立信任，她的计划开展速度相当慢。但在国际上的成功已初现端倪。玛利娅收到了"数千封来自美国的信件"，这主要有赖于好友阿丽丝·哈尔加滕-弗朗切蒂的牵线搭桥。1911 年，美国刊物《麦克卢尔杂志》（*McClure's Magazine*）发表了一系列介绍儿童之家的文章。最后一篇名为"管教孩子"的文章正是出自玛利娅·蒙台梭利之手。《蒙台梭利教学法》（*The Montessori Method*）的英文版也于 1912 年 1 月在美国问世。作品甫一推出便大获成功：首印五千册在短短四天内便

---

[325] 致玛利娅·玛莱尼的信，1938 年 12 月 21 日，引自 G. Alatri, « Un lungo peregrinare », L. De Sanctis (2016), *Il volo tra le genti di Maria Montessori oltre ogni conffne*, Rome : Fefè editore, p. 42.

销售一空，半年内共印了五次。

英文版的译者安娜·乔治是玛利娅的首批美国学生之一，她于1911 年在特里镇（纽约州）开设了一家学校。电话发明人格拉汉姆·贝尔（Graham Bell）曾致力于聋哑人士教育相关工作（受其罹患耳聋症的妻子玛贝尔影响），他对蒙台梭利教学法非常推崇，认为深受其启发。贝尔夫妇是萨姆·麦克卢尔（Sam McClure）的挚友，后者甚至在系列文章尚未在自家刊物上发表之前，便向他们谈到过玛利娅的教育方法。此后，贝尔夫妇联系到安娜·乔治，于1912 年提出创立美国蒙台梭利委员会。

蒙台梭利教学法的成功，使得某些人试图绕开玛利娅自行展开教师培训。部分心怀叵测的人仅凭阅读过玛利娅的书籍或是参观过儿童之家，就号称自己是蒙氏教学法专家。了解到这种情况后，玛利娅计划在罗马开设一间培训讲师的研究所，为国外的教师培养输送专业讲师人才。这样做可以有效遏制对其教学法的扭曲及滥用。在美国这种情况尤其严重，某些活络的办学者甚至完全不征求她的意见便开始实施所谓的培训计划，试图从中寻找发财之道。玛利娅同一个叫罗伯特·博伊尔（Robert Byoir）的人合作时，就有非常不愉快的经历。此人特地来到罗马与玛利娅会面。他同玛利娅进行了长时间的交流，仔细观察了儿童应用蒙台梭利教具的情况，起初这给玛利娅留下了很好的印象。因此，玛利娅同意授权其公司"童年之家"（House of Childhood）独家代理蒙台梭利教具在美国的生产和销售。但二人之间的关系很快紧张起来，玛利娅对博伊尔提出的条件完全不满意。在美国组织了三次课程后，博伊尔说他决定给玛利娅 1000 里拉作为分成收入。玛利娅觉得这个金额十分"恶心"[326]，于是宣布不再信任博伊尔，不再同他有任何瓜葛。玛利娅自己不懂英文，因此委托玛利娅·玛莱尼以她的名义给博伊尔发了一封电报："对您创立纽约而非罗马教师培训所的行为深感愤慨。不会派学生前往美国。我保留拒绝设立纽约培训所的权利……"[327]

面对这类情形，玛利娅感到完全迷失了方向，她几天后倾诉道："哪里才有值得信赖的朋友？谁会真心考虑我们的利益？谁（真正）了解我们？谁能将我的理念准确传达？现在这样的情况让我焦虑不安。我要做出回应，我要反击……"[328]

在无数来到罗马拜访她的美国人当中，玛利娅认为萨姆·麦克卢尔是一位具有远见卓识、"思维敏捷"[329]的办学者。麦克卢尔多次前来与玛利娅面谈，向她描述了蒙台梭利教学法在美国掀起的热潮。他介绍了美国蒙台梭利委员会可以提供的支持，并给玛利娅看了他主办的刊物。玛利娅被他深深打动，最终决定迅速在罗马组织"针对美国教师的培训课程"。但这仅仅只是概论课程，"只用于培训教师。至于对教育法讲师的培养，还是留给了研究所"[330]，并将在晚些时候展开。目前，玛利娅还并不打算离开罗马。

---

[326] 致玛利娅·玛莱尼的信，1912 年 8 月 15 日，引自 G. Alatri, « Maria Montessori et Maria Maraini Guerrieri Gonzaga », art. cit., p. 135-136.

[327] *Ibid.*

[328] 致玛利娅·玛莱尼的信，1912 年 8 月 28 日，*ibid.*, p.136.

[329] M. Montessori (2013), *In viaggio verso l'America. 1913, diario privato a bordo del Cincinnati*, Rome : Fefè editore, p. 42.

[330] 致玛利娅·玛莱尼的信，1912 年 8 月 15 日，引自 G. Alatri, « Maria Montessori et Maria Maraini Guerrieri Gonzaga », art. cit., p. 136. 玛利娅设想利用研究所培训教师和讲师，再由他们学成后回到各自国家培训蒙氏教学法教师。但这一计划在玛利娅的有生之年并未实现。

事实上，找不到足够信任的人并不是玛利娅需要面对的唯一障碍。

"对我来说，这是一段相当奇怪的时期，可谓危机四伏……离开这里似乎是不可能的，因为妈妈的身体每况愈下，父亲的健康状况也明显不乐观。我有太多事要做了！无数责任扛在肩上。我不仅需要面对家庭的困难，不只是有超乎寻常的工作重担在身，更需要完成自己做出的承诺和应允履行的责任！有时，当所有这一切向我压来，就像是巨石即将把我碾碎一样：我无法呼吸，说不出一句话，甚至无法祷告，只求有人能够帮助我们渡过难关……"[331]

母亲始终站在背后支持玛利娅，母女二人的关系相当亲密。面对雷尼尔德·蒙台梭利日益恶化的身体，玛利娅心如刀绞，感到日子十分难挨。"母亲遭遇了一次小中风后，身体瘫痪了。父亲也相当虚弱。我的生活充满了不确定性，压得我喘不过气来。"[332]

雷尼尔德于 1912 年 12 月 10 日去世。安娜·玛利娅·玛切罗尼记录道："遗体身着黑色服装，平躺在床上，全身几乎都被祭奠的鲜花覆盖起来了。女博士没有离开母亲半步。她没有哭，看上去并不消沉。我们让她吃点东西，她（总是）回答：'我吃不下。'三天时间里，她粒米未进。她一直陪在遗体旁，直到棺木盖起，并运出家门。遗体被放置于维拉诺的临时墓穴时，玛利娅伸过头去最后贴了贴母亲。没有眼泪，但人人都能看出，她的悲痛已远非泪水可以表达。"[333]

葬礼结束几天后，玛利娅前往罗马南部的内图诺小镇，同"女儿们"待在一起。她给最亲爱的朋友信中写道："亲爱的玛利娅，我处

---

[331] 致玛利娅·玛莱尼的信，1912 年 9 月 18 日，引自 *ibid.*, p. 137.

[332] 致方济各会主持修女的信，1912 年 10 月 30 日，《蒙台梭利档案》，FMM 历史档案，罗马。

[333] A. M. Maccheroni, *Come conobbi Maria Montessori, op. cit.*, p. 79.

在彻彻底底的悲痛之中。我必须为马上要开始的课程做准备了！我不知道该怎么办：尽快回去，行动起来……但我还有勇气去做吗？我刚刚才从今年夏天让人筋疲力尽的战斗中恢复元气，现在又被更沉重的痛苦压制着，我实在难以承受了！我太迷茫了……面前的挑战要求我必须保持冷静和坚强！我会尽快赶回来，不能再浪费时间了。好像我人生的某一个阶段终结了，眼前是一片黑夜……" [334]

玛利娅最终通过繁忙的工作逃避失去母亲的痛苦。

首次国际课程

玛利娅将为期四个月的首次国际课程视作某种形式的判决，因为她深知自己的声誉成败在此一举。此次课程共有 87 名学生报名参与，其中 67 名来自美国，她们都是在美国蒙台梭利委员会的宣传号召以及资助之下前来的。其他学生分别来自英国、澳大利亚、土耳其和巴拿马。唯一一名男学生来自印度。大部分学员都是生平第一次来到罗马。因此，玛利娅邀请当时意大利最著名的考古学家吉亚科莫·博尼（Giacomo Boni）来为学生们介绍意大利文化。后者为此准备了五堂讲座和一次考古现场参观访问活动，地点就选在由他领导挖掘工作的古罗马广场遗址以及帕拉蒂尼山。而在蒙台梭利的培训课程中，为方便近距离观察儿童，学生们在玛利娅家里分成两个小班展开活动。一组负责接待对蒙氏教学法感兴趣的贵妇们的孩子，一组负责朱斯蒂街

---

[334] 致玛利娅·玛莱尼的信，1913 年 1 月初，引自 G. Alatri, « Maria Montessori et Maria Maraini Guerrieri Gonzaga », art. cit., p. 139.

学校的部分学生。

1913 年 1 月 16 日，课程开幕式在德维蒂·德玛尔科（De Viti De Marco）侯爵夫人的宅邸举行，来宾包括英美两国大使、意大利教育部长路易吉·克雷达罗（Luigi Credaro），以及移民部长——也是玛利娅·玛莱尼的姐夫。玛格丽塔王后则亲自参与了 3 月 6 日的课程，观察了孩子们的活动情况。她对自己的所见所闻表示非常满意。作为课程赞助方，她还特别打造了印刻有自己肖像的银质纪念牌[335]赠与每位同学。

课程于 1 月 20 日正式开始，玛利娅借此机会发表了演讲。

"女博士身着孝服在自己家中开始上课。大房间内可容纳百余名学生坐着听讲；房间尽头摆着一个讲台一样的东西，让她得以站得高一些面向听众，将课堂情况尽收眼底。这年冬天，罗马银装素裹！一名美国学生负责逐字逐句翻译讲课内容，学生们趁机记着笔记。很多学生都表示，女博士的'声音'极具感染力，清晰悦耳，令即使不懂意大利语的他们也心领神会。"[336]

玛利娅笃信的原则是："一门没有精准计划的课程要有趣得多。如果授课计划（过于）严谨，就会与其他课程显得雷同。而这门课最有意思的部分，莫过于建立某些原则。我们不强调紧跟计划，而是注重创造。"[337]玛利娅负责所有讲座活动，类型共分为两种：每周四的理论培训以及每周二的技能讲解，包括组织儿童活动的方法。尽管认为这样的组织方法非常有用，但玛利娅还是强调："我不确定自己是否

---

[335] "S.M. 母后皇太后资助 – 罗马 1913 年"字样印刻在纪念牌上。

[336] A. M. Maccheroni, *Come conobbi Maria Montessori, op. cit.*, p. 82.

[337] S. Feez (éd.) (2013), *The 1913 Rome Lectures. First International Training Course*, Amsterdam : Montessori-Pierson Publishing Company, p. 16.

会完全遵从如此严格的组织体系。因此，我希望你们能够明白，最重要的是让自己感到自由，不要觉得束手束脚。你们必须了解，这才是我教学的最大特色，那就是基于自由。因此，我可以建立一些规则，然后尽量去遵守，与此同时保有在必要情况下出于个人理由修改课程内容的自由。"[338]

玛利娅所谓的私人理由通常指的是当时年仅十五岁的儿子马里奥的突然到来。就在雷尼尔德的健康开始滑坡后，玛利娅派人告知马里奥，如果他愿意的话，可以来和亲生母亲一起生活。1913 年 1 月，马里奥致信玛利娅，说如果她也愿意的话，他想要跟她在一起生活。2 月初，玛利娅前往马里奥的寄宿学校将儿子接回自己罗马的家中生活。她用一份简明扼要的电报将这个好消息告诉了挚友玛莱尼："我们到家了。"[339] 当时只有最亲密的几名员工知道玛利娅的秘密，在这个神秘儿子远离玛利娅生活的这些年里，正是她们三不五时地带来关于他的消息。

跨越大西洋

在首次国际课程结束后的那年夏天，萨姆·麦克卢尔再度来到罗马。这次他成功劝服玛利娅动身同他一道不远万里前往美利坚。他建议她拍摄一些关于儿童之家生活的短片，以便在美国演讲期间辅助介

---

[338] *Ibid.*

[339] 从阿雷佐市发给玛利娅·玛莱尼的电报，1913 年 2 月 1 日，引自 G. Alatri, « Maria Montessori et Maria Maraini Guerrieri Gonzaga », art. cit., p. 139.

绍内容。这些短片为推广玛利娅的教学法起到了相当大的作用。二人愉快地签下合约。他们于 1913 年 11 月 21 日从那不勒斯启航,搭乘"辛辛那提号"邮轮前往纽约。马里奥和安娜·费德利去码头为玛利娅送行。玛利娅对自己的私生活依旧讳莫如深,但她在日记 [340] 里坦诚道,在这次横跨大西洋的长途旅程中,她深切感受到了自己对马里奥的那份柔情。这是他们母子重逢后第一次如此长时间的分离。她因为离开这个"勇敢的孩子"而百感交集。奇怪的是,她很少叫他的名字,多年以来的距离感似乎很难彻底消失。她认为他是一个成熟、真诚和快乐的小伙子,同时又十分敏感。"我感受到了他的灵魂。他强大、温柔、慷慨、热情,拥有无穷无尽的智慧与爱。"[341]

玛利娅深知自己错过了大把与他相处的时光。"的确如此,没人能帮我找回远离你的那些日子,那些你一去不复返的童年时光! 但或许,我可以让未来与你共度的时光都充满欢乐、幸福、辉煌与正义。我不断重复着自你出生以来便开始的祷告:'主啊,让我承受所有痛苦,将一切欢乐都赐予他吧。阿门!'"[342]

她对马里奥所遭受的痛苦也心知肚明:

"让他的未来一路坦荡。让他永远幸福,所有遭受的苦难都能得到弥补。我就是那个让他承受这一切的人……这便是我离开、我前进、我背负一切的理由。在此期间,你在做什么呢,我的小英雄,我的儿子?你把我当做母亲,但于我而言,你便是一切。我只有你,至

---

[340] Fefè editore : Maria Montessori, in viaggio verso l'America. 1913, diario privato a bordo del Cincinnati, 2013.

[341] *Ibid.*, p.23.

[342] *Ibid.*, p.54.

死都是如此。我唯一的爱，神明的杰作，我的最爱。"[343]

她迫不及待地等候每一封电报，并将它们一一珍藏。"他那封画着小鱼的信是我最大的慰藉。我到达这里后，就一直将这封信随身携带。"[344]

疯狂思念马里奥之余，邮轮上的奢华设施也令玛利娅眼前一亮。她在日记里事无巨细地记录了这次为期十二天的跨大西洋之旅。有了电灯，她可以躺在床上阅读。船舱内部装饰也被仔细描述了一番，她对周遭环境始终保持着敏锐的观察。

"我的独享空间面积为3.5米乘4.5米，其中船舱占去3.5米乘3米。剩下的部分是浴室等设施。船舱设备包括：两张带床绷的黄铜大床、一张沙发床、一张扶手椅、一个小餐桌、一个带梳妆镜和梳妆台的衣柜、一个洗面池、几只衣架、一些折叠置物架、几块隔板、两扇带窗帘的长方形窗户。床帘、门帘、天鹅绒地毯。浴室里还有一个陶瓷洗面池，冷热水都有，还带一面镜子。这不是差旅，是名副其实的享受。"[345]

不过，在连续几日大晴天后，海上的天气状况急转直下，也让她旅途的好心情大打折扣。

"快到中午的时候，一阵深深的不适感向我袭来：我觉得非常痛苦、无趣和愤怒。邮轮左侧涌起惊涛骇浪，有时甚至高出二十米。可怕的巨浪像一座座高山迎面扑来。邮轮随之剧烈震荡，幅度之大令人咋舌。我从床上滚了下来，身体立刻剧痛不已。不久身上就变得青一

[343] *Ibid.*, p.40.

[344] *Ibid.*, p.25.

[345] *Ibid.*, p.31.

块紫一块，还在瑟瑟发抖，像是得了霍乱一般。头疼欲裂，痛感向全身蔓延。'演出'继续。狂风大作……我曾经那么渴望亲眼见证飓风来袭！我以为那场景一定又壮丽又宏伟，蓝色的海浪高高涌起。而事实绝非如此！天地变得混沌，黑暗笼罩了一切。邮轮左侧，污泥般的灰色巨浪在狂风暴雨中翻滚，愤怒咆哮着的大海粗野无比。右侧，高耸的水幕犹如一堵雪粒组成的厚墙。这巨幕就在邮轮顶上分崩离析，带来了一场恐怖的骤雨。四处喷溅的颗粒让我们这可怜的船只雪上加霜。我忍痛躺回疯狂上下摇晃着的床上。这便是远洋旅行的故事：我们在一片欢乐中启航，遭受了一系列匪夷所思的灾难，最终看似要结束在医院里。死亡说不定就是我们的终点。"[346]

几天后，她在日记中写道："今晚！……美国！航行结束了……我仿佛打赢了一场仗。我没有经受过炮火的洗礼，却遭到了海洋不容忽视的考验！"[347]

随着目的地日益临近，玛利娅开始思考自己的演讲。她担心人们听不懂自己的理念，担心人们只接受教学法中那些看似有趣却并非根本的方面。

迎接名人

玛利娅于 1913 年 12 月 3 日抵达美国，随手携带的小行李箱里是她最珍贵的宝贝：罗马儿童之家拍摄的短片胶卷。尽管有些信心不足，

---

[346] 11 月 29 日周六，*Ibid.*, p.43-47.
[347] *Ibid*, p.57.

但来自纽约的迎宾规格却让她迅速忘记了长途旅行的疲累。玛利娅在给父亲的信中详细描述了整个过程：

"我的天啊！我完全无法想象即将发生的一切！我不再是自己惯常的样子了，这里的一切都让人难以置信。有人从很远的地方赶来迎接我。早上六点，港口处就已经人头攒动，大家都在等待'辛辛那提号'。我还在海上航行时，就已经有人送来数不清的信件和电报。五名摄影师等候在那里准备给我拍照，还有十来位记者。我被告知意大利领事和数名官员及其配偶也在迎接之列。但丁·阿利吉耶里（Dante Alighieri）协会 [348] 代表、移民委员会代表、纽约教育局代表以及二十余名我从前的学生都纷纷前来，有的甚至不惜舟车劳顿。奢华的迎宾礼车将我送至宾馆。我在下榻的纽约大酒店给你写信，周围都是记者和摄影师。威尔逊（Woodrow Wilson）总统通知我，说明天周四他会在华盛顿等我。这消息实在太震撼了。我拥抱你。" [349]

有记者问到为什么会选择不远万里来到美国，她回答："除去我自己的国家外，美国是对我的教学法表现出最大兴趣的地方。这在很大程度上有赖于我培训的那些美国女教师们，而我对这份强烈的兴趣与动力深感触动，于是来到了这里。我感觉自己在这里有许许多多的朋友，他们都愿意尝试一种有助于儿童发展的教学体系。我希望在这里发展并深耕我的教育理念。起初，一些看似隐蔽的原则往往被忽视了，人们只关注到无关紧要的细节。我率先来到美国，就是因为这里的工作进展很快，我当然希望一切能够按照正确的方式顺利运

---

[348] 这是意大利在世界各地创立的文化中心，旨在推广意大利文化，鼓励学习意大利语。

[349] 1913 年 12 月的信件，引自 G. Alatri, « Maria Montessori e Maria Maraini Guerrieri Gonzaga », art. cit., p. 144.

转。"[350]

在美国的三周时间里，对玛利娅的接待规格一直相当奢华。她不仅被视为一位女性教育先锋，一名致力于改革学校教育的领军人物，更是许多人翘首期盼一睹尊容的知名人士。记者们仔细探究她的一举一动，有人认为她"冷漠且有距离感"。其中一名记者甚至将她描述为"神秘的黑衣女士"[351]："她有一种美国人并不常见的个性，气质也与我们习惯的拉丁风格不同……她没有意大利人典型的迅速而灿烂的笑容：她笑起来相当缓慢，面部表情变幻莫测。"

这名记者还观察到她在面对此前参与过罗马课程的学生们时，显得不知所措。她跟学生们打招呼，"表情看上去有些奇怪，尽管她对她们其实很熟悉。她没有露出迫不及待或是惊喜万分的重逢模样，也没有任何寒暄的话语，只是平静地微笑和行贴面礼。"[352]

除了为人处世之外，人们对她的发言也不甚理解。她的美国学生们竭力证明"国籍不会对教学法的应用造成任何困难"[353]，但当她向记者们解读自己的教育哲学时，不同文化背景带来的困惑并不鲜见。特别安排的翻译安娜·乔治对其教学法了如指掌，但记者们仍需进一步简化其理念，以方便读者理解。而这就导致了部分她从未说过的话语，甚或与其理念背道而驰的内容见诸报端。因此，读者们可能看到

---

[350] « Dr. Montessori Talks of her Mode of Autoeducation », New York Times (december 7, 1913), 引自 G. L. Gutek, p. A. Gutek (2016), *Bringing Montessori to America, S.S. McClure, Maria Montessori, and the campaign to publicize Montessori Education*, The University of Alabama Press, p. 125.

[351] *Ibid.*, p.124.

[352] *Ibid.*, p.145.

[353] « Dr. Montessori Talks of her Mode of Autoeducation », art. cit. 引自 G. L. Gutek, p. A. Gutek, *Bringing Montessori to America…, op. cit.*, p. 126.

这样斩钉截铁的结论："我们认为，应当让新生儿一出生就远离母亲，因为后者并不知道应该如何照顾孩子。家长应当接受大量培训，才能着手看护孩子。"还有这样的内容："等到我的教学法普及那一天，初中就不需要再继续存在了。"[354]

有些记者更倾向于介绍其女性身份，而不是她的革新思想。因此，他们会问到她关于一些社会问题的看法，甚至让她对时下流行的短裙裤发表意见。玛利娅显然对短裙裤的问题迷惑不已，她转身看向安娜·乔治，后者尝试着比画了一下这种服饰的样子。玛利娅思考片刻后答道："只要穿着舒适的服装都没有问题。如果您刚才提到的那种短裙裤能让女士们行动自如，走起路来更方便，那就应该庆幸它的出现。我常常思考这个问题，为什么男装就能够以舒适为主，而女性却往往要为了美丽去牺牲舒适度。你们看，留着短发的男士们脱帽子有多么方便。这难道公平吗？男士自己享受着短发带来的便利，却总是美滋滋地欣赏着女性的长发。"[355]

成功的巡回

玛利娅访美期间的媒体关注度相当大，而且热度始终不减。每天都有关于玛利娅·蒙台梭利的文章出现在报刊上，就其每场演讲进行报道。连绵不断的宣传攻势或许让人们产生了许多不切实际的期待……比如《华盛顿邮报》（*Washington Post*）12 月 5 日的这篇"她

---

[354] 引自 R. Kramer, *Maria Montessori. A biography, op. cit.*, p. 191.

[355] *Ibid.*, p.201.

的教学改革享誉全球"，就详细列明了她巡回演讲的计划安排和实施细节。这份事无巨细的计划表内包含了她在东海岸十二座大城市的演讲，这一过程需耗时至少三个星期。

邮轮抵达美国后的第二天，玛利娅便在萨姆·麦克卢尔和安娜·乔治的陪同下乘坐火车前往华盛顿。此二人就像守护天使一般，在玛利娅访美期间始终伴随左右。她在首都得到了与国家元首到访同等规格的接待。贝尔家族在此次细致入微的活动组织过程中扮演了重要角色。

12月6日，玛利娅参观了贝尔家族于10月15日创办的儿童之家。[356] 这所学校共接收了六十个孩子，负责人正是安娜·乔治。紧接着，玛利娅在白宫派出的专车里游览了整座华盛顿特区，对蒙氏教学法非常感兴趣的总统之女玛格丽特·威尔逊（Margaret Wilson）全程陪同。而曾担任普林斯顿大学政治学教授的总统伍德罗·威尔逊则对教育问题一直十分重视。不过由于他患上流感，原本安排的总统私人会面被迫取消了。

同一天，玛利娅在一间人头攒动的共济会礼堂里举行了首次演说。最具影响力的知识分子、政治经济精英以及外交官员们齐聚一堂，大家都想聆听这位"欧洲最有趣女士"[357] 的演讲。玛利娅介绍了自己教学法的通用原则。她的发言自然流畅，毫不照本宣科。演讲过程中，提前准备好的罗马儿童之家短片首度对公众播放。结束后，一场豪华的接风晚会在贝尔家举行，全城名流均在邀请之列。《纽约时报》（*New York Times*）甚至刊登了四百名宾客中地位最显赫的名人列表。

---

[356] 他们首先从自己家族的七个孙辈开始，此后加入了一些朋友的孩子。

[357] 12月7日的《纽约论坛报》（*New York Tribune*）将其称为"The most interesting woman of Europe"。

次日，12 月 7 日，贝尔家又组织了一场告别午宴，邀来她在华盛顿的学生做客。前一晚就曾与玛利娅促膝长谈的克拉克斯顿（Claxton）部长再度前来赴宴。他的出席也是对蒙氏教学法的一种肯定。尽管他表示自己还没有时间深入研究，但依然坚持认为这套体系可以推而广之。[358]

午餐后，玛利娅乘坐列车返回纽约。12 月 8 日，她发表了自己在卡内基大厅的首次演讲。大厅内座无虚席，逾千名听众不得不遗憾折返。因此，12 月 15 日在同一场地安排了另一场演讲。两次都是在听众们的起立鼓掌中落幕。与在华盛顿不同的是，纽约的听众大多为家长、教职人员以及为数不少的大学教授。美国当时最知名的教育哲学家约翰·杜威（John Dewey）也出席了当晚的活动。

12 月 9 日，玛利娅在费城演讲，其间与海伦·凯勒（Helen Keller）[359] 和安妮·沙利文（Anne Sullivan）进行了令人瞩目的会面。失明又失聪的海伦·凯勒当时是一位著名的社会主义积极分子。会面结束时，玛利娅拥抱了海伦，并请旁人转告说"（她）感动到无法表达（自己的）情绪"。海伦将双手搭在玛利娅肩上，答道："感谢您远渡重洋为美国孩子们带来了自由的消息。"[360]

在玛利娅看来，海伦便是"教育奇迹的鲜活代表。她是一种人类共同现象的经典范例：感官教育为解放人类被束缚的精神提供了可能

---

[358]《华盛顿先驱报》（Washington Herald）在重要版面刊登了一篇名为"蒙氏教学法令克拉克斯顿赞不绝口——教育部长认为该教学法可轻松取代福禄贝尔教学法"的文章，引自 G. L. Gutek, p. A. Gutek (2016), *Bringing Montessori to America...*, *op. cit.*, p. 134.

[359] 1880—1968，18 个月大时因罹患脑膜炎导致失明失聪，管家兼家庭教师安妮·沙利文帮助其摆脱困境，恢复了信心。电影《奇迹创造者》再现了她的童年经历。

[360] « When Montessori Met Helen Keller », *The Literary Digest*, vol. 48 (january 17,1914), 引自 G. L. Gutek, p. A. Gutek (2016), *Bringing Montessori to America...*, *op. cit.*, p. 137.

性"[361]。为了突破海伦儿时遭遇的孤独状况，其家庭教师安妮·沙利文是在海伦的手掌心里拼写单词的。这种方法让她的感官系统得到长足发展，并得以同周遭的人们进行沟通。海伦也由此学会了盲文和好几种外语，她甚至成功撰写出自己的传记。海伦的经历无疑证明了"基于感官的教学法的潜力"。

12月11日的《纽约时报》以"蒙台梭利博士回来了"为题，宣布她从费城返回纽约，并将于卡内基大厅举行第十场演讲。在每一座城市，迎接她的都是同样规格的演讲活动和名人会面。公开演讲通常持续约两小时，接着便是播放儿童活动相关影片，结束后就前往当地名流组织的聚会。玛利娅在布鲁克林音乐学院发表演讲后，便前往普罗维登斯会见罗得岛州教育局人士，当地已经开始实践她的教学法。12月13日，玛利娅动身前往波士顿，在一天内发表了两场演讲。多位哈佛大学教授也前来聆听。在此期间，她还与托马斯·爱迪生（Thomas Edison）会面，并参观了他的实验室。在卡内基大厅进行了又一场成功的演说后，她于12月19日至20日先后来到了匹兹堡和芝加哥：热情的听众挤满了演讲大厅。

如此一番紧凑的巡回演讲后，麦克卢尔安排了两天休整时间。他们受谷物大亨J.H.凯洛格（J. H. Kellogg）之邀，前往密歇根州巴特尔克里克市的温泉中心疗养。12月22日，玛利娅返回纽约，参加了一场在大都会女性俱乐部举行的告别晚会。12月23日拂晓，玛利娅登上"卢西塔尼亚号"回国。出发前的最后一段话足以说明她对所谓"新世界"的无限迷恋。美国各大城市的现代化和电气设备等都令她

---

[361] M. Montessori (2016), *Le manuel pratique de la méthode Montessori*, Paris : Desclée de Brouwer, p. 9.1914 年她为英文版撰写的序言。

印象深刻："你们的神奇国度是文明世界的一大希望。青春的朝气无处不在。全球各族人民的融合将惠泽后世。没有任何国家留给子孙后代的遗产比美国更加丰富。美国荣耀无限！不仅因其成就而荣耀，更因其对儿童的关怀而光彩。我在美国的母亲们面前自惭形秽。她们是你们年轻一代的最大荣光之一。"[362]

遭到意大利本土的谴责

回到罗马后，等待玛利娅的却是相当苦涩的现实。1914 年 1 月颁布的一道皇家法令[363]首度明确规定，幼儿园的实践组织活动不得采用蒙氏教学法相关原则。"在肯定蒙氏教学法，并充分考虑帕斯卡里及两位阿加齐女士[364]的实践经验"后，委员会一致商议决定"不得脱离福禄贝尔教学法原则，其温和稳健的实践方式完全符合意大利儿童天性。幼儿园还不是学校。儿童几乎仅仅拥有感知和幻想。他还体会不到感官与行动之外同世界交流的需要。他不需要阅读、写字、计算。因此，过早让儿童进行所谓的学科练习是错误、危险甚至有罪的。在我们的教育机构里，禁止通过任何体系教授阅读、书写、背诵短文、对话及诗歌等内容。"[365]

---

[362] 引自 R. Kramer, *Maria Montessori. A biography, op. cit.*, p. 202.

[363] 1914 年 1 月 4 日皇家法令：幼儿园的教学、计划及时刻表。引自 P. Trabalzini, *Maria Montessori da Il metodo a La scoperta del bambino, op. cit.*, p. 83.

[364] 罗莎（Rosa）与卡洛琳娜·阿加齐（Carolina Agazzi）姐妹在福禄贝尔教学法的基础上添加了生活实践活动。20 世纪 20 年代期间，她们指责玛利娅·蒙台梭利借鉴了她们的做法却并未说明出处，由此引发争议。

[365] 引自 P.Trabalzini, *Maria Montessori da Il metodo a La scoperta del bambino, op. cit.*, p. 82-83.

玛利娅一心希望自己的教学法得到官方认可，因此面对这样的法令无疑失望透顶。她的朋友、时任教育部长的路易吉·克雷达罗同样如此。从法令的字里行间不难看出对蒙氏教学法的谴责，认为主张如此低龄就引入小学内容是荒谬的。儿童之家的孩子们个个行动自主独立、积极勤奋，能够集中注意力完成手中的任务。这样的画面与传统幼儿园形成鲜明对比，后者的目标仅限培养快乐、无忧且能够彼此建立联系的孩子。

　　克雷达罗依然出席了第二届国际课程的开幕仪式。这次培训课程于 1914 年 2 月 23 日至 6 月 30 日在圣天使城堡举行，共有来自十五个国家的八十九名学生参加。

介于纯粹与大众之间

　　在大西洋那一头的炫目而又成功的巡回演讲之后，事态急转直下。玛利娅发现自己的利益受到损害，麦克卢尔并未按照合约条款规定与她分账。她意识到此人只是个商人，绝非慈善家。于是，她切断了与麦克卢尔的一切合作。与此同时，美国教育界也出现了一些批评的声音。1914 年，哥伦比亚大学教育学教授威廉·基尔帕特里克（William Kilpatrick）出版了《蒙台梭利体系审视》（*The Montessori system examined*）一书，指出蒙氏教学法在许多方面的不足，并且认为该方法毫无新意可言。

　　而玛利娅愿意不惜一切代价，确保所有使用自己名称的教学计划都保持正统和纯粹。她面临着名副其实的两难境地：在维护教学法纯粹性的同时，还要满足疯狂增长的大众需求。面对演讲引发的巨大热情以及远距离导致无法完全监督教学法实施，要如何才能平衡纯粹与大众需求之间的关系呢？她也担心对自己理念的过度简化只会造成人们的误解，从而形成拙劣的模仿。著名儿童作家多萝西·坎菲尔德·费舍尔[366]经过具体观察实践得出结论，蒙氏教学法的原则不是万能的。她前往罗马参观了儿童之家，后于1912年将自己的观察成果以及同玛利娅·蒙台梭利的多次访谈汇总起来，出版了《一位蒙台梭利母亲》（*A Montessori Mother*）一书。首部作品大获成功后，她又在次年出版了《蒙台梭利手册》（*The Montessori Manual*）[367]。整本书风格简洁，通俗易读。她竭力用简单直接的语言进行讲解，避免读者们遭遇她本人在阅读玛利娅·蒙台梭利著作时遇到的困难。原始文献中充斥着各种难以翻译成英文的技术词汇，还有一些大众一无所知的医学和心理学术语。坎菲尔德·费舍尔呈现的蒙氏教学法简便而具体，非常适合人们在家中实践。她为大众教育理念在美国家庭的传播做出了很大贡献，但同时这部手册也在很大程度上削减了玛利娅·蒙台梭利思想的分量，甚至在玛利娅本人看来，并没有遵守一些基本原则。此外，玛利娅认为对教具的介绍过于呆板和机械。因此，她决定自行出版一本英文版的《蒙氏教学法实用手册》（*Manuel pratique de la Méthode*

---

[366] 她著名的作品是《明白了，贝茜》（*Understood Betsy*），讲述了一个接受蒙氏教学法教育的小孤女的故事。

[367] *The Montessori Manual : In which Dr. Montessori's Teachings and Educational Occupations Are Arranged in Practical Exercices or Lessons for the Mother or the Teacher.* 1915 年由 Librairie Fischbacher 出版社译为法文出版，书名为 *L'éducation Montessori. Les principes qu'applique Mme Montessori dans les « Case dei bambini ». Causeries et notes d'une mère.* 该书重版过 11 次。

Montessori）[368]，并将其作为官方指导手册，还特别题献给海伦·凯勒和安娜·沙利文。在致《泰晤士报教育增刊》（*Times Educational Supplement*）的一封信中，玛利娅这样写道："我下大功夫自编了这本手册，旨在精确地完成多萝西·坎菲尔德·费舍尔女士在其书中号称已经完成的任务。我感谢您给我这个机会表达，我想说的是，我从未授权任何人将我的教学法进行通俗化解读，也从不打算这样做，因为我自己在做这件事的过程中感到非常痛苦。如果有人依照其他书籍来使用蒙台梭利教具，由此导致的失败后果，我的教学体系将不负任何责任。"[369]

她尤其强调的是，自己的教学法精神不得流于形式。她的《蒙氏教学法实用手册》交替安排了理论章节和实践章节，力求不模糊基本观点。这不是一本关于高效学习方法的手册，而是一种强调内在平和进而促进人际和谐的教育方法。

美国多个城市都建立起蒙台梭利协会，但并未征求她的同意，甚至从未咨询她的意见。比如在华盛顿，安娜·乔治就未经玛利娅许可展开了教师培训活动。因此，1915 年 5 月 25 日，玛珀·贝尔（Mabel Bell）致敬玛利娅，向她提交了一些计划建议，询问她是否愿意再度来到美国。玛利娅没能收到这封信，因为她当时已经身在美国一个多月了。这次她是受一群参与过 1913 年首届罗马国际课程的加州大

---

[368] *Dr. Montessori's Own Handbook* 于美国和英国出版发行。2016 年的法文版是由 Desclée de Brouwer 出版社在其 1939 年西班牙文版本基础上译出的。

[369] Maria Montessori, « Letter to the Editors », *Times Educational Supplement (London)*, september 1st , 1914, 引自 R. Kramer, *Maria Montessori. A biography, op. cit.*, p. 174.

学生 [370] 之邀前来的。她决定在旧金山举办的巴拿马太平洋万国博览会 [371] 上，以一种前所未有的方式介绍自己的教学法。与此同时，巴拿马－加利福尼亚博览会于圣地亚哥举行，玛利娅面向来参与教育日活动的公众发表演讲，介绍自己的教学法。除此之外，她还巡回开展了教师培训：5 月 1 日至 6 月 30 日在洛杉矶，7 月在圣地亚哥，8 月在旧金山。

第二次出访

1915 年 4 月 11 日，玛利娅搭乘意大利邮轮"阿布鲁齐公爵号"再度前往纽约。这次陪同她的，是十七岁的儿子马里奥。4 月 20 日，也就是抵达目的地的次日，玛利娅参观了一间开办于当地典型楼宇建筑中的儿童之家。晚上，蒙台梭利母子乘坐火车前往芝加哥。经过二十小时车程，他们抵达芝加哥站。一群从前的学生利用三小时的转乘间隙，为玛利娅举行了一场接风仪式。此后，他们由芝加哥启程向旧金山进发，全程耗时五日之久。玛利娅在写给父亲的信件中描述道，美国的火车是"欧洲的两倍大"。由于列车条件舒适，玛利娅利用旅途的几天时间，在这"高速奢华酒店"里好好休整了一番：她在

---

[370] 以凯瑟琳·摩尔（Katherine Moore）为代表，引自 C. Montessori (2015), *Maria Montessori Writes to Her Father, letters from California, 1915*, Amsterdam : Montessori-Pierson Publishing Company, p. viii.

[371] 本次博览会于 1915 年 2 月至 12 月期间举办，而巴拿马 - 加利福尼亚博览会则于 1915 年 3 月至 1917 年 1 月在圣地亚哥举行，旨在庆祝巴拿马运河通航。两场博览会期间组织有大量国际科学大会。圣地亚哥博览会将 7 月 12 日定为"教育日"，玛利娅借此机会发表了演讲，紧随其后的演讲人是克拉克斯顿部长。

床上吃早餐，然后再一觉睡到中午。她尤其喜欢在赏景车厢里观察窗外事物。侧卧在长椅上，她醉心于"广阔如大海的平原"，接下来又是"连绵不断的贫瘠沙漠，没有田野、没有树木、没有一丝动物的痕迹"，如此荒无人烟的景象持续了近四十二小时。后来出现了"三间圆木小屋和一名跨坐骏马恣意驰骋的高个子妇女"，火车终于驶出沙漠地区。她还描述了长途旅程的最后一日："我们一起床就向赏景车厢跑去，奇妙的景致映入眼帘：浩瀚的大盐湖宛如内陆地区围出的一片海。火车从架在湖中央的堤道和桥梁上穿过。这些都是人造的奇迹，真是难以置信！"[372]

经过这段跨越全美的长途跋涉后，玛利娅认为西海岸与意大利的遥远距离定会对其知名度产生影响，她对自己及其教学法在西海岸的接受度几乎一无所知。这段时期她的心中充满不确定感，不会说英语这一点更是加重了她的不自信。蒙台梭利母子抵达旧金山后，行李被直接运送至最终目的地，而他们必须在当天迅速参观完万博会才能前往洛杉矶。玛利娅刚下火车就被告知将同一位自己并不认识的女士共进非正式午餐，后者是妇女委员会主席。她回忆道："我穿着一件皱巴巴的泛白衬衫和一身（破破烂烂的）旅行装，整个一副衣冠不整的样子。阶梯上方，一位优雅的女士和恩内斯托·纳桑（Ernesto Nathan，万博会意大利馆负责人）用官方礼仪迎接我。我们共进了一场奢华午宴：所有能想象到的妇女协会代表都出席了。一想到这身皱巴巴的外套和衬衫，我就希望自己立刻消失。我尽了最大努力来冷静应对这个意外的局面。我的心跳因焦虑而不断加快，生怕后面还会被

---

[372] 1915 年 4 月 24 日的信函，引自 C. Montessori, *Maria Montessori writes to her father, op. cit.*, p. 3-5.

要求发言。烤肉端了上来……大家一片沉默。我开始让自己平复下来。不了解当地的风俗习惯真是要命啊！这个地方有禁酒令，但烤肉无可厚非。接着，冰激凌出现了，气氛也跟着活跃起来。他们跟我说，如果不介意面对公众的话，应该回应一下万博会主席的发言。公众？我吃了一惊。什么公众？心中做好最坏打算后，我回答说愿意就主席的发言做出回应。接着，我开始正式发言，纳桑（可怜的人啊）也不得不跟着谈论蒙氏教学法。他说早在这里的人们还不知道这个始于意大利的教学法为何物时，他便预计到了它将大获成功。我不想在公开场合反驳他。就在我结束发言时，他又夸张地喊道：'太棒了，说得好！'可我们在意大利时一句话都没有说过呀！午餐后，我以为一切都结束了，终于松了口气。那位妇女委员会主席陪同我参观，就我们俩人。爸爸，你可以试着想象一下那些场馆恢宏的大门：巨型大厅由立柱分隔开来，长沙发随处可见。我意识到，想要回到队伍中，必须从一大群坐着的参观者中穿过。我尴尬极了。要是能换件衬衫就好了！我默默地安慰自己，告诉自己说这里没人认识你，没人会注意到你。我们终于来到了大厅尽头，回到了'我们的'队伍中。真是意外呀！我们就这样站在大厅里，然后更加匪夷所思的事情发生了：眼前所有的人（肯定超过千人）同时起身，向我们走来。两名警察控制着人群。很多人想要跟我握手，对着我做出飞吻……他们请我说几句话（啊，公众演讲！）。"[373]

　　纳桑对蒙氏教学法的赞美让玛利娅忍俊不禁，她在另一封信里写道："当他站在我身边公开赞美蒙氏教学法的时候，他的鼻子一定在

---

[373] 1915 年 5 月 12 日的信函，*ibid*., p. 13-15.

变长 [374]。" [375]

二人之间秘而不宣的紧张关系显然源自罗马市政府的所作所为：他们在未经玛利娅同意的情况下接手监管了各间蒙氏学校。玛利娅在一封信中发难道：

"罗马市政府对我们的态度是完全错误的。" [376]

人类学家的视角

第二次访美之旅与 1913 年发表巡回演说的那次截然不同。前两个月，玛利娅在洛杉矶租了一套房子，开始在当地授课。阿德利亚·皮勒在这段时间同蒙台梭利母子住在一起，担任玛利娅的翻译。玛利娅打算让会说英文的安娜·费德利也过来帮忙，负责监督学生们的实践作业。当时安娜正在罗马照顾玛利娅的母亲，后来这一任务交由玛利娅另一名关系亲近的学生负责。

在美国的这段日常生活经历让身为人类学家 [377] 的玛利娅收获良多，她将新环境中的各种惊人发现向父亲娓娓道来。她对自己所住街区的过分安静感到震惊，"周围安静得让我们觉得好像身处沙漠" [378]。

---

[374] 在意大利，如果有人撒谎，其他人就会做出匹诺曹那样鼻子变长的手势。

[375] 1915 年 5 月 8 日的信函，C. Montessori, *Maria Montessori writes to her father, op. cit.*, p. 9.

[376] 玛利娅·蒙台梭利致救赎圣母玛利亚修女的信，1911 年 10 月 9 日，《蒙台梭利资料》，FMM 通用档案，罗马。关于这场纠纷的缘由已于第 5 章中做出解释。

[377] 玛利娅当时还是正式的人类学教授。她曾多次提出休假，以便全身心投入到儿童教育相关工作当中。

[378] 1915 年 5 月 15 日的信函，C. Montessori, *Maria Montessori writes to her father, op. cit.*, p. 19.

她说这里家家户户都大门敞开。邮差将报纸放在门前小道上，"完全不担心没人来取走"。一天晚上 [379]，她被地震吵醒。

"根据我们在罗马遇到这种事件的处理经验，我以为报纸上会通知地震时间和震级。你能想象吗，什么消息都没有。这跟我们在意大利的做法完全不一样。他们对事情的重视程度完全不同。"[380]

有时，她会像讲述逸闻趣事一般生动地描述自己的发现。比如有一次，她写到自己在短途旅行中见到的一位留着白色长络腮胡的墨西哥海关人员。

"络腮胡……（这是我们第一次见到的新鲜事：美国人都不留胡子的）。"

狗狗和公鸡之间的争斗屡见不鲜，但她还是花了两页的篇幅详细描写了一场惊心动魄的打斗，并在结尾处写道："我必须承认，观看如此残酷的打斗表演，我们都忍不住流下了眼泪。"[381]

玛利娅毫不掩饰自己接触到不同族群人士时的热情和喜悦："短短几天，我能够展开的人类学研究内容就比在罗马面对塞尔吉那一堆空头骨的几年时间都要丰富。"[382]

她详细描绘了墨西哥人和菲律宾人的生理特点。美国印第安人是玛利娅尤其感兴趣的对象，"他们潇洒地跨上马背：人马合一！所有印第安人都将自己的面庞涂成鲜红色，但他们的皮肤是黄色的；他们都有长长的鹰钩鼻，身材魁梧。我去跟他们交谈过。他们向我解释

---

[379] *Ibid.*

[380] 1915 年 6 月 20 日的信函，*ibid.*, p.41.

[381] 约写于 1915 年 7 月的信函，*ibid.*, p.64.

[382] 1915 年 5 月 8 日的信函，*ibid.*, p.10.

了他们的宗教和风俗，还带我参观了他们的茅屋。"[383] 当得知当地所有妇女都有投票权时，她难掩惊讶："在这里，人人平等：没有主人，没有奴隶。妇女，包括家仆在内，都拥有投票权。"[384]

接下来，蒙台梭利一家迁至圣地亚哥[385]，7 月份她将在这里的巴拿马－加利福尼亚博览会的组织下教授课程。此后的 8 月，她将在旧金山进行最后一轮讲学。到达美国后，尽管教学计划并不明晰，但她早已确定在 8 月底结束此次旅程。来到当地，玛利娅才发现机会相当多。她得知奥克兰将举行一场国际教育者大会，她可以面对四万听众介绍自己的教学法。玛利娅还得到了一次难能可贵的机会，那就是在 11 月份才闭幕的旧金山万博会上组织一场国际课程，共分为两节：一节在意大利馆举行，面向意大利人；另一节在教育馆举行，面向美国人。该计划充满吸引力，而且收益良多。一家妇女委员会愿意负责课程组织工作，克拉克斯顿也表示支持。不过，玛利娅对此有些犹豫不决，她给父亲的信中写道："我怕如果打退堂鼓的话，别人会把我当傻子看待。如果我拒绝这次考验，他们会以为我怕了。这次机会可能会迎来灿烂的未来。我唯一的顾虑，就是你不得不再等两个月才能见到我。但要是你并不介意，要是你能够祝福我的话，我就会变得强大起来，勇敢接受挑战。"[386]

玛利娅下定决心后，课程组织工作便有条不紊地展开了。他们正

---

[383] *Ibid.* 她是在参加圣地亚哥的巴拿马 - 加利福尼亚博览会期间与印第安人接触的。

[384] 1915 年 6 月 12 日的信函，*ibid.*, p.38.

[385] 课程于 7 月 5 日开始。两堂观察课程在一间幼儿园展开，这里的孩子从未接受过蒙氏学校教育，学员们可以在其中观察儿童的反应以及教师的行为。每天都有家长和许多好奇人士前来观摩这神奇的教学方式。

[386] 1915 年 5 月 31 日的信函，C. Montessori, *Maria Montessori writes to her father, op. cit.*, p. 32.

式成立了办公室，玛利娅此后写给父亲的信件都采用带"International Montessori Training Courses–Los Angeles–San Diego–San Francisco."字样抬头的信纸。授课邀请纷至沓来。罕见但值得一提的是，有两位男士前来报名听课，其中一位是伯克利市长。

许多国家都表现出浓厚兴趣，玛利娅决定在万博会的每个场馆都举行一场演讲，就像是环球巡回一样。她强调所有准备工作都必须尽善尽美，但这无疑花销巨大。她请人印制了两万五千份教学法宣传册，由此"迈出了进入商业世界的第一步"。她"将洛杉矶授课所得全数投入此次课程，希望物超所值"。与此同时，她苦涩而遗憾地表示，"某国（意大利）对将新教学法介绍到其他国家这件事并不感兴趣"[387]。

玻璃墙内的一堂课

万博会上最令人叹为观止的一幕，莫过于玻璃课堂[388]。教室外按照玛利娅的要求，用意大利文醒目地写上了"Casa dei Bambini"（儿童之家）字样。

教室布置以纯净简约线条为主，主打蓝色、灰色和白色调。家具由在当时以使用再生材料闻名的露易丝·布里格汉姆设计。蒙氏教具从意大利运送至此。大片新鲜玫瑰点缀着课堂，参与过 1914 年国际

---

[387] 1915 年 7 月初的信函，*ibid.*, p. 49-50.
[388] 由于经费问题，万博会上仅组织了一节课，与此前的计划有出入。

培训课程的教师海伦·帕克赫斯特[389]身着粉色服饰。由于不会说英语，玛利娅对她非常信任。她有时会坐进教室里观察孩子们。她将海伦唤作玛格丽塔。有一天，她对"玛格丽塔"说道："你知道吗，今天当看着你的时候，我在想：对这个孩子，如果玛格丽塔能这样做的话……结果你完全按照我设想的那样去做了。这是我之前从来没有遇到过的情况。真是太神奇了！"[390]

玻璃教室的班级由三十名来自不同国家的3~6岁儿童组成。他们是从两千五百名候选人中被挑选出来的，选拔的唯一条件就是他们之前没有接受过任何学科教育。一个月后，部分孩子学会了写字。每天的课堂时间很快被延长至16个小时，因为孩子们都不想回家。

每天都有数千名参观者驻足停留，尤其是在孩子们用午餐的时段。有些人在教室还没开放时就早早等在了门外，希望占据一个好一点的观察位置。但不是所有人都能理解眼前所见。一名母亲曾询问一位在课堂上观摩的学员："您没发现吗？那个老师什么事儿都没干呀。我盯着她看了一早上了，她就没有靠近过我的儿子。我儿子也无所事事，只是不停地将那些木块叠来叠去，推倒了又重新搭起来。"

学员表示："您是一位幸运的母亲！您的儿子已经到达了心理发

---

[389] Helen Parkhurst（1887—1973），当时她还有另外一份工作，起初仅答应参与课程相关工作三周时间。但玛利娅不认识其他教师，因此请求她一直待到万博会结束。玛利娅在返回意大利时，请海伦负责"蒙台梭利全美推广基金"。但到了1918年，海伦·帕克赫斯特开始与蒙氏教学法产生分歧，她解释道："我们来到了一个转折点上。玛利娅·蒙台梭利继续用教具授课，而我想要把环境布置得更好。我只是在改良她的理念"（R. Kramer, *Maria Montessori. A biography, op. cit.*, p. 226）。海伦·帕克赫斯特设计了"达尔顿计划"。她的主要教学对象是8~12岁的孩子。她针对每个学科布置了一个实验室。学生们可以在不同实验室间自由流动，自行安排学习计划，并完成图表，记录自身进步。1922年，她发表了自己的实验成果：《达尔顿教育计划》（*Education on the Dalton Plan*）。

[390] 引自 R. Kramer, *Maria Montessori. A biography, op. cit.*, p. 219.

展阶段……"这位母亲听后震惊不已，最后说："我也想要上这门课，我也想学习一下。"[391]

课程大获成功，万博会将两枚金牌授予"新儿童"[392]。但一场悲剧的发生令这份荣誉蒙上了阴影。班级里一个名叫玛格丽特·珀辛（Margaret Pershing）的女孩一天深夜在家中遭遇火灾，不幸身亡。玛利娅见证了这场惨剧，因为她就住在同一条街上。她描述了面对熊熊烈火时的不安，以及火灾被扑灭后消防队员抬出一具具失去生命的躯体时那难以名状的恐惧。

"这就是我们今天如此悲伤的原因：我们被恐怖的情绪碾压了。多么痛心疾首的遭遇！现在，美国人对火灾的恐惧深深影响了我们，全国上下的悲痛我们也感同身受。因为这次火灾，我们也成了美国的一员。我想到了地震，想到了火灾，终于意识到生命的脆弱。"[393]

这是她的父亲读到的最后几封信了。他的健康状况不容乐观。玛利娅决定让安娜·费德利回到父亲身边，在他生命的最后几周伴其左右。亚历桑德罗·蒙台梭利于 1915 年 11 月 25 日去世。玛利娅并没有即刻返回意大利，因为她担心马里奥会被派往前线。马里奥当时正在好莱坞的一间儿童之家工作。他最终决定留在美国，让玛利娅独自离开，因为他爱上了参加培训课程的女学生、后来成为他妻子的海伦·克里斯蒂。不到一年之后，这对年轻夫妻便与玛利娅在巴塞罗那重新生活到了一起。自此，马里奥开始全身心地投入到蒙氏教学法的

---

[391] 1915 年 8 月 9 日的信函，C. Montessori, *Maria Montessori writes to her father, op. cit.*, p. 69-70.

[392] E. M. Standing (1995), *Maria Montessori, sa vie, son œuvre*, Paris : Desclée de Brouwer, p. 45.

[393] 1915 年 9 月 4 日的信函，C. Montessori, *Maria Montessori writes to her father, op. cit.*, p. 90-92.

传播工作当中。如果没有儿子的积极进取和坚持，玛利娅的事业绝不会达到如此高度。1925 年，马里奥·M·蒙台梭利在阿姆斯特丹《教育的呼唤》(*The Call of Education*) 杂志 [394] 上的官方身份为玛利娅的侄子兼秘书。他始终署名为马里奥·M·蒙台梭利。[395]

玛利娅则是直接前往巴塞罗那与安娜·玛利娅·玛切罗尼会合。她受邀前往当地组织国际课程，其中大部分女学生为拉美裔。在此次课程上，玛利娅设计了针对语法、算术和几何的新教具，主要面向六岁以上儿童。

在 1916 年秋至 1917 年春，玛利娅第三次前往美国，并在那里待足半年。这一次的接待氛围要冷漠得多：她的名字不再像 1910 年时那样光彩夺目了。著作《民主与教育》(*Démocratie et éducation*) 于1916 年面世时，约翰·杜威批评了蒙氏教学法中的个人主义，尤其认为教具的作用名不副实，脱离儿童的现实生活体验。玛利娅还被指责过分偏向私立学校。

玛利娅的"征服美国"计划花销巨大、耗时耗力，最终却几乎以失败收场，其中一部分原因来自各种蒙台梭利协会日益加剧的嫉妒。[396]

---

[394] 马里奥主要负责全球蒙氏学校相关工作的介绍版块，引自 G. Honegger Fresco, *Maria Montessori, una storia attuale, op. cit.*, p. 47, note n. 15.

[395] 1950 年，意大利共和国总统恩里科·德尼科拉 (Enrico De Nicola) 颁布政令，允许其使用两个家族姓氏：马里奥·蒙特萨诺·蒙台梭利。

[396] 直到二十世纪五十年代，蒙氏教学法才在南希·朗布什 (Nancy Rambusch) 及其创立的美国蒙台梭利协会的推动下，真正实现了在美国地区的长足发展。

欧洲各地

玛利娅的生活继续在连续不断的差旅中度过，无数课程邀请向她袭来。在欧洲，她最常去的国家是荷兰，因为蒙氏教学法已经在该国得到广泛应用。1920 年，她在阿姆斯特丹大学发表演讲，提出将自己的教学法应用至初中和高中。她的理念传播得相当迅速，1930 年，阿姆斯特丹便创立了一所蒙氏高中。这其中离不开荣斯滕（Joosten）家族的积极参与。英国也是人们时常"朝圣"的目的地。在 1919 年至 1946 年期间，这里共组织了十二次国际课程。而且与在意大利的情况不同，英国的课程有许多男学生注册参加。玛利娅还多次前往比利时，参加 1921 年至 1922 年期间举办的针对家长的相关讲座。这些演讲内容集结成了《家庭中的儿童》一书。比利时教育总督德波在参观米兰儿童之家后被深深打动，特别写书探讨了这一主题。[397] 他希望蒙氏教学法能够在比利时得到官方认可，但未能如愿。不过，那慕尔圣母院的修女们还是在修会辖区内的许多幼儿园里应用了略加调整的蒙氏教学法原则。

"玛利娅·蒙台梭利热爱巴黎！"[398]

她曾多次前往法国[399] 参加一些大会，并拜访友人，特别是贝

[397] L. De Peauw (1921), *La Méthode Montessori telle qu'elle est appliquée dans les « Maisons des enfants », exposée et commentée à l'intention du public enseignant et des jeunes mères*, Office de publicité-librairie belge. 该书出版后反响热烈，重版过四次。

[398] G. J. J. Bernard (1953), « Message de la présidente de l'Association Montessori de France », *Actes du Xe Congrès Montessori International*, Paris, p. 16.

[399] 这里只是对玛利娅·蒙台梭利理念在法国传播历程的简要概述。蒙氏教学法首次出现在法国与这篇文章相关：« Maria Montessori et la France. Genèse d'une histoire », par Martine Gilsoul. *HECL. History of Education & Children's Literature*. (2014), vol. IX, n° 2, p. 379-398. Bérengère Kolly 和 Laurent Guttierez 对该主题进行了深入研究。

尔纳（Bernard）一家。她在法国的首次演讲题为"新儿童"，是在1931年4月的"新教育"协会成立十周年活动上发表的。上千人前来聆听了这场演讲。玛利娅希望每次演讲时都能有一名儿童出席，让公众能够亲眼见证"爱之师"。在巴黎时，一名来自塞夫勒小学的学生缓缓上前给玛利娅送上了一束鲜花。这个小姑娘便是安娜－玛丽·贝尔纳（Anne-Marie Bernard），未来的法国蒙台梭利协会秘书长。该协会正是在玛利娅访问法国期间创立的。[400]乔吉特·贝尔纳（Georgette Bernard）是玛利娅大部分著作的法文翻译，也是蒙台梭利协会的灵魂人物。在她之后，女儿安娜－玛丽·吉雷－贝尔纳（Anne-Marie Gillet-Bernard）接手了协会的工作。

在此次大会期间，玛利娅受邀参观了巴黎大区沃克雷松市的"幸福学校"。孩子们准备了一场小演出和一个"蒙台梭利万岁"字谜来迎接她。吃完他们精心准备的小点心后，玛利娅称赞道："你们学校真是名副其实！"[401]

新教育协会通过其主编的同名杂志，在蒙台梭利理念的推广过程中扮演着不可或缺的角色。玛利娅与赫莲娜·鲁宾斯卡·德·朗瓦尔（Hélène Lubienska de Lenval）[402]的关系深厚，正是在后者的坚持之

---

[400]《连接》杂志（Le Lien），第60期（2020），法国蒙台梭利协会主编。

[401] 这所学校招收3~10岁的儿童，由塞西尔·里德尔和勒鲁夫人领导。Cécile Riedel et Mme Leroux. C. Riedel (1931), « L'enfance Heureuse de Vaucresson », *La Nouvelle Éducation*, 1931/7, n° 97, p. 138.

[402] 赫莲娜·鲁宾斯卡1895年出生于波兰，是玛利娅亲密的朋友和同事，玛利娅也是其子菲力克斯·鲁宾斯基（Félix Lubienski）的教母。她们几乎每天见面，也经常一同出行。作为一名自学成才的哲学家，她帮助玛利娅深化了对儿童人格的理解和反思。她的其中一部著作是《蒙台梭利教学法》（*La méthode Montessori*），归纳总结了蒙台梭利教学法的主要原则。所谓的"默写"概念就是由她提出的。尼斯国际课程结束后，二人各奔东西。赫莲娜1972年于比利时去世，在此之前她长年致力于革新宗教教育。

下，第二十次蒙台梭利国际课程才得以于 1934 年首次在法国尼斯举行。但这次课程并不算太成功，仅有 35 名法国人报名参加，其中 21 人为新教育协会成员。玛利娅于 1936 年 11 月返回巴黎，在索邦大学组织的"儿童，人类之父"主题活动上，面对三千听众发表了三场演讲。

蒙氏教学法的部分原则在法国幼儿园里已经得到普及，但蒙氏学校依然十分少见。它们都是私立性质的，由个人创办，比如鲁巴钦（Roubakine）夫人的"克拉玛尔学校"、伯恩海姆（Bernheim）夫人的"儿童之家"以及滨海布洛涅市拉格提（Raghety）夫人的"欢乐学校"[403]。贝尔纳和韦斯（Weiss）家族在塞夫勒创立了一所学校。该校搬迁至吕埃后，更名为"拉荣榭尔初中"，这也是蒙氏教学法首次在法国应用于"年龄和智力发展水平处于中等教育阶段的孩子身上"[404]。在尼斯，卡门·彭特莫丽（Carmen Pontremoli）创办的"磨坊课程"将蒙氏教学法应用于幼儿园，并请来赫莲娜·鲁宾斯卡对教师进行培训。后者对皮埃尔·福尔（Pierre Faure）产生了深刻影响，他充分采纳蒙氏教学法原则，创立了旨在推广集体及个人教学法的 AIRAP。1944 年，鲁贝市的圣女贞德幼儿园在对积极教育法十分推崇的年轻修女多米尼克（Dominique）的努力之下，逐渐成为一所蒙氏学校。

---

[403] 该校由玛丽-艾梅·尼奥-莎托（Marie-Aimée Niox-Chateau）与克罗姆威尔（Cromwell）小姐共同领导，我们将在第 9 章详细介绍。

[404] M. Lancelin (1935), « Application des principes montessoriens à l'enseignement secondaire », *La Nouvelle Éducation*, 1935/6, n° 136, p. 104-111.

米歇尔（Michel）和法妮·朗特尼耶（Fanny Lanternier）夫妇[405]则是通过艾米丽·布兰特（Émilie Brandt）[406]接触和了解蒙氏教学法的。充满热忱的他们战后在利摩日开办了一所学校，并于1950年参加了秘鲁举办的国际培训课程。另一名法国人玛丽－路易丝·帕斯奇耶（Marie-Louise Pasquier）也参与了这次培训。她表示，永远不会忘记玛利娅·蒙台梭利问自己的那个问题。玛利娅在给她颁发文凭时，双眼直勾勾地看着她："你觉得自己已经完全准备好投身到拯救儿童的事业当中了吗？"[407]

在上课期间，朗特尼耶夫妇和玛丽－路易丝·帕斯奇耶都同安娜·玛利娅·玛切罗尼结下了深厚友谊。后者曾数次前往利摩日助他们一臂之力。1955年，他们的学校搬迁至雷恩。法妮担任儿童之家的校长，米歇尔则负责小学部分。朗特尼耶夫妇每年夏天都会参加马里奥·蒙台梭利组织的大会，旨在深化对不同学科（世界史、几何、生物、地理、语言）的理解，以便应用于教学实践。

在瑞士，蒙台梭利学校的数量也并不多，但玛利娅在著名的日内瓦团体及让－雅克·卢梭（Jean-Jacques Rousseau）学院中的影响力

---

[405] G. Honegger Fresco (2008), « Fanny et Michel Lanternier », *Il Quaderno Montessori*, 2008/2, n° 98, p. 44-46. 这对夫妇在前往罗马拜访过阿德尔·科斯塔·格诺奇后深受启发，于是创立了一间"新生儿"中心。

[406] 艾米丽·布兰特出生于1879年，在蒙氏教学法的法国传播过程中扮演重要角色。她原本是"福禄贝尔教学法的拥趸，但很快便被蒙氏教学原则说服"。她创办有多间幼儿园和一所培训幼儿园看护员的社会培训学校。更多详情，请参阅 Fabienne Serina-Karski, « La formation des jardinières d'enfants, une institutionnalisation conflictuelle (1910-1931) », *Éduquer dans et hors l'école*, PUR, p. 171-183.

[407] G. Honegger Fresco (2006), « Marie-Louise Pasquier », *Il Quaderno Montessori*, 2006/1, n° 88, p. 50.

不容小觑。后者于 1912 年成立，由皮埃尔·博韦（Pierre Bovet）[408] 领导，艾德华·克拉帕雷德（Édouard Claparède）和阿尔丰·弗里埃尔（Adolphe Ferrière）也在其中发挥着重要作用。该中心依托对心理学和教育学的深入思考来培训教育工作者。和玛利娅一样，该团体（著名的让·皮亚杰也是其中一员）也主张教师学习儿童心理学。让－雅克·卢梭学院有一个班级正是以蒙氏教学法为基础的。让·皮亚杰（Jean Piaget）和玛利娅拥有一个共同的观念，即儿童可通过与周围环境的互动构建起自己的学习过程。身为心理学家的皮亚杰深度参与了瑞士的蒙氏教学法推广，并担任过瑞士蒙台梭利协会主席，后成为荣誉会员。当然，他对某些部分持保留意见，比如他认为教具作为人为因素过早地介入到了儿童发展当中。

奥地利维也纳的一处工人街区里也开办了一间儿童之家，创立者是玛利娅从前的学生、毕业于心理学专业的莉莉·卢比泽克（Lili Roubiczeck）。玛利娅曾多次前往维也纳拜访莉莉。其中一次到访期间，莉莉安排玛利娅会见了几位维也纳精神分析学家。安娜·弗洛伊德（Anna Freud）多次在自己的著作中引用过玛利娅的研究内容。而西格蒙德·弗洛伊德（Sigmund Freud）也于 1917 年 12 月给她寄去过一份充满鼓励的信件。

玛利娅的足迹遍布欧洲各地。1926 年，她甚至前往阿根廷待了一个月。世界各处的人们似乎都对她的教学法相当感兴趣，而她的祖国又持什么态度呢？

---

[408] 皮埃尔·博韦为首卷法文版《科学教育学》作序，引自 C. Poussin (2017), *La pédagogie Montessori*, Paris : PUF, « Que sais-je ？ ».

第八章　蒙台梭利在意大利

那句人人皆知的名谚"本乡人中无先知"非常贴合蒙台梭利在意大利的处境。当然，在自己的祖国，她曾经得到过塔拉莫、圣玛丽方济各修道院修女、当时的天主教阶层、纳桑以及罗马市政府官员们的支持，但可惜影响都并不长久。她很遗憾自己的教学法在意大利的传播效果如此之差。在她看来，这样的局面显然也令其在国际上的成功大打折扣。或许直到 1922 年，当贝尼托·墨索里尼（Benito Mussolini）上台掌权并提出"大力开办学校"[409] 的倡议时，她才感受到了一丝改善现状的可能性。

---

[409] 引自 H. Leenders (2001), *Der Fall Montessori. Die Geschichte einer reformpädagogischen Erziehungskonzeption im italienischen Faschismus*, Bad Heilbrunn : Julius Klinkhardt, p. 245.

从 1915 年开始，玛利娅的工作重心便迁移至巴塞罗那。此后，她只会短暂地返回意大利小住。但 1922 年春，就在法西斯政权上台前夕，意大利共和国教育部长安东尼奥·阿尼勒（Antonio Anile）邀请玛利娅在那不勒斯开展一系列巡回演讲。此次活动反响强烈，于是在那不勒斯市政府、蒙氏教学法友协以及共和国教育部的支持下，1923 年春的培训课程得以成行。蒙氏教学法获得意大利本土认可的时刻或许终于到来了。1923 年，法西斯政府"官方哲学家"兼教育部长吉奥瓦尼·根蒂勒（Giovanni Gentile）提出实施教育改革，强调古典主义与人文主义的培养。幼儿园被并入初等教育阶段，重要性有所提升。儿童道德教育作为推进国家社会与政治改革的其中一种手段被提上日程。玛利娅预感到可以趁机对整个意大利的蒙氏学校进行总体改革。而贝尼托·墨索里尼本人则始终坚信教育系统必须实现现代化。改革致力于降低当时仍然高企的文盲率。尽管自 1877 年颁布科皮诺（Coppino）法令后，意大利就已开始实施义务教育，但收效并不理想。墨索里尼在年轻时曾当过小学老师。在 1906—1907 年期间，他曾多次担任代课教师，后来成为一名负责一年级的正式教师，学生是四十名"顽劣的小男孩，其中有些人的行为已无法矫正，甚至是危险的"。他的这段经历并不美好，正如后来他向人们说起的那样："我竭尽所能想要让学校正常运转，但几乎一无所获，因为我从一开始就没有能力解决纪律问题。"[410]

这或许能解释为什么后来他对蒙氏学校的管理方式拥有如此浓厚的兴趣。但在他看来，纪律必须从外部施加；而儿童之家则强调孩子

---

[410] 引自 J. Meletti, « Mussolini, cattivo maestro e i bambini di Tolmezzo », repubblica.it (4/01/2010).

应当通过长时间的个人探索，经由恰当环境中的自由活动逐步了解纪律，成人不应过度干预。墨索里尼将这一原则忘得一干二净。他无法理解自律的意义，只认同强加的纪律要求。他在身为社会党成员期间，曾以记者身份参观过米兰的蒙氏学校和人道主义协会。玛利娅在多年之后也忆及当时"有一位严肃低调的记者来访，后来他那与灾难相伴的名字被全世界知晓：贝尼托·墨索里尼"[411]。

承诺支持

1924 年初，贝尼托·墨索里尼收到了玛利娅·蒙台梭利的一封信。后者抱怨自己的教学法在意大利不受重视，不像在中国、新西兰等其他国家那样得到推广。一名政府高官对墨索里尼说道："在英国的大城市里，人们眼中的意大利就是马可尼的电报和蒙台梭利的教学法。"于是，墨索里尼通过世界各地的意大利领事馆深入了解情况，终于彻底明白了玛利娅·蒙台梭利在全球的知名度。1924 年春，墨索里尼接见了玛利娅。根据法西斯媒体报道，玛利娅对墨索里尼表示："需要一位强大而又精力充沛的人物"来推进自己的计划。对此，墨索里尼的回答是："我来负责！"他向她承诺，将尽其所能地确保蒙台梭利教学法在意大利的传播工作。[412] 深谙宣传之道的墨索里尼从中看

---

[411] 这句话出现在 « Analyse des conditions de la première expérience » 段落中，增补于玛利娅·蒙台梭利发表的 1950 年意大利文版 *Il Metodo della Pedagogia Scientiffca applicato all'educazione infantile nelle Case dei Bambini. Edizione critica, Roma : Edizioni Opera Nazionale Montessori*, p. 134.

[412] 引自 M. Schwegman, *Maria Montessori, op. cit.*, p. 104.

到了借助蒙台梭利的国际声誉塑造自己政府正面形象的机会。

墨索里尼善于玩弄权谋，可以迅速察觉谈判对象的弱点，进而展开说服攻势，最终达到自身目的。他发现玛利娅急需支持和认可。"可怜的女士""敢于为理念献身的殉道者"，墨索里尼在某次参观米兰一间儿童之家时，曾将这些"充满善意"[413]的话语赠与玛利娅。她无比感激他的理解："您本人对我工作的保护让所有期待教学法成功的人充满信心，更给予我莫大的勇气。我只需要再积极奋斗几年便能取得成功，而这离不开您的保护，唯有如此才能为我排除万难，实实在在地捍卫这项伟大的事业。我会竭尽全力实现目标，完成上帝赋予我的使命。"[414]

墨索里尼的首个倡议是将蒙氏教学法友协改革为蒙台梭利全国慈善机构，具备官方法律组织资质。[415]根蒂勒具体负责此事。一名教育部代表和一名罗马市政府代表坐镇这一新机构的管理委员会。该组织的主要职责是募集政府拨款之外的资助基金，用于开办更多的蒙氏学校，广泛传播蒙氏教学法相关知识。首位荣誉主席为玛利娅·蒙台梭利，1926年开始由墨索里尼本人担任主席。机构管理交由吉奥瓦尼·根蒂勒和玛利娅·蒙台梭利负责。来自教育界和文化界的大量知名人士都对该组织表示支持。成功似乎近在咫尺。

---

[413] 玛利娅·蒙台梭利致贝尼托·墨索里尼的信，1928年5月27日，引自 H. Leenders, *Der Fall Montessori, op. cit.*, p. 246.

[414] 1928年5月27日的信函，引自 L. Lama, « Maria Montessori nell'Italia fascista. Un compromesso fallito », L. De Sanctis (éd.), *Il volo tra le genti di Maria Montessori oltre ogni conffne, op. cit.*, p. 119-120.

[415] 1924年8月8日正式做出该决定。

1926 年课程

墨索里尼希望"思想财富绵延不断的意大利不仅在人文艺术领域独树一帜，更要在教育方面占据优势"[416]。在他看来，蒙氏学校的孩子们从四五岁开始学习读写，这是降低文盲率的理想方法，尤其是在农村地区。因此，他决定进一步推广儿童之家，将其深入整顿后的沼泽地区，如蓬蒂内沼泽区及罗曼诺农业区。为此，必须尽快培训相关教学人员。首届蒙台梭利全国课程经皇家法令确定，于米兰举行。课程计划由教育部长授意制定，一百八十名学员中有六十名教育部派送的公立学校教员。学员当中还包含二十余名男性和二十余位宗教人士。后来成为意大利著名蒙氏教育家的朱丽娅娜·索尔吉（Giuliana Sorge）自行报名参加了这次课程。

人道主义协会负责此次课程的组织工作。不过值得注意的是，该协会已发生过重大变革，与初期截然不同，创办宗旨似乎已被完全遗忘。政府曾计划简单粗暴地将协会捣毁，但由于后者在米兰各个部门都影响深远，民众对其相当熟悉，取缔工作很难执行。于是政府决定对其从内部进行改革：任命新领导，政府安插的委员会取代了会员参与制，协会所有计划都被更改。大刀阔斧的整改后，原本自 1908 年创立以来一直免费的蒙氏学校变成了付费学校：报名费为 15 里拉，再加上每月 26 里拉的伙食费。1926 年，蒙台梭利的孙辈玛丽莱娜和马里奥出现在了"不良付费者"[417] 名单上。

---

[416] 引自 A. Scocchera, *Maria Montessori. Quasi un ritratto inedito, op. cit.*, p. 57

[417] C. A. Colombo, M. Beretta Dragoni (éd.), *Maria Montessori e il sodalizio con l'Umanitaria, op. cit.*, p. 76.

1926 年 2 月 21 日，全国课程开幕，国家政府、米兰市政府及人道主义协会的代表纷纷出席开幕式。玛利娅则只是旁观。尽管她的组织能力早已在各种规模更大的场合得到验证，尽管这样的仪式场面她驾轻就熟，但这次她选择有所保留，低调行事。她只是在最后说了几句话，表现出激动的样子，甚至忘记了向大人物们致敬："我应该说点什么来呼应前面的发言呢？面对人们为我的教学法做出的如此巨大的努力，我该说些什么呢？如此伟大的成就让我无言以对。请允许我保持沉默。事实上，我们今天齐聚于此，并不是一个人或一项工作就能实现的。我们从各地赶来这里，怀揣的唯一希望便是为儿童的福祉不断进取，因为我们都坚信，只要有足够耐心、只要方法得当，就能改善孩子们的人生。这份信仰并不新奇，我也不是首创者。我们还有许许多多的责任在肩，这是数十年来我们不变的使命。"[418]

从玛利娅对自己的发言字斟句酌、惜字如金的态度中足见她唯恐被法西斯政权利用，也不希望自己的教学法被限制在意大利政府框架之内。但她的精神依然备受折磨，既担心被法西斯政权公开同化，又害怕如果没有政府的支持，蒙氏学校在意大利将无以为继。玛利娅最不愿意看到的，就是自己的教学法成为"领袖"教育理念的代言人，但同时又很难拒绝含相关教学计划的发展机会。她最终说服自己说，只要秉持坦诚态度即可，于是尽管心怀疑虑，她依然接受了法西斯政权的建议，与其缔结了"利益联姻"[419]关系。这样的妥协显然充满风险，但在她看来，对意大利儿童是有益的。

---

[418] A. Scocchera, *Maria Montessori. Un ritratto inedito, op. cit.*, p. 58-59.

[419] 引自 A. Scocchera (éd.), *Introduzione a Mario M. Montessori, op. cit.*, p. 43.

充满风险的妥协

玛利娅此前始终坚持某种形式的独立，但现在她似乎做好准备要被意大利政府利用了。1926 年，她甚至以荣誉成员的身份获颁法西斯党的党员证。从年轻时代起，她就一直积极参与公民社会活动，但这是她第一次成为某个党派的成员。此前她曾宣称不会参政，这是连她最忠诚的学生们都确信不已的事。对于玛利娅而言，儿童教育事业才是最重要的，胜过任何政党活动。她曾表示，愿意为任何人讲解自己的教学法："在我看来，我一直都是自由的。我可以随心所欲。我不想表现得像一个狂热的反法西斯分子。我对政治不感兴趣。"[420]

马里奥也于 1951 年表达了同样的想法："我们的情感不受政治事件影响。只要有机会，我们便竭尽所能地将切实的福祉带给人民。"[421]

然而，法西斯政权将攻击的矛头对准了参加工作的妇女，首当其冲的便是教育领域。1926 年 12 月 9 日颁布的 2480 号皇家法令明确规定，女性不得担任高中文学及哲学教师；技术学院和初中的部分教学内容被剔除；女性不得担任校长一职。此外，为限制年轻女孩接受高等教育，女大学生的注册费用翻了一番，导致部分家庭难以承受。上述决定是在玛利娅的《意大利妇女宣言》发表二十年后出现的，但她并没有做出回应。她有比女权问题更重要的事务需要关心。因此，她像大多数意大利人一样，选择沉默，不发表立场，以免影响政府给予教学法的宝贵机会。早在此前一年，吉奥瓦尼·根蒂勒就在法西

---

[420] 1947 年一次在意大利接受访问时的节选，引自 R. Kramer, *Maria Montessori. A biography, op. cit.*, p. 353.

[421] « Oltre la politica, la pace », A. Scocchera (éd.), *Introduzione a Mario M. Montessori, op. cit.*, p. 147.

斯文化大会闭幕时发表了《法西斯主义知识分子宣言》[422]。作为回应，自由派哲学家贝内德托·克洛斯（Benedetto Croce）邀请所有知识分子联合起来，公开反对法西斯主义，尤塞普·蒙特萨诺也签字响应了克洛斯的号召。但玛利娅并不在此列。

充满压迫感的氛围

为证明蒙氏教学法的重要性，并促使意大利政府采纳该体系，蒙台梭利母子反复强调其国际声誉，突出玛利娅在许多外国大学获得的官方认可以及众多外国政府对其教学法表现出的浓厚兴趣。但显而易见的是，这样一种"自由和平"的教学法虽然吸引了"英语国家、神智学者和社会主义者"[423]，却很难得到法西斯政权青睐，因为他们认为只有生发于意大利民族内部的才是有价值的。玛利娅不得不反复证明自己的教学法就是意大利本土的产物，不仅因为它诞生于意大利，更因为它代表着意大利的民族特质。无数声音都在反对这种所谓的起源论。玛利娅孤立无援，失去了从前可以依靠的支持。文化氛围变得越来越压抑，意大利在渐渐地关上大门。

在这一片令人窒息的气氛中，玛利娅决定出版自己首部著作的意大利文第三版。这并不是出版社的要求，而是政治操作的结果，因此以灾难性的失败告终。玛利娅是否对这动荡不安的环境有所察觉？她在新版导言中是这样写的：

[422]《法西斯主义知识分子宣言》发表于 1925 年 4 月 21 日。

[423] 引自 A. Scocchera, *Maria Montessori. Quasi un ritratto inedito, op. cit.*, p. 63.

"在本书意大利文第三版出版之际，我感觉要写一篇文章来介绍这部作品是有些困难的，因为它是多年前就已发表的内容了。应该用一部新作来替代这本书，但替换首部著作并非易事，因为它是全世界蒙氏学校创立的基础。这样的教育方式备受推崇，我不能让其就此消失。这本书如今已翻译成多种语言出版，某些国家的重版次数甚至超过意大利。因此，不应该让这样一本书在它的祖国销声匿迹，即使是它的作者也没有这个权利。" [424]

　　这篇导言的部分段落被修改过。她的老师们（克雷达罗、隆布罗索、塞尔吉）和她最慷慨的朋友阿丽丝·哈尔加滕–弗朗切蒂等人的名字被删除。她与实证主义和现代主义等领域千丝万缕的联系也被紧急要求避而不谈，因为同当下的文化氛围不和。但这些举措并没有缓和矛盾，反而备受争议，玛利娅被谴责为忘恩负义之徒。玛利娅只能坚持强调其教学法在国际上的知名度，避免沦为法西斯主义教育的"御用"教学法。她甚至特意在附录中添加了该书所有外文版本的完整清单，列明所有应用其教学法的国家以及支持该教学法的知名人士，如对蒙台梭利极为推崇的塔提亚娜·托尔斯泰（Tatiana Tolstoï）和罗宾德拉纳特·泰戈尔（Rabindranath Tagore）。

---

[424] *Il Metodo della Pedagogia Scientiffca applicato all'educazione infantile nelle Case dei Bambini*, Edizione critica, op. cit., p. 64.

狼狈为奸？

同年，政府发布了《巴利拉全国工作计划》[425] 这一针对儿童的专项计划，按性别和年龄将青少年分成不同组别展开一系列活动。该计划或许让玛利娅认为，法西斯政权真的对改善儿童教育条件十分重视。她将《巴利拉全国计划》视作增强儿童社会价值的尝试，因为其中的部分活动有助于保护孩子免受其家庭的一些不良影响。[426] 很显然，玛利娅没有察觉墨索里尼教育改革的真正意图。在后者眼中，儿童就是年幼的士兵，必须时刻准备着为祖国而战。也正是出于误解，她的教学法和法西斯主义原则之间看上去存在着狼狈为奸的关联。面对一名官员对二者之间相似之处的质疑，玛利娅回答道："我的教学法旨在培养意志坚定、思维平衡、智慧开化的人；它能够让孩子充满自信，点燃对生活的热情，激发对工作的喜爱，刺激对知识的渴求。它可以培养出完美自律的行为规范。通过这种教学法，学习将成为一种愉悦，头脑可以长时间运转而不感到疲倦。如此教育之下的人民足以令其祖国变得杰出而强大。正因如此，众多国家采纳了我的教学法，其影响力正在不断扩大。我的教学法值得同法西斯主义合作：它有助于聚集巨大的精神能量，应用于我们种族的精神卫生领域。我很

---

[425] "巴利拉"是一位17岁热那亚少年的名字，他于1746年12月发起了反抗奥地利侵略、保卫祖国的起义。儿童从非常年幼的时期便开始被灌输政权及领袖崇拜观念，并接受泛军事化体能教育。"狼孩计划"青少年的年龄段为 6-8 岁；"巴利拉计划"青少年的年龄段为 8-14 岁；"先锋派计划"青少年的年龄段为 14-18 岁；后两个计划中的同龄青少年按照性别分组教育。

[426] G. Cives, P. Trabalzini (2017), *Spiritualità e azione sociale*, Rome : Editoriale anicia, p. 51, note 15.

确定，它可以发挥巨大作用，让我们的种族超越世界上其他种族。"[427]

为了推广自己的教学法，玛利娅似乎做好了放弃一切的准备：保持沉默，不发表立场，"遗忘"某些友情关系，提出与自己毕生宣扬之理念截然不同的建议。"巴利拉"的孩子们被教育如何面对竞争，不断灌输民族主义情结，年龄较大的孩子还浸淫于尚武文化当中。然而蒙氏教学法原则显然崇尚的是民主、自由与和平。玛利娅看似迎合政权的态度产生了模棱两可的暧昧效果：她的教学法旨在发展儿童各方面的能力，这显然有助于意大利的振兴，但与此同时有损其他民族国家利益。玛利娅的策略是保护并推广自己的教育理念，促使其取得理想成果，但相应地，她也在损害着教学法的名声……

蒙台梭利皇家学校

玛利娅准备动身前往伦敦开展培养未来教师的课程。出发前她致信墨索里尼，请求他采取必要措施，在意大利境内组织教师培训："我肯定，（大学生们）会很愿意来到罗马，这里是全世界人民向往的文化中心，在当前这段充满复兴气息和希望的日子里更是如此。因此，我很遗憾只能去伦敦教授自己的教学法，远离祖国的怀抱。人人都知道，蒙氏教学法诞生于罗马。而我在那边的课程也会令远道而来的学生们失望，因为他们只能接触到我个人，却无法感知我的教学法诞生的环境，无法深入蒙氏学校展开学习，无法在创办首批蒙氏学校的美

---

[427] 玛利娅并未说明谈话对象是谁，但可以肯定应该是一名政府高级官员，引自 H. Leenders, *Der Fall Montessori, op. cit.*, p. 249-250.

妙国度里深造。这就是我临出发前的真实想法，但我的心中闪耀着上帝赐予每一个意大利人的伟大信仰，那便是奉献。在出发之前，我想要表达自己的愿望，希望罗马能够很快成为教学中心。我肯定自己阐释的是上帝给予意大利人的希冀、憧憬与信仰。"[428]

玛利娅并不习惯这种近乎凄苦的笔调。事实上她是一个热爱旅行的人。她只是在试着讨好墨索里尼，而这一招似乎颇有成效。1927年4月，政府要求罗马市长（在法西斯掌权时期被称为"最高行政官"）辟出一片区域，创建一所培养蒙氏教员的培训学校。不到一年之后，蒙台梭利皇家学校[429]落成，地址选在泽比奥山大街。该校采用创新培训方式，培训时长为三年，仅面向女生。学校重视学生的观察活动，专门设有两个幼儿园班级和一个小学班级。玛利娅被政府任命为校长。深感欣慰的她宣称，这所学校是"对我长期努力的嘉奖。我始终致力于创建典型的意大利教育体系，让祖国能够享誉全世界。我的最大愿望终于得到满足：在罗马创办一所培训学校，让我可以在其中应用并完善自己的教学法。我斗胆请求能够在公共教育部长的陪同下有幸得到领袖阁下的接见，并借此机会表达我的感激之情，感谢您给予意大利新生，感谢您愿意接纳我的工作成果并将其发扬光大。静候您的再一次大驾光临，我向领袖阁下表达自己的无限忠诚。"[430]

玛利娅终于得到了自己长久以来梦寐以求的结果。近七十所蒙氏

---

[428] 致贝尼托·墨索里尼的信，1927 年 4 月 4 日，引自 L. Lama, « Maria Montessori nell'Italia fascista », L. De Sanctis (éd.), *Il volo tra le genti di Maria Montessori oltre ogni confine, op. cit.*, p. 118 及 H. Leenders, *Der Fall Montessori, op. cit.*, p. 245.

[429] 1928 年 2 月 5 日颁布的第 781 号皇家法令宣布成立"蒙氏教学法指导学校"。

[430] 致贝尼托·墨索里尼的信，1928 年 2 月 9 日，引自 G. Marazzi, G. (2000), « Montessori e Mussolini : la collaborazione e la rottura », *Dimensioni e problemi della ricerca storica*, 2000/1, p. 181.

幼儿园和小学在全意大利范围内开办了起来，可谓成绩斐然。但这样的成功是否能够持续下去？这会不会只是一种假象？

身为校长的玛利娅以自己对教师角色的设想为基础，制定了教学方案，但此前承诺她的所谓"行动自由"不过只是纸上谈兵罢了。她不得不同意教授一些宗教和法西斯文化课程，向教师们灌输政治思想。她无法自由挑选教授团队。政府的资助杯水车薪，承诺的经费迟迟无法到位，教学环境相当恶劣。玛利娅很快便被失望情绪笼罩了。她逐渐意识到自己的幼稚，终于明白自己被误导了：墨索里尼实际上是个言行不一的人。她不得不承认，法西斯政权早已习惯将一切控制在手中，绝不会放权，对拥有国际声誉的她也毫不例外。

这段合作虽然为玛利娅在意大利建立起蒙氏学校网，但代价便是，她必须永远成为体制的牺牲品。这样的关系非常微妙，她近乎神经质地希望在自己的祖国开办蒙氏学校，而事实上，一切努力都以失败告终。她输掉了这场赌局，后果却不止她一个人承受。

马里奥报告

1930 年 6 月，马里奥向墨索里尼呈交了一份详述蒙氏教学法现状的报告。这是他首次在官方文件上署名[431]，或许是出于对母亲的保护，避免她直接被牵连到冲突当中。报告内容可谓怨声载道："承诺

---

[431] 1924 年写给墨索里尼的信函并未包含在官方档案中，因为蒙台梭利的档案收集始于 1926 年。只有丽塔·克拉梅（Rita Kramer）在蒙台梭利传记中提到了这封信。因此，这份报告是意大利国家委员会档案中第一封来自马里奥的信件，引自 A. Scocchera (éd.), *Introduzione a Mario M. Montessori, op. cit.*, p. 45.

的（皇家学校）经费并未到位。在两学年的时间里，学校的运作与其他任何学校并无差别，并且没有收到像中等教育学校那样的赠款。学校创立时明文规定，教学场地应当由罗马市最高行政长官提供。但在这两学年期间，皇家学校都只能借用一所小学的场地。罗马市最高行政长官决定修建一栋临时建筑。因此，我请求领袖阁下关注此问题，让情况得到改善。"[432]

马里奥明确请求墨索里尼帮助他们取得政府权力机构的合作和支持，希望重视"这项富有国家价值的事业"，让教学培训工作以恰当的方式展开。他强调，开办蒙氏学校的费用并不比传统学校高。他甚至还保证可以节约部分资金，因为蒙氏学校的课程安排可以比传统教学计划缩短两年时间。最后，他请求墨索里尼批准"一项法律，规定从今以后在意大利境内开办的学校均为蒙氏学校"。

在一年前的 1929 年，马里奥创建了国际蒙台梭利协会，旨在集中管理国际倡议计划，监督快速扩张的蒙氏教学机构按照要求展开实践活动。现在的问题是，这一蒙氏教学法中心的办公地点到底应该设于何处。

"从国家角度来看（我们深知领袖阁下对蒙台梭利中心的重视），我们希望蒙台梭利国际运动中心设立于意大利。让该中心落户意大利，意味着我们可以将世界各地的研究人员都吸引过来，这无疑有助于我们国家的科学和社会发展，让我们的形象更受推崇。"[433]

马里奥甚至建议墨索里尼担任蒙台梭利国际协会意大利委员会的主席。

---

[432] *Ibid.*, p. 54-55.

[433] *Ibid.*, p. 51.

报告在结尾处强调指出，玛利娅拒绝前往印度和日本等其他国家授课，只为践行自己对意大利的承诺。"许多协会都向我们的大使表达了意愿，她近期还收到了来自印度外交部长的诚挚邀请。值得注意的是，印度如今正致力于全面摆脱欧洲的影响，但它请求并希望我们的意大利教学法可以在其本土推广，因为这是一项教育和社会事业，直接触及社会根基。"[434]

国际课程

马里奥似乎尚未明白，将所谓"国际影响"作为论据，只会令本就紧张的局面进一步恶化。墨索里尼陷入了自己营造的政治氛围圈套当中，在所有方面都要求绝对纯正的爱国主义和民族主义，首当其冲的便是国家教育领域。大量法西斯官员都宣称蒙氏教学法并不具有意大利特色。相比之下，阿加齐姐妹在福禄贝尔理论基础上创立的教学法更加正规。墨索里尼自此不再公开支持蒙氏教学法，因为其与法西斯主义基本原则背道而驰。此外，他也不再要求部长们（有些甚至比他的态度更为强硬）采取措施推动蒙氏教学法的发展。

蒙台梭利国际课程在战后首次重新于罗马举办。马里奥请求地方政府负责派遣未来教员们前来受训。此后，他请墨索里尼做出明确表态，支持培训课程，避免 1930 年课程期间出现的"矛盾和阻碍"行为。1929 年 7 月，部长发布通报，宣布开办培训课程，并要求各市最高行政官派遣教员参与。所有行政长官都表达了热情支持的态度。

[434] *Ibid.*, p.49-51.

另一则面向各省的通报也同样反响不俗。但马里奥发现政府机构的前后发言严重不一致："最近一则面向市最高行政官的通报日期是 1 月 15 日（离课程开始仅十天），他们禁止资助教员参与蒙台梭利国际课程。"[435]

马里奥得知墨索里尼已经知晓了他的信件内容。但是，领袖会做出什么有效的回应吗？

1930 年 1 月 30 日，第十五次蒙台梭利国际课程正式开幕。学员逾百名，来自二十一个国家。意大利学员为数众多，且都是自费前来的。马里奥首次担任课程主任，此后很长一段时期他都将扮演这一角色。开幕仪式在奢华的卡比多大厅举行，数名部长和多位外国大使出席。新任国家教育部长[436]巴尔比诺·朱里亚诺（Balbino Giuliano）忙前忙后，确保墨索里尼顺利接见学员们，并拍摄官方传统照片。这个简单的象征性举动，也是朱里亚诺部长"助力"蒙氏教学法的唯一动作。此人对蒙氏教学法在意大利的发展毫无贡献，拒绝了蒙台梭利母子提出的所有要求。

尽管出席了开幕式，但墨索里尼并不鼓励意大利教员们参加国际课程。1930 年 12 月 21 日，就在第十六次国际课程开始前夕，玛利娅不得不给他写了一封信："我对领袖阁下为蒙氏教学法在意大利发展所做的持续努力深表感激。在意大利政府赞助之下，又一次国际课程即将于罗马拉开帷幕。为此，我只能通过这封信再次劳烦您伸出援手。"[437]

玛利娅指出，此次国际课程没有任何一名意大利学员参加，而包

---

[435] *Ibid.*, p.53.

[436] 根据 1929 年 9 月 12 日颁布的皇家法令，"共和国教育部"更名为"国家教育部"。

[437] 玛利娅·蒙台梭利从布达佩斯写给墨索里尼的信，1930 年 12 月 21 日，引自 A. Scocchera (éd.), *Maria Montessori. Il metodo del bambino e la formazione dell'uomo, op. cit.*, p. 262-267.

括印度学生在内的大量外国人士都报了名。但这封信没有收到回音。很显然，这是国家教育部长从中作梗的结果，他对蒙氏教学法充满敌意。

最后通牒

抱着万分失望的情绪，蒙台梭利母子为教学法在意大利的传播和推广进行了最后一次尝试。他们于 1931 年 1 月在罗马创办发行了杂志《蒙台梭利》（*Montessori*）[438]。创刊号以墨索里尼醒目的题词作为开篇，他被称为"意大利主义教学法教父"。紧随其后的是玛利娅·蒙台梭利的肖像照和清晰体现其教育观的引言：

"是谁造就了人类？是儿童。唯有儿童可以造就人类，成人只能在寻求到儿童必要的帮助后，才能毫无阻碍地完成造就人类这件事。"[439]

杂志的首篇文章名为《空白页》，是当时尚未出版的《家庭中的儿童》一书的节选。该书的意大利文版本于 1936 年出版，但由于意大利本土文化界对蒙台梭利的敌意日益加深，著作的出版地点选在了瑞士意大利语区提契诺州。玛利娅在书中留下了一份名副其实的控诉

---

[438] 关于为何选择这个名称作为杂志名，玛利娅是这样解释的："对于我们来说，这份报刊的目的（缺字）是为建立真正意义上的新式文明做出贡献。我们的贡献着眼于名副其实的重建事业，它始于儿童教育和（有利于儿童）发展的相关群体的组织。我们已经获得了令人瞩目的成果。（基于）这一目的，这份报刊可以命名为'蒙台梭利'，就像有些人说的那样，这个名称是教育与社会秩序相关行为和理念的总和，清晰明确、掷地有声。"选自《蒙台梭利》（1932），第 67-68 页，引自 G. Cives, P. Trabalzini, *Maria Montessori tra scienza spiritualità e azione sociale*, *op. cit.*, p. 50.

[439] 引自 C. Tornar (2005), « Maria Montessori durante il fascismo », *CADMO*, 2005/2, p. 18.

状："成人对儿童的所有权之大，胜过奴隶主对奴隶的占有。"[440]

她谴责成人和家庭对孩子的压迫，将其比作"强者联合起来对付弱者"，又将学校描述为"强制劳动的场所，其间飘忽不定的纪律令人类最脆弱的花骨朵（里面包裹着等待萌芽的最纯净的精神种子）生长于陌生而又有害的环境之中。所谓的教育行为，几乎完全基于直接甚至粗暴地要求儿童适应成人世界：这种适应建立在不容置疑的屈服和绝对的顺从之上，从而导致对儿童人格的否定。通过这样的否定，儿童成为不公正判断的牺牲品。成人给予儿童的责骂和惩罚，是他们绝不会施加于另一名成人身上的行为。成人将儿童视为附属品。"[441]

短短几句话，玛利娅便准确概括了法西斯教育的基本理念：一种宣扬儿童直接适应成人社会的教育方法。玛利娅明确表示自己绝不会在思想基础上做出让步。但杂志未能取得预期效果，一年后便停刊了。马里奥决定孤注一掷。1931 年 5 月 6 日，他以最后通牒的口吻向墨索里尼递交了第二份报告。[442] 在此期间，政府宣布蒙台梭利国际课程（尽管是在墨索里尼的资助下开办的，且有部长级政令确保组织工作）缺乏平等性，因为他们培训教员时完全采用蒙氏教学法，其中某些标准与法西斯教育理念产生了不可调和的冲突。意大利教员们在国际课程上获得的文凭并不被当局承认。原本计划在罗马开办的三十个培训班将无法成行。马里奥强调，政府必须对其朝令夕改的态度负责："来到意大利的外国学员都认为所学知识比在自己国家少得多（相对于教学法的组织安排而言）；但我们不断向他们解释说，一

---

[440] M. Montessori (2007), *L'enfant dans la famille*, Paris : Desclée de Brouwer, p. 14.

[441] *Ibid.*, p. 11-12.

[442] 这封信所用的信纸抬头为"意大利政府资助项目：蒙台梭利国际课程"，引自 A. Scocchera (éd.), *Introduzione a Mario M. Montessori, op. cit.*, p. 56-60.

批非常优秀的学校很快就会落成，因为领袖对此非常重视，而且会提供赞助。然而，在这三年时间里，除了口头上的兴趣，我们的学校没有任何进展。现行法律甚至不允许我们进行必要的改革。"

他接下来抱怨说，国家教育部长寄来了一封非常伤感情的信函，宣称已经要求教育监督机构审核玛利娅是否能胜任皇家学校校长一职。马里奥表示，支付给玛利娅那笔"低得可怜的薪水"让她的生活无以为继，而"之所以选择继续留在意大利，是因为她坚信会赢得祖国的认可。她因此放弃了外国（向她提供）的荣誉和丰厚报酬"。他解释道，玛利娅是通过国际课程开办期间的演讲费来维持生计的。此外，他提到，自己没有将部长的这封信给母亲看，因为后者一定会将其视作来自政府的攻击，并很有可能"立即离开意大利，而且是永远地离开。这将意味着逃离她满怀信仰、全情投入地奉献给意大利的整座精神帝国"[443]。马里奥列出了顺利实施蒙氏教学法的所有国家[444]，然后问出了那个无法逃避的问题："意大利到底如何看待蒙台梭利博士的教学法？事实上，时至今日，她在意大利遭遇的只有误解和阻碍。我在此静候领袖阁下的决定，请告诉我们是否应该继续在意大利完成这项有利于儿童和国家的事业。"[445]

在这一时期，法西斯政权仍在不断扩大自身影响。1931年10月8日，政府颁布法令，要求所有大学教授必须宣誓对政权、对国王及其继任者效忠。经过一段困惑期之后，仅有十二名教授反对宣誓，而

[443] *Ibid.*, p. 58.

[444] 在众多欧洲国家之外，马里奥还列出了澳大利亚、智利、暹罗（泰国）、俄国和印度等名字。他宣称，多个拉美国家正准备组建一个蒙台梭利教育联盟。同上，第59页。

[445] *Ibid.*, p.58-60.

剩下的两百名均表示效忠政权。玛利娅已不在大学任教，因此避免了这次两难抉择。但管控措施越来越紧了。

监管下的蒙氏学校

从 1932 年 7 月起，蒙台梭利母子及其最亲近的员工均遭到"反法西斯警戒与镇压机关"（OVRA）监视，措施甚至包括电话监听等。[446] 负责处理蒙台梭利文件的间谍代号"托雷（Torre）"，全名为桑托雷·维扎里（Santorre Vezzarri）。他也是最活跃的间谍之一，编号为 235。

1932 年 7 月，蒙台梭利与政府的关系进一步恶化。玛利娅钦点的教育学教授兼蒙氏学校行政校长朱丽娅娜·索尔吉被牵涉到一场丑闻当中。有人指控她在工作场所用辱骂性话语评论上帝。她被立即逮捕，剥夺了所有职务。她收到了惩戒文书，护照也被没收了。[447] 索尔吉坚称自己无罪，认为自己是阴谋的牺牲品。她致信墨索里尼请求宽恕：

"阁下，（我遭到谴责的）这句话中包含一个南方口音的词汇，而

---

[446] 关于蒙台梭利母子的相关档案中包含间谍获取的大量照片，所有资料都归档于《玛利娅·蒙台梭利》文件中，ministero dell'Interno div. Polizia politica, n° Inventario 13-157-5, pacco 859, fasc. n° 52, Montessori, n° 22, Archivio centrale dello Stato Roma. 多处摘要引自 I. Cacciotti, *Carte di famiglia*, Fondo Segreteria particolare del Duce, Carteggio ordinario ; R. Foschi (2012), *Maria Montessori*, Rome : Ediesse ; H. Leenders, *Der Fall Montessori, op. cit.*; G. Marazzi, « Montessori e Mussolini : la collaborazione e la rottura », art. cit.

[447] 根据省委员会投票通过的第 577 号决议第 133 款，发表有违政权政令言论的教育工作者应予以开除。

我是米兰人！这显然足以证明我绝不会说出这样的话来。在调查中，只有一个证人证明我说了这句话。但这个号称听到（这句话）的人，实际上是个聋人。（此外，）女博士和我的发言并未被采纳。警察认定我有罪，给予我'惩戒'，玷污我的名声。请您为我洗刷被定罪的耻辱吧，否则我将忍不住辱骂您：可我对您只有敬爱呀！"[448]

墨索里尼最终决定将朱丽娅娜·索尔吉派往米兰继续担任教师一职，但必须接受监管。

玛利娅不得不重新寻找一位行政校长。她提议任命自己亲密的员工阿德尔·科斯塔·格诺奇。但政治警察接到匿名举报，其中言之凿凿地宣称玛利娅企图更换所有工作人员，因为她觉得没有哪位教师能够熟练应用蒙氏教学法。玛利娅还被指责经常缺席学校工作。与此同时，效忠政权的教师们都担心丢掉饭碗，因此坚持要求玛利娅远离学校事务。最终，法西斯分子里瓦拉（Rivara）教授被任命为新校长，他对蒙氏教学法可谓一无所知。

这一事件无疑只是个借口。从政治警察的报告中可以看出，想要撇开蒙台梭利母子从而另起炉灶发展蒙氏教育法的意愿日渐强烈："由于蒙台梭利提出的所有解决方案都无法确保学校的声誉，我们应当勇于将蒙氏学校变革为'蒙台梭利式'学校，进而将女博士排除在外。"[449]

几个月后的 1932 年 10 月 30 日，朱丽娅娜·索尔吉致信领袖[450]，报告了蒙氏教学法在意大利的发展情况。她将现状比喻为"血淋淋的创伤"，因为教学法已经失去了教育机构的保护。没有任何一名政府

[448] 朱丽娅娜·索尔吉致贝尼托·墨索里尼的信，1932 年 7 月 17 日，引自 G. Marazzi, « Montessori e Mussolini : la collaborazione e la rottura », art. cit., p. 184-185.

[449] 引自 C. Tornar, « Maria Montessori durante il fascismo », art. cit., p. 20.

[450] 引自 G. Marazzi, « Montessori e Mussolini : la collaborazione e la rottura », art. cit., p. 185-186.

代表前来拜访过罗马的蒙氏学校："他们对我们在智力培养和人格塑造上取得的杰出成果充耳不闻。这是全世界任何其他学校都不可能取得的成就。小学阶段的孩子们已经拥有了与初中毕业生相同的知识量。"

她特别提及皇家学校遇到的问题，认为这唯一的一所教师培训学校已沦为"某些人激情演出的场所，他们将我们构建的一切都瓦解了"。她承认，尽管成绩斐然，但学校由于她个人牵连的丑闻而遭到"羞辱和削弱"。她最后恳求领袖："阁下，请再次伸出您保护的双手吧。请不要因为那些阴险狡诈、无理取闹的反对意见，而拒绝如此令人振奋的一项事业。请不要相信充满诋毁和破坏意图的流言蜚语，它们只是想让我们分崩离析。"

事实上，流言的源头主要来自负责法西斯文化教育的教师奥拉奇娅·贝尔斯托·普利尼（Orazia Belsito Prini）。此人宣称自己是"100%的法西斯主义者"[451]，认为所有蒙氏教师"为了国家利益，必须热爱法西斯主义和领袖"[452]，这是至关重要的原则。她甚至坚定地表示，蒙氏教学法"什么都有，就是没有意大利特色和法西斯精神"[453]。此外，政治警察还了解到，当学生们在民族主义的意义上谈论祖国时，玛利娅却强调称，"说起祖国，我们只有普世意义的祖国"[454]。

最终，玛利娅收到官方信函，要求她腾出自己用来摆放书籍的唯一一间办公室。依照儿童身形定制的家具被老式课桌椅取代。几名接受过蒙氏教学法的教师被派往非洲和美国各地的意大利学校任教。

---

[451] *Ibid.*, p.186.

[452] *Ibid.*, p.186.

[453] 1932 年 9 月 29 日的报告，*Ibid.*, p.186.

[454] 引自 M. Schwegman, *Maria Montessori, op. cit.*, p. 107.

玛利娅简直惊呆了。她写信给一位友人，抱怨说一所培养蒙氏教师的学校竟然不采用蒙氏教学法，这是何等荒唐的事情。

"意大利政府需要的只是一所培养蒙氏教师的学校，而该教学法所谓的创始人却被无能之辈取代了，真正胜任这份工作的工作人员无不遭到驱逐。他们摧毁了教学法的知识根基，造成了一个无比荒谬的局面。" [455]

辞职

1931 年，仕途坦荡的法西斯分子埃米里奥·博德雷罗（Emilio Bodrero）出任蒙台梭利全国慈善机构主席。1932 年，他向墨索里尼提交报告，批评玛利娅的部分决定。蒙台梭利母子收到了这封信的副本，其中对玛利娅的污蔑中伤让他们愤怒不已。玛利娅指责博德雷罗完全不考虑她关于管理世界各地蒙台梭利协会的意见。她很遗憾地表示，大部分蒙台梭利协会都在"滥用教学法，将其修改得面目全非，不是把某些本国心理学家的理念纳入其中，就是混合了福禄贝尔、德克罗利（Decroly）、库西内（Cousinet）等的其他教学法。蒙台梭利全国慈善机构建立的目的正是确保蒙氏教学法的纯洁性，即其意大利特色。请想象一下，意大利政府投入如此庞大的资金，结果非但没能令独具国家特色的教学法成功推广，反而使其外国仿冒品大行其道；意大利特色被混入外国版本，还将教学法创始人排除在外，并罔顾其

---

[455] « Carissima Signorina. Lettre de Barcelone » du 6 décembre 1932, A. Scocchera (éd.), *Introduzione a Mario M. Montessori, op. cit.*, p. 62. 这位友人的身份未知。

纯洁性"[456]。

玛利娅迅速对博德雷罗的报告做出了官方回应。她写道："慈善机构主席先生，我已阅读您呈交给奇亚维里尼（Chiavelini）阁下并准备告知领袖的信件。信中包含有一些含沙射影的内容和针对我的错误判断，将我牵涉到一些对蒙台梭利慈善机构明显有害的行为之中，对我个人也造成了不可忍受的伤害。为此，我特别通过这封信宣布，退出您领导的蒙台梭利协会。"[457]

次日，马里奥也宣布辞职：

"我希望退出协会，因为其行动带来了负面影响，呈交给墨索里尼阁下的备忘录里充满谎言和污蔑，恶意中伤赋予其生命、名誉和知名度的创始人。我请求您将我的名字从蒙台梭利慈善机构委员会成员名单中剔除。"[458]

或许这样的状况激怒了墨索里尼，他对秘书说道："这位蒙台梭利女士真是让人讨厌。"[459]

2月21日，玛利娅又向蒙台梭利皇家学校校长递交了一封辞职信。"我其实已经从皇家学校校长的位置上离开多时了。因此，我本来认为无需再提交辞呈。即使远在他乡，我也很乐意为学校提供帮助和建议，只要有人能像科斯塔·格诺奇教授那样胜任蒙氏教学法的培训工作。然而事实上，现在的学校正由一位我完全不认识且毫无蒙氏

---

[456] Ibid., p.63.

[457] 来自巴塞罗那的信函，1933 年 1 月 15 日，Ibid., p.68. 马里奥将此信的副本寄给了墨索里尼。几天后，博德雷罗递交辞呈。

[458] 来自巴塞罗那的信函，1933 年 1 月 16 日，Ibid., p. 69. 马里奥也将此信的副本寄给了墨索里尼。

[459] 1933 年 1 月墨索里尼对秘书说的话，引自 M. Schwegman, Maria Montessori, op. cit., p.108.

教学法经验的人负责领导和授课，这实在匪夷所思，只会将学校带入深渊。我恳求您将'蒙台梭利'这个名字从校名中剔除，因为学校已经荒唐地远离（甚至）背弃了教学法的基本精神和（原本的）运作模式。"[460]

还有一件事让玛利娅相当震怒。她无法忍受孩子们承担成人决策带来的后果。以下这个事件就充分说明了这一点。1933 年夏天，政府组织了皇家学校附属蒙氏小学参观新教育大会的旅行活动，意在生动展示教学法所取得的成果。艾丽丝·弗蕾奈（Élise Freinet）在她的其中一本作品中描述了这件事："尼斯大会完全彰显出蒙台梭利女士的威望。她的教具由专列送到现场。这座地中海风格宫殿内的众多大厅都专门拨给她使用。孩子们个个乖巧漂亮，但陈旧的服饰让他们看起来更老成一些。他们被奢华的教具吸引，穿梭其间。我们惊讶地看着他们安静而又灵活地摆弄着各种形状的积木，所有这些看似呆板的物件都旨在通过平面或立体机关让孩子们变得心灵手巧。"[461]

艾丽丝·弗蕾奈补充道，观察者们感觉眼前是一群"聪明的猴子"。大约几个月后，就在当年，"一道突然而可耻的指令下达，这群孩子连同他们的分数表和成绩单一起被送往各家传统学校，蒙氏班级被取缔了"。玛利娅认为，"四年的努力成果付之东流"。[462]

[460] 来自巴塞罗那的信函，1933 年 2 月 21 日，引自 A. Scocchera (éd.), *Maria Montessori. Il metodo del bambino e la formazione dell'uomo, op. cit.*, p. 268.

[461] É. Freinet (1968), *Naissance d'une pédagogie populaire. Historique de l'école moderne*, Paris : Maspero, p. 87.

[462] 来自巴塞罗那的信函，1933 年 2 月 21 日，引自 A. Scocchera (éd.), *Maria Montessori. Il metodo del bambino e la formazione dell'uomo, op. cit.*, p. 268.

前往西班牙

蒙台梭利母子意识到，在意大利的政治环境下，蒙氏教学法已再无发展余地，于是他们举家迁往巴塞罗那。[463]1932 年至 1936 年期间，蒙台梭利母子在欧洲的一举一动都遭到严密监视。OVRA 的欧洲情报网络相当强大，甚至有间谍已经渗透到西班牙左翼、反法西斯、非宗教以及共和党等阵营当中。1933 年，马里奥开始同弗朗西斯科·玛西亚·伊鲁萨（Francesco Macià i Llussà）频繁接触，此人是共和党革命者，将巴塞罗那变成了"国中之国"的首都。

1933 年 3 月，"蒙台梭利周"活动在西班牙举行，来自巴塞罗那和马德里各所大学的心理学者和教育学者纷纷表示支持。蒙氏学校模式被认为是共和派模式。玛利娅在自己家中布置了一个小型学校，由玛利娅·安托妮塔·保利尼（Maria Antonietta Paolini）[464]负责。在蒙锥克山丘地区的加泰罗尼亚政府所在地，蒙台梭利母子为工人阶级、无业人士以及西班牙无政府联邦的贫民子女开办了一所学校。上述事件在间谍们眼中，无疑都是蒙台梭利母子身为反法西斯分子的证据。

---

[463] 他们在巴塞罗那的家庭住址为甘杜克大道 22 号。

[464] 她参加了第十五次国际课程。玛利娅对其卓越的学习能力印象深刻。在她参加完第十六次国际课程后，玛利娅便放心地将罗马蒙氏学校的一个班级交给她管理，此后又派遣她去埃及负责教授意大利儿童。后来她前往巴塞罗那同蒙台梭利母子会合，并与他们共同生活了好几年。

第四届蒙台梭利大会

出人意料的是，第四届蒙台梭利国际大会依然在法西斯政权监督下于罗马召开。本次大会时间为 1934 年 4 月 3 日至 10 日，主题是"教育中的精神、科学和社会问题"。为了保险起见，马里奥前往意大利驻巴塞罗那领事馆，确认自己在意大利参会期间不会遭到逮捕。这次活动处于严密监视之下。内政部长要求奥拉奇娅·贝尔斯托·普利尼必须出席，后者在朱丽娅娜·索尔吉被开除出皇家学校的事件上起到了推波助澜的作用。当得知普利尼将出席大会时，玛利娅的反应异常激烈，她严禁此人踏入演讲大厅。

前来支援间谍维扎里的是编号为 10 的女间谍路西娅娜·格里玛尔蒂（Luciana Grimaldi），她甚至还撰写过几本关于儿童的书籍。如今，她负责每天汇报大会情况。两人都在演讲期间做好笔记，同时还会记下所有与蒙台梭利母子有过交流的人。母子二人从会场到下榻酒店的一举一动都被记录在案。监视变成了一项"困难的任务"，因为玛利娅"行事和发言非常谨慎，对所有可能靠近的法西斯分子都十分警惕"[465]。

在大会上，让·皮亚杰做了题为《儿童空间发展》的演讲。按照计划，玛利娅将做四场关于"偏差和标准化"的演讲。她在第三场演讲中，将法西斯主义定义为"一种新力量，一台能量发动机"[466]。经历过如此多的动荡后，玛利娅不得不谨言慎行，采取令人有些失望的

---

[465] 4 月 6 日的报告，引自 C. Tornar, « Maria Montessori durante il fascismo », art. cit., p. 21.

[466] 引自 G. Cives, P. Trabzalini, *Maria Montessori tra scienza spiritualità e azione sociale, op. cit.*, p. 55.

策略应付现状。但无论如何，大会氛围始终是紧张的。就像一份法西斯报纸的文章所述："我们觉察到了一种奇怪的氛围。听众大多为女性，还有一些神智学家、女性主义者、素食主义者、团结友爱理念的捍卫者以及动物保护者，这整个看上去就很让人不安。"[467]

其中一名间谍撰写的晚间报告显示，玛利娅的员工们也感受到了压抑的氛围。以下为报告节选：

"昨晚，众所周知，蒙台梭利博士于 21 时在维托里奥·埃马努埃莱大街的波罗米尼大厅发表了一场题为《偏差和标准化》的演讲。整个会场座无虚席。这一主题并不新颖，蒙台梭利母子已经面向欧洲各大城市的听众重复演讲过数百次。因此，我认为无需赘述。在蒙台梭利开始发言约四十五分钟后，一群年轻人进入大厅，其中一人被其他人称为 'onorevole'[468]，但我并不认识这个人。这群人站在大厅最后方，用高声喧哗等方式影响演讲。十来分钟后，有人大声提出抗议，这七八个年轻人在离开前还吹着口哨喊叫着：'够了！'受到干扰后，蒙台梭利女士暂停了发言，等待自己的儿子穿过大厅前去查看发生了什么事。过了一会儿，马里奥回到台上。他对母亲说了几句话，后者便整理好东西，愤怒地用三言两语结束了演讲。大厅里顿时流言四起，尤其是在女性听众当中。我靠近一小群女士，其中一位是蒙台梭利大会秘书斯帕吉拉夫人。我听到她说：'每次都有陌生人和破坏分子来干扰我们的大会，真是丢人。'接着，她面向其他人说道：'请大家记住，任何人，即使他们持有（报名）卡片，只要你们或者我本人不认识，通通不许进入大厅。'她用充满怒气的口吻又重复了一遍。然后，

---

[467] 引自 C. Tornar, « Maria Montessori durante il fascismo », art. cit., p. 21.

[468] 对意大利国会议员的称呼。

在另一群人当中，我听到了关于几小时前贝尔斯托·普利尼被驱逐出卡比托大厅的议论。大厅外，就在女士们等（22点45分的）公交车时，我听到斯帕吉拉再次重申：所有与会者必须是认识的人，否则她将收回他们的报名卡。斯帕吉拉坐上了开往圣·西尔维斯特罗－庇亚门方向的公交车。我坐在她旁边，看到她的手袋里有一张蓝色卡片，可能就是几小时前收缴的贝尔斯托·普利尼的报名卡。"[469]

　　对政权的反对态度从此变得清晰起来。大会过后，蒙台梭利母子彻底离开了意大利，直到第二次世界大战结束后才重返故土。那已是十年之后的事了，而且每次回到意大利也只是短暂停留。1936年，法西斯政权关闭了蒙台梭利皇家学校以及意大利境内的所有蒙氏学校。蒙台梭利全国慈善机构被捣毁。德国和奥地利的蒙氏学校也难逃厄运，玛利娅的照片被"焚毁其书籍时燃起的熊熊烈火"[470]烧成灰烬。不过，二十世纪二十年代墨索里尼给予蒙台梭利母子持续不断的支持在此后很长一段时间依然拥有影响力，他们因此避免了本该承受的灾难。最终，让墨索里尼及其政权永远无法原谅玛利娅的事件，或许是她于1932年春在日内瓦发表的和平演讲。该演讲内容"充满和平主义与佛教慈悲"，与法西斯理论完全背道而驰。玛利娅是一位不折不扣的和平主义者，她在自己人生的最后一段时期完全致力于为和平事业贡献力量。

---

[469] « Fondo Polizia Politica-fascicolo personale di Maria Montessori, 6 aprile 1934, sorveglianza politica durante la conferenza Deviazione e normalizzazione », 引自 I. Caccioti, *Il rapporto Montessori-Mussolini tra pubblico e privato*, www. cartedifamiglia.it/didattica, p. 21-22.

[470] E. M. Standing, *Maria Montessori. Sa vie, son œuvre, op. cit.*, p. 58.

第九章　和平战士

　　雷尼尔德写道："我想如果（祖母）活的时间再长久一些，她一定会将全部精力投入到人类与和平的事业当中。她最关心的问题，就是人类的命运，她为此总是忧心忡忡。"[471] 从二十世纪三十年代开始，对和平的追求成为玛利娅职业生涯的转折点。自此，她的所有发言都围绕促进和平事业展开，因为"建立和平是教育的职责，政治只能做到避免战争"[472]。她积极投身和平事业，直到生命尽头。由于其坚持不懈的杰出贡献，她曾三次被提名诺贝尔和平奖。为支持其候选资格，她在全欧洲展开"和平科学"主题演讲的所有内容被集结成册，于 1949 年以《教育与和平》（*L'éducation et la paix*）为名出版。意大

[471] A. Scocchera, « Renilde Montessori. Una tradizione e un impegno », art. cit., p. 12.

[472] M. Montessori (1996), *L'éducation et la paix*, Paris : Desclée de Brouwer.

利编辑加尔赞提（Garzanti）在该书序言中写道：

"如果您想要了解玛利娅·蒙台梭利被提名诺贝尔和平奖的原因，如果您希望知晓她为何在世界范围内广受推崇，您将在这本演讲稿合集中看到她的思想脉络和实践行为。（这些演讲内容）反映了她强大精神世界（留下的）最初印迹。"[473]

而事实上，玛利娅早在欧洲系列演讲之前，便开始投入到和平事业当中了。

和平座谈

玛利娅年轻时，曾以医生身份处理过许多儿童病患问题。她亲眼看见了战争对孕妇造成的恐怖伤害。她们在身心遭到重创的情况下生下孩子，令后者也不可避免地面临灾难。1917 年，玛利娅在圣地亚哥为未来教师们授课期间，阿德利亚·皮勒和布兰奇·威尔（Blanche Weill）[474] 等员工希望为她安排四场非正式会面[475]。玛利娅欣然接受："周日我们可以聚在这里讨论一些具有普遍性的理念。我很高兴有机会谈到这些话题，在我看来，它们都与新教育和环境有直接关系。"[476]

这几次交流是某种意义上的深刻反思，而不是宣讲。玛利娅在每

---

[473] *Ibid.*, p. 17-18.

[474] 这是一位"旁听过阿尔弗雷德·阿德勒（Alfred Adler）讲座的年轻女士"。
E. Moretti, « Teaching Peace in a time of War : Maria Montessori 1917's lectures », *AMI Journal*, 2013/1-2, p. 17.

[475] 会面分别安排在 1917 年 2 月 17 日、3 月 11 日、3 月 18 日和 3 月 25 日。

[476] M. Montessori, « Peace Lecture 1. The First of Four Special Lectures Delivered on the 1917 San Diego Training Course February 18, 1917 », *AMI Journal*, 2013/1-2, p. 32-36.

次会面开始时，都强调"不要太在意她所说的话，因为这只是她第一次谈论（此类话题）"。她还补充说"自己非常高兴能够跟一小群朋友讨论这件事"[477]。四次座谈的主题都围绕和平以及教育如何促进和平发展这两方面展开。玛利娅指出人类面临的三大灾难是饥饿、瘟疫和战争。她认为，人类已经学会了如何应对前两种状况，而对于战争则依然束手无策。在她看来，人们需要创立一整个学科来研究导致战争的诸多因素，从而有效避免战争发生。玛利娅反对所有将两国冲突扩大为全球争端的国际联盟。她也明确表示反对那些仅满足于否定战争而从不致力于寻求解决方法的和平主义运动。她建议人们将希望寄托于教育和对"生命法则"的尊重，唯有通过教育，才能让年轻一代以和平的方式生活，从小懂得彼此尊重的道理。玛利娅强调，必须尽快展开深刻反思，积极严谨地研究促进儿童生命力量发展的方式，为他们营造满足儿童基本需求的恰当环境。她同时宣称，为迎接新型社会的到来，教育必须建基于基本生命法则，必须培养儿童对其社区的归属感，促使其尊重社会。在座谈会的尾声阶段，她将儿童发展大致分为四大板块，并在此后的数年中不断深化这一主题。显然，当时的国际环境影响了她在这几次座谈中发表的观点，但事实上，玛利娅早在此前一年的夏天就于法国开展了一次引人瞩目的参观活动。

白十字协会

这次备受关注的参观活动是拜访一所"特殊"学校。它是由一位

---

[477] E. Moretti, « Teaching Peace in a time of War... », art. cit., p. 19.。

名叫克罗姆威尔小姐的美国富人慷慨捐助修建的，旨在收容战争难民们的孩子。学校采用蒙氏教学法及其教具。克罗姆威尔小姐对罗马的蒙氏学校有所了解，认为其教学方式可以让这些精神受到创伤的孩子们受益。她在巴黎地区的圣－苏尔比斯、塞弗尔和丰特奈玫瑰三处建立了三间收容所，并提供一切教学必需品，包括家具和教具等。

战后，克罗姆威尔小姐在谈及该项慈善计划时说道："孩子们在逐步变得积极开朗。游戏内容始终未变过：将有些重量的教具——摆放整齐，再叠起来。重建的渴望让孩子们个个聚精会神……村庄遭到侵略时的场景在他们手下重现了出来！他们用小小的课桌椅拼成防空洞的样子，然后躲在里面很长时间都不出来。孩子们兴致勃勃地抓起用于算术入门学习的教具棒，把它当成手枪来玩耍。在好几周时间里，他们每天都在这样躁动的氛围中度过。而就在这种种与他们经历的恐怖战争遥相呼应的场面里，我观察到了他们身上令人惊讶的素质。他们绝不会抢夺其他人手里正在操作的教具。他们从不会以掀翻课桌或是破坏任何小物件为乐。亲身体验的喧嚣战争在他们身上升华为重建的瞬间，同时以个人和集体的方式呈现了出来。"[478]

眼前的这些孩子让玛利娅想起了墨西拿地震中的孤儿们。那群难民儿童同样遭受着"某种特殊形式的精神创伤，这是一种严重的心理伤害，是与身体病变一样糟糕的渐进式损伤。（他们初到学校时），个个惊魂未定，无法理解周遭环境，在任何人靠近时都会瑟瑟发抖，无论黑夜白天都处于恐惧之中。（然而，）他们逐渐找回了童年的

---

[478] M. R. Cromwell (1919), « Il metodo Montessori in Francia durante la guerra », *La Coltura* popolare, 1919/1, p. 51.

快乐"[479]。

　　宁静祥和的氛围让孩子们的情绪一天天平复下来。所有家具都是按照他们的身高定制的，每天重复简单的练习内容也让人心情愉悦。一名前来收容所参观的记者毫不掩饰自己面对此情此景的惊讶："普通的儿童总是希望早点放学回家去玩自己的玩具，但在这里完全不是如此。课堂就是孩子们休闲玩乐的固定场所。他们摆弄着那些漂亮的教具，不时发出幸福的喊叫和由衷的赞叹。孩子们自己负责完成各式各样令人惊艳的任务：浇花、整理彩色棒、堆叠积木、将黏土小球滚进粗糙的手环里。我问道：这是他们课间休息时的玩乐活动吗？——当然不是，对方回答我说，他们正在工作呢。"[480]

　　如此神奇的教学成果吸引了红十字会的注意，后者决定资助蒙氏教学法应用于难民收容所。

　　玛利娅·蒙台梭利坚信"儿童问题是战争造成的最严重问题之一。神经系统的衰弱将导致能量与智力的丧失，这会严重影响每个个体的生命质量。（此外）精神创伤还可能传导至子孙后代身上。经过重大灾难之后，机能衰退、智力与精神力量削弱的儿童数量以及触犯轻罪的青少年数量都会比正常年代更多"[481]。因此，玛利娅认为应当将医学治疗同某种形式的教育相结合，切实为这些孩子提供帮助。1917年春，在圣地亚哥妇女协会组织的一次活动上，玛利娅呼吁建立"新十字军"，帮助年轻一代战胜眼前的巨大困境。她的"白十字会"计

[479] M. Montessori (1917), « La scuola e la guerra. La Croce bianca », *La Coltura popolare*, 1917/9, p. 661.

[480] A. Fage, « La méthode Montessori aux Refuges de Saint-Sulpice et de Fontenayaux-Roses. Une curieuse expérience d'enseignement sur les petits réfugiés », *Bulletin des réfugiés des départements du Nord* (29/11/1916), p. 1-2.

[481] M. Montessori (1917), « La scuola e la guerra. La Croce bianca », art. cit., p. 662.

划由此诞生。该计划旨在为遭战争破坏国家的儿童们提供教育支持和急救援助。"白十字会"这一名称代表着数不胜数的儿童受害者，他们作为新一代人，却出生在痛苦不安的岁月里："十字是他们的标志，这是一个毫无瑕疵的十字。白色，就这样伫立于血迹斑斑的战场之上。"[482]

这项呼吁"特别面向妇女和科学家，面向所有希望拯救人类未来、疗愈儿童心灵创伤的人，旨在凝聚一切缺失的力量，确保子孙后代健康成长"[483]。

玛利娅将医生、心理学家和教育工作者们团结起来。她请求医生和心理学家们观察和研究儿童难民出现的各种心理现象，并将研究成果分享给教育工作者，让后者可以更好地为儿童提供帮助，扮演好"教师和护士的双重角色，对儿童的精神问题做出适当处理"[484]。正是这些教育工作者来到了收容所，肩负治疗和教育的双重使命，逐步重建并巩固了"受伤"儿童的心理人格。

寻求支持

在玛利娅看来，时间相当紧迫。"我们不能等到战争结束了。我们必须立即采取行动，这项工作非常重要。和平何时会到来，我们不

---

[482] *Ibid.* 玛利娅在给费拉里教授的信中对该标志做了另一番解读："白色代表神经系统，红色代表血液。"

[483] M. Montessori, « La scuola e la guerra. La Croce bianca », art. cit., p. 663.

[484] 从圣地亚哥写给费拉里教授的信，1917 年 8 月 21 日，引自 A. Scocchera, Il metodo del bambino e la formazione dell'uomo, op. cit., p. 246-247.

得而知，但必须做好准备。"[485]

怀抱这份坚定的决心，她向欧洲各国发出了多封信函，阐述自己的计划，并请求支持。

她特别致信人道主义协会医生、意大利著名精神病学专家乔里奥·塞萨尔·费拉里（Giulio Cesare Ferrari）教授，后者曾将詹姆斯的专注力理论推荐给她。她类比红十字会，向费拉里教授详细介绍了白十字会，认为该计划同样能够在全球范围内起到持久而积极的作用。从长远来看，玛利娅甚至希望两个十字会可以建立合作关系。

"神经类疾病的专科医生们应该在白十字会中扮演像红十字会外科医生那样的重要角色；接受过特殊教学法培训的教师们应当同时充当护士一角。"[486]

她建议由费拉里教授担任科学方面的负责人：负责收集和研究儿童心理问题，进而形成"专门针对战争导致的儿童（受害者）心理学学科，深入探索其特征和对人类可能造成的后果"。[487]

玛利娅认为人道主义协会是领导和支持白十字会的理想机构。该组织已经在相关方面有实践经验了：共有三间米兰儿童之家专门接收新兵的孩子，另有一间位于蒙扎的儿童之家接收儿童难民。她还致信奥古斯托·奥斯莫，向其表达了该项工作的紧迫性，请求对方施以援手，因为疗愈儿童心理问题与治疗前线士兵的身体创伤同等重要。她希望人道主义协会能够"协调相关倡议计划，接收战场上无辜的孩子们，拯救他们的心灵，让他们为和平做好准备"。她还建议人道主义

---

[485] M. Montessori, « La scuola e la guerra. La Croce bianca », art. cit., p. 663.

[486] 从圣地亚哥写给费拉里教授的信，1917 年 8 月 21 日，引自 A. Scocchera, *Il metodo del bambino e la formazione dell'uomo, op. cit.*, p.246-247.

[487] *Ibid.*, p. 248.

协会期刊《大众文化》成为"此次呼吁以及医学界科学运动的官方阵地"[488]。面对这项意义非凡的事业，她劝说奥斯莫鼓起勇气：

"我们应当即刻发出呼吁，践行我们的责任。尽管面临纷繁复杂的现实环境，但我们不应该望而却步。我们应当重点向公民援助总署、难民事务高级专员公署以及全国战争孤儿慈善机构寻求（经济）援助。"[489]

而针对教育方面的实际准备工作，玛利娅提出了具体方案，建议在人道主义协会管辖的儿童之家迅速进行组织，以确保最理想的行动条件。

"我们可以从培训六名教师为一组的小团队开始：一名负责人、一名秘书及四名教员负责给孩子们授课。教师应当统一服装。假设是六名美国教师前往法国。她们来到儿童难民的简陋收容所内：每名教师负责四十个孩子，布置四间环境愉悦舒适、五彩斑斓的教室。她们应当按照儿童之家的要求展开活动，带领孩子们完成一些实际生活中的任务，等等。每间教室接待十位来自比利时或法国的年轻女孩或战争遗孀，她们最初只是安静地观摩课堂情况，然后其中一人开始协助授课，接下来每位女士都可以逐步参与课堂教学。半年之后，她们每人都有能力负责一个有四十个孩子的班级。因此，半年后，我们就可以照顾到一千六百个孩子了。"[490]

随后，她建议四名美国教师在后续计划中担任督导，每位教师监管十个班级。此外，玛利娅还致信教皇本笃十五世以及梵蒂冈的其他

[488] C. A. Colombo, M. Beretta Dragoni, *Maria Montessori e il sodalizio con l'Umanitaria, op. cit.*, p. 67.

[489] 致奥斯莫的信，« Salviamo i bambini », *La Coltura popolare*, 1918/2, p. 83

[490] *Ibid.*

知名人士，请求他们给予精神支持和资金援助，促成上述计划顺利实施。但翁贝托·贝尼格尼（Umberto Benigni）主教反对玛利娅·蒙台梭利的理念，认为这样做相当危险，不符合基督教价值观，因此将她的书信都扣了下来，导致求助信并未被收信人读到。

尽管得到了不少支持，但白十字会计划最终未能成行。不过，玛利娅并没有停止努力，她时刻关注战争对社会尤其是对儿童造成的灾难性后果。此后，她采取了一种截然不同的方式继续深入研究。

教育是和平的武器 [491]

1925 年，国际教育局在日内瓦成立，创始者是包括艾德华·克拉帕雷德、皮埃尔·博韦、阿尔丰·弗里埃尔和让·皮亚杰等在内的教育学家群体。该组织致力于从教育层面推动和平进程。[492]1932 年，玛利娅首次公开而系统地发表自己关于和平问题的观点。国际教育局在当时欧洲和平主义思潮中占据中心位置，玛利娅此次演讲的重要性可见一斑。国际联盟请求国际教育局为教师们组织促进国际合作精神的相关课程。让·皮亚杰在 1930 年至 1934 年期间发表了多场和平演讲，同时介绍了自己关于儿童道德判断发展的研究。与玛利娅·蒙台梭利有所不同的是，关于教育在和平领域所起的作用，皮亚杰仍显得充满困惑。正如在 1934 年最后一次和平演讲的题目"和平教育是可能的吗？"一样，他对此抱持怀疑态度。

---

[491] M. Montessori, *L'éducation et la paix, op. cit.*, p. 53.
[492] 该机构于 1969 年并入联合国教科文组织。

玛利娅则依然直言不讳："请人来做和平演讲，这看起来似乎是徒劳的，与我们当前的时代也很不合拍。如今，人们习惯认为，只有一个领域的专家才能就相关主题发表演讲；但如果是关于一些无关紧要的问题，只需要有基本的认知就够了。想象一下，我们可以请一位数学家来评论现代艺术，或是请文学家介绍放射现象吗？而如果我们将这些问题与和平问题作比较的话，哪些科学学科具有最重要的价值呢？国家的生命依赖的是和平，一切文明的进步与衰败或许都取决于和平。"[493]

玛利娅进一步阐释了圣地亚哥和平座谈上提及的问题，尤其强调了人们与瘟疫展开了数个世纪的斗争并最终取得胜利这一事实。最令人震撼的，莫过于她对于人类所面临的危险有着卓越的直觉和判断。就在人们普遍认为欧洲不可能二度成为世界大战的舞台时，原子弹等武器的出现证明了玛利娅的立场。

"人类对许多致命武器知之甚少，却盲目滥用，只为破坏一切。他们很快便能得偿所愿，因为可供使用的破坏力量数不胜数。如今的人类宛如迷失于黑夜中的孩童，在一片阴暗、噪声与神秘莫测的力量之中瑟瑟发抖。人们并不完全了解到底哪些力量会导致战争，因而毫无防备。"[494]

曾与法西斯政权有过非常近距离接触的经验或许让玛利娅更加清楚基于竞争意识的教育有多么危险。人们让儿童从很小的时候就开始

---

[493] G. Honegger Fresco, *Maria Montessori, una storia attuale, op. cit.*, p. 144. 该片段摘自 *L'éducation et la paix*，但行文风格有所改变。

[494] 丽塔·克拉梅尔认为这段话发表于 1926 年，斯坦丁也沿用了这一错误说法。事实上，这段发言是在 1932 年做出的。引自 E. M. Standing, *Maria Montessori. Sa vie, son œuvre, op. cit.*, p. 55.

做好心理上的准备，时刻浸淫于"尚武精神之中，随时可以响应政客们的参战号召"[495]。

当时的意大利正准备对埃塞俄比亚采取军事行动，帝国主义侵略意图显而易见。而这次大会的内容最终集结成一本名为《和平与教育》的小册子对外发表，激怒了国内多名法西斯高官。时任全国蒙台梭利慈善机构主席的埃米里奥·博德雷罗还特别致信墨索里尼，就此次演讲进行了尖酸刻薄的批评。他指出，这次演讲面向"各国驻日内瓦的重要人物，尤其那群以北欧和盎格鲁–撒克逊国家为主的女士，她们领导了许多世界和国际女性主义协会，急切希望利用国际联盟实现自身利益。她们支持妇女投票、新式教育、已婚妇女公民权、动物保护、佛教以及和平。将（玛利娅·蒙台梭利的）教学法应用于追求和平，这是本次大会的主要目的，但其方式显得幼稚可笑。我们可以从中看到卢梭思想的陈词滥调，充满粗糙的谬误：我们应该质问演讲人，能不能找到或者发明一种完全不带有战争意味的儿童游戏，能不能从学校和人类本性中抽走孕育战争的好胜情绪。此外，在我有幸与您会面的过程中，您已经展现出对蒙氏教学法的深刻理解，所以我在此无需赘述。在本次演讲中，她又一次谈及成人对儿童的厌恶情绪，语气中带着玄妙和痛苦"[496]。

玛利娅将此次演讲内容的完整版用意大利语刊登于《蒙台梭利》杂志，题目定为《社会教育》。次年，这篇文章再度以《战争教育

---

[495] « Résolution proposée par Mmes Montessori et Rotten et adoptée à l'unanimité par le VI e Congrès Montessori international », *Pour l'Ère nouvelle*, 1938/1, p. 28.

[496] 埃米里奥·博德雷罗写给墨索里尼的信，1932 年 8 月 7 日，引自 I. Cacciotti, *Carte di famiglia, op. cit.*, p. XIV-XVI. 在这封信中，博德雷罗还将玛利娅·蒙台梭利于尼斯出席新教育大会一事告知墨索里尼。

还是和平教育？和平与教育》为题发表于《教育学杂志》(*Rivista pedagogica*)。该刊物是当时唯一一份敢于反对法西斯政权教育政策的杂志，主编是玛利娅自大学时代起便一直保持联系的克雷达罗教授。

自此，玛利娅的教育主张开始发生转变，她不再像大多数教育学家那样关注严格意义上的学科教育。她拥有了全新视野，认为教育的首要使命是培养"新人类"。在 1932 年 8 月于尼斯举行的新教育大会上，玛利娅发表了题为"新动员"的演讲。她建议"创造全新可能性，将儿童从束缚其灵魂全面发展的障碍中解放出来，（以）不同的角度看待人类"[497]。在她眼中，儿童之家就像是庇护所一般，身处其中的孩子可以体验到和平的滋味。弥漫于儿童之家的和谐、宁静与秩序，让孩子们得以实现内心的平衡。他们还在这里通过每天的具体实践，学会了合作、团结和分享，而其他教学方法培养的则是好胜心、攻击性与个体化。

流亡者

当时的西班牙教育部长是玛利娅从前的学生，他邀请玛利娅做一系列广播讲座，进一步传播其教育思想。首个系列大获成功，于是第二轮演讲也紧锣密鼓地筹备了起来，其主题定为"儿童的社会问题"。

在为和平四处奔走呼号的同时，玛利娅也成了 1936 年 7 月爆发的西班牙内战的受害者。她登上英国军舰"道格拉斯号"[498] 逃亡巴塞

---

[497] M. Montessori (1932), « Mobilisation nouvelle », *Pour l'Ère nouvelle*, 1932/8-9, n° 80, p. 206.
[498] 大部分资料显示为"军舰号"。

罗那。玛利娅·安托妮塔·保利尼当时负责照看马里奥的孩子们，她清楚地记得"有十个民兵来到了大门口。他们挨家挨户地展开搜查。我告诉他们这是玛利娅·蒙台梭利的家时，他们表现出尊重的态度"[499]。他们在门上钉了一张通告：

"全国劳工联合会（CNT）中央委员会及反法西斯民兵队。特此下令，所有下属人员须尊重并监督尊重此建筑（即蒙台梭利机构），因为它隶属于联合新学校。"[500]

不过，马里奥对此事的记忆来自孩子们的转述，其情况略有不同。孩子们从阳台上看见民兵端着武器走上大街，并不时开上几枪。他们径直走到马里奥家门口，但没有按门铃。其中一人拿出刷子在门上写着什么。写完后，民兵向孩子们挥手致意，然后就离开了。孩子下楼看见门上写着：

"请尊重这间房子。里面住着儿童们的朋友。"

无论哪种情况，都说明玛利娅赢得了西班牙部分民众的尊重。

间谍维扎里在一份报告中提到，马里奥参加了著名反法西斯人士卡尔洛·罗西里（Carlo Rosselli）[501] 创立的意大利反法西斯组织。报告指出，马里奥同卡尔洛一起出现在韦斯卡，但情况并未得到证实。[502] 玛利娅·安托妮塔·保利尼试图带着马里奥的两个孩子[503] 离

[499] G. Honegger Fresco (1990), « Il centro internazionale di Studi Pedagogici e l'asilo "Santa Croce" (Montessori) di Perugia », *Il Quaderno Montessori*, 1990/2, n° 26, p. 92.

[500] 政治警察文档，引自 R. Foschi, *Maria Montessori, op. cit.*, p. 94.

[501] 卡尔洛·罗西里于 1926 年被逮捕并被判入狱五年。他成功越狱后流亡巴黎，在那里建立了反法西斯组织。1937 年，墨索里尼下令将其杀害。

[502] 引自 R. Foschi, *Maria Montessori, op. cit.*, p. 94.

[503] 玛丽莱娜当时应该已经身在伦敦。最年幼的孩子雷尼尔德起初同母亲留在巴塞罗那，后来前往荷兰与父亲生活在一起。

开巴塞罗那，唯一的方法便是乘坐"维尔代伯爵号"前往热那亚。但迫于法西斯政权的压力，他们无法在意大利待下去。于是他们又动身前往伦敦去投靠祖母，后者正在那里进行培训课程。马里奥在课程接近尾声时也来到伦敦与他们团聚，但由于没有居留许可，他们无法继续留在英国。马里奥和海伦自此分道扬镳。一位年轻女孩在这段时期出现了，她便是上过三次玛利娅培训课程的埃达·皮尔森（Ada Pierson）。她的父母是一对富裕的银行家。在埃达的请求下，蒙台梭利一家住进了皮尔森位于乌得勒支北部小城拉恩的房子中。这一住就是好几年。

"我们是流亡者，但女博士无论身处何种环境，不顾自己年事已高，依然保持高涨的热情和从头再来的勇气。" [504]

66岁的玛利娅创立了第一所也是唯一一所用自己全名命名的学校：玛利娅·蒙台梭利学校。她希望在这里"亲自深化将教育作为人类培养的辅助手段这一理念" [505]，因为她坚信欧洲当前遭遇的危机说明，人们亟须培养平衡而坚定的人格。她还致力于推动承认儿童权利，呼吁将儿童视为完整公民，使其拥有同成人一样的权利。

拉恩的儿童之家起初设于玛利娅家的底楼，后搬迁至一处长期闲置的大宅 [506]，租金相当低廉。这处场地非常理想：大花园里绿树成荫、鸟儿成群，还有一个小池塘和一只山羊。二楼是小学部，专门开辟有一间为在传统学校学习有困难的孩子准备的教室。14岁及以上的女

---

[504] G. Honegger Fresco, « La Scuola Montessori di Laren (1936) », *Il Quaderno Montessori*, 1990/1, n° 25, p. 109.

[505] 她在这段时期设计了建筑三角形、大洲平面图以及植物词汇册等教学工具，*Ibid.*, p. 108-111.

[506] 格林代尔，纳德尔街49号。

生可以参加教师培训班，为将来成为儿童之家的教员做准备。玛利娅·蒙台梭利希望将拉恩的这处儿童之家打造成为欧洲的蒙台梭利运动中心。

和平主义大会

玛利娅以演讲人的身份参加了 1936 年 9 月于布鲁塞尔举行的首届国际和平大会。OVRA 专门就其参与此次大会一事撰写了报告，因为大会主办方是具有明显反法西斯主义倾向的组织。数千名欧洲代表参加了这次大会。玛利娅发表的演讲题为"为了和平"。自阿道夫·希特勒（Adolf Hitler）上台之后，所有德国的蒙氏学校都从 1934 年开始陆续关闭了。玛利娅呼吁将人类视作"唯一的国家"。她指出："第一次世界大战已经表明，在欧洲，战胜国没有从胜利中获得任何利益，而且这种情况在历史上并不鲜见。但现在出现了一种全新的现象：战败国的人民成了战胜方的威胁、负担和障碍。后者本应该做的，是帮助前者重新振作。战败国如今就好像病人一样，其状况对整个人类都没有益处。一国的贫困潦倒不会给其他国家带来富裕昌盛，相反，它会导致所有国家的衰落。摧毁一个国家，就像是失去理智的人自废一条手臂后，寄希望于另一条手臂能够变得加倍强壮。我们所有人应当团结成唯一的组织，唯一的国家。"[507]

---

[507] *L'éducation et la paix, op. cit.*, p. 48.

儿童社会党

"丹麦万岁！致敬丹麦为世界和平表现出的高贵而慷慨的热情！"[508]

1937 年 8 月 1 日至 10 日，第六届蒙台梭利国际大会在丹麦举行，主题是"为和平而教"。与会者来自二十六个国家，另有大批官方代表团出席[509]。

大会氛围非常热烈，丹麦被称赞为"尊重和平与人类智慧财富的国度。它无需征服其他民族便达到了人类文明的新高度"[510]。政府甚至拨出国会大厅供此次大会使用。对于蒙台梭利母子而言，这还是一次重归应许之地的旅程，因为国际蒙台梭利协会正是于 1929 年在丹麦的赫尔辛格创立的。

玛利娅在此次大会期间共做了六场演讲。5 月份时，她还做了一场介绍蒙台梭利大会的讲座。玛利娅强调，每当提及战争，她都是从人道主义角度进行讨论，无关政治。她分析指出，个体之所以各自为政、自私自利，首当其冲的原因就是缺乏教育："我在这里不会讨论是否应该进行军事武装，因为我拒绝涉及政治问题。我只是想说，人类对自身真正意义上的捍卫，不应以武器为基础。如果我们不相信最大的'和平武器'就是教育的话，战争还将连绵不绝。与现代武器相比，教育还停留在弓箭（阶段）。在面对坚船利炮和漫天空袭时，弓

---

[508] *Ibid.*, p. 64.

[509] 比利时、加泰罗尼亚、智利、捷克斯洛伐克、法国、希腊、海地、瑞士提契诺州、拉脱维亚、墨西哥、罗马尼亚、俄国、美国和埃及都派出官方代表团出席大会，或要求其驻丹麦外交代表以个人身份出席开幕仪式。*Ibid.*, p. 64.

[510] *Ibid.*, p. 63-66.

箭怎么可能实现自卫呢？"[511]

考虑到战争对儿童权利的全面否定，玛利娅建议创建一个人道主义保护机构，将其命名为"儿童部"。在她看来，儿童尚未被当作完整的公民看待。尽管全世界所有国家都成立有教育部，但该部门只负责适龄儿童接受教育的问题，并不涉及"儿童面临的社会问题。这显然应该从现实和法律角度进行探讨，因为我们应该从孩子出生甚至被孕育的那一刻就对他们负起责任"[512]。

在大会的闭幕演讲中，玛利娅提出了具体行动方案，宣布成立儿童党。这并不算严格意义上的党派，而是促进儿童福祉的大型社会活动。她表示："保护儿童是一项令人振奋的事业，可以解放人性价值，让所有人都为创建更美好的世界出一份力。这正是迈向和平的道路。"[513] 她竭尽所能地促成儿童尊严得到重视，确保他们在社会中的合法地位。她不仅面向教育工作者发出呼吁，也面向普罗大众和所有重视家长身份的人。她鼓励所有人联合起来捍卫儿童权利。玛利娅认为，全世界成人与儿童团结协作，是促进文明进步的最佳方式。

几个月后，她的这项计划正式实施，活动更名为"儿童社会党"。[514] 她正式求助相关教育机构，请它们严肃考虑该计划的可行性，并将其提交给对应的权力部门。每个蒙台梭利全国协会都被要求审核此计划，并向国际蒙台梭利协会递交一份报告。

玛利娅接着对活动目的进行了具体分析。由于关注到部分国家的蒙台梭利协会有"促进和维持战争精神"的意图，国际蒙台梭利协会

---

[511] *Ibid.*, p.53.

[512] *Ibid.*, p.105.

[513] *Ibid.*, p.106.

[514] « Résolutions présentées par Mmes Montessori et Rotten... », art. cit., p. 28-29.

发起了一场旨在"研究并传播和平科学"的宣传活动。第一步是建立一间国际学院，致力于"协调现有研究工作，并设计新方案，以推动目前尚不为人知的人类心理发展相关规则，（以及）确保人类身心健康发展的相关条件和方式"。上述所有条件都与儿童权利相统一，而后者的关键是"生活于和平世界的权利"。儿童社会党的使命正是"发扬、推广和要求"这一权利。

她同时请求各所大学投入到对和平科学的研究当中，辨别和分析和平协作精神的诞生条件。玛利娅的出发点是"新需求应当对应新科学"，这样才能避免"和平仅停留在模糊的概念层面"，确保人们掌握促进和平发展的必要手段。在她看来，这种科学必须建基于多学科知识之上：生物学认为好战并非人类天性，人类只有在恐惧驱使下才会诉诸战争；历史学可以展示和平真正得到实现的事例；心理学则研究指出，从儿童时期开始对人类能力的遏制可能导致暴力的滋生。玛利娅扼腕叹息道，现实情况是，这些知识如今都只是零散的碎片。因此，她希望在学科间建立联系，深化研究，并将其教授给所有"未来的教师、神父、医生、法官、社会工作者、作家，（以及，特别是）政治人物"。

1937年12月，在阿默斯福特哲学国际学校组织的三场演讲中，玛利娅提出了自己关于和平科学的思考。发出演讲邀请的教授特别要求她分享儿童相关工作经验。于是她谈到，儿童人生的第一个阶段是"精神胚胎"阶段，而且儿童"并不是人类之子，而是创造者，即人类之父"。她认为唯有儿童才能为我们揭示人类精神生活的秘密。玛利娅宣称，在蒙氏学校里不知疲倦地工作着的孩子们让她意识到，"工作是人类最基本的天性"，他们出于"对周围环境的热爱"[515]而辛勤工作。

1939 年 7 月，玛利娅在伦敦举办的世界信仰联谊会上发言。此次大会的目的是"达成不同宗教信仰间的和谐共处，以此显示所有宗教信众都以同样的方式热爱和期盼着同一个目标。希望地球上的所有人，无论其宗教信仰、信条及实践方式为何，都能紧密团结在一起，亲如兄弟"[516]。

针对那些尚未得到回答的问题（如为什么人类精神在学习、发现和创造中进步得越多，他们之间的争斗也越频繁……），玛利娅指出，身为"爱之师"的儿童便是楷模，唯有孩子才能教会我们和平。儿童是"纯洁的人类，没有任何先入为主的哲学理念或政治思想，他们拥有的只是基本而神秘的人性之善"[517]。

但玛利娅的声音显得虚弱而孤独，完全被再度威胁到整个欧洲大陆的响亮军靴声与隆隆坦克声淹没了。此时的玛利娅正准备动身前往印度短暂停留半年，但战争将她的计划完全破坏了。最终，她不得不在印度待了七年之久。

---

[515] *L'éducation et la paix, op. cit.*, p. 120-121.

[516] *Ibid.*, p.151.

[517] *Ibid.*, p.152-153.

第十章　印度岁月

　　"这个神奇的国度"[518]在玛利娅和儿子马里奥的人生中占据着极其特殊的位置，二人在此地前后共生活了近九年时间。他们在此期间组织了十六次国际课程，培养了数千名教师。蒙氏教学法在当地的成功一直影响至今，蒙氏学校现在依然遍布印度各地。有些家长甚至会将传统私立幼儿园也统一称为"蒙氏学校"，由此可见蒙台梭利在印度的知名度之大。我们甚至可以毫不夸张地说，玛利娅在印度的现代教育发展进程中扮演着极其重要的角色。从这段时期的照片来看，玛利娅的状态显得相当平和。她不再身穿黑色服装。尽管年龄、酷热

---

[518] 摘自意大利文版《新世界的教育》(*Éducation pour un monde nouveau*) 一书的序言：
　　"纪念乔治·西德尼·阿伦代尔，正是他邀请我前往印度，让我有机会结识这位伟人，并了解这个神奇的国度。"

的气候和艰苦的生活条件造成了一些健康问题，但她始终保持微笑。没有什么能阻挡她前进的步伐：哪怕是艰辛的长途旅程、语言的障碍以及第二次世界大战期间英国政府[519]施加的压力。虽然环境恶劣，战争导致她在印度的时间被迫不断延长，但她积极乐观地认为，这是"上帝赐予的机会"，让她可以全神贯注于自己的工作。事实上，蒙台梭利思想在与印度文化接触后，有了进一步发展和升华。玛利娅特别深化了自己对婴儿发展的研究。在印度，婴儿始终与成人紧密生活在一起，这也方便了她的观察。此外，在印度生机勃勃的自然环境和丰富深厚的文化底蕴影响之下，蒙台梭利母子逐步发展出一套后来被称为"宇宙教育"的教学方式，即教育儿童观察自然和宇宙。

缘起于一次短期旅行

1937年冬，英国裔印度籍夫妻乔治·西德尼·阿伦代尔（Georges Sydney Arundale）和鲁克米尼·德维（Rukmini Devi）来到阿姆斯特丹度假。阿伦代尔是印度一位颇具影响力的人物，他和妻子都对教育学非常热衷。他曾担任教育部长[520]，而结识玛利娅·蒙台梭利则是在他出任神智学会主席期间。当他们得知这位著名的女博士就住在离阿姆斯特丹不远的拉恩时，立即决定前去拜访。双方可谓一见如故、惺惺相惜。他们向玛利娅表达了希望在印度组织培训课程的想法。阿

---

[519] 意大利与德国联手后，英国人便将所有意大利公民视为敌人。当时，马里奥曾入狱三个月，玛利娅则被软禁在家。

[520] 在此之前，乔治·西德尼·阿伦代尔曾任贝纳勒斯中学校长和马德拉斯大学校长。1934年起，他出任神智学会主席。

伦代尔认为，当务之急是培养高质量的印度教师，让孩子们都能享受到高质量的教育。这项任务相当艰巨，因为尽管印度从 1933 年就开始实施小学阶段义务教育，但在整个三十年代，该国儿童的入学率仅为 30%。因此，学校亟须进行现代化改革，给数以百万计的儿童提供教育机会，进而帮助他们获得更优越的生活条件。

事实上，蒙氏学校早在 1915 年就已经出现在印度了，准确地说是创立于古吉拉特邦。1913 年罗马举办的首届蒙台梭利国际课程上，便有一位名叫保罗·辛纳帕（Paul Chinnappa）[521] 的印度学员参加，此后其他印度教员也陆续接受培训，并于归国后创办了各自的蒙氏学校。1917 年，时任神智学会主席的安妮·贝桑（Annie Besant）提议在印度开设蒙氏教学法课程，培训本土教师。[522] 二十年代末，《科学教育学》一书开始在古吉拉特邦和印地语地区得到使用。1932 年，加尔各答大学邀请玛利娅举办巡回演讲活动，并为此次行程成立了一个专门的委员会，但最终未能成行。直到 1938 年，玛利娅与阿伦代尔第二次会面后，前往印度授课的日期才最终敲定。玛利娅提出的唯一条件是，能够拥有足够的时间研究印度教育现状，以便贴合当地儿童需求调整自己的教学法。她的原初计划是组织一次为期三个月的课程，接着投身到大量实地访谈的工作之中。

动身日期定于 1939 年 10 月。当时希特勒已占领波兰，身在滨海卢维尼的贝尔纳家中，玛利娅和儿子马里奥对局势忧心忡忡，但还是决定启程。玛利娅·安托妮塔·保利尼陪同他们抵达那不勒斯。母子

---

[521] 保罗·辛纳帕是由印度迈索尔市政府派遣至罗马学习蒙氏教学法的。此后他又前往芝加哥攻读了博士学位，研究方向为英国体系对印度教育的影响。

[522] 她领导的所有学校从 1931 年起都采用蒙氏教学法。

二人由此登船前往孟买。他们原本打算在印度停留半年，但第二次世界大战让一切计划都被打乱了。最终，蒙台梭利母子是在七年之后的 1946 年 7 月 30 日才得以重新踏上欧洲的土地。

轰动印度全国的事件

玛利娅·蒙台梭利的到来成为印度举国关注的事件。印度最知名的企业家 J.R.D·塔塔（J. R. D. Tata）是当时唯一一位持有飞行员执照的印度人。他于 1939 年 11 月 4 日亲自驾驶飞机将玛利娅从海得拉巴护送至马德拉斯。尽管年事已高，当时的飞行条件也相当辛苦，但玛利娅在下机时依然步伐矫健，脸上充满对周围事物的好奇。当地的接待规格相当壮观，出席迎接活动的少年甚至在五十年后仍对当时的场景记忆犹新。在玛利娅前往神智学会总部所在地的一路上，长长的儿童迎宾队伍沿途不断向她致敬。抵达目的地后，她丝毫没有休息的意思，立即着手课程的组织工作。享誉世界的印度名人拉宾德拉纳特·泰戈尔 [523] 和甘地（Gandhi）成为此次蒙台梭利课程的推荐人，他们的名字出现在宣传折页 [524] 的醒目位置。泰戈尔曾于 1925 年在纽

---

[523] 拉宾德拉纳特·泰戈尔（1861—1941），诗人、作家、哲学家。他于 1913 年获得诺贝尔文学奖，成为获此殊荣的首位非欧洲人士。他拥有自己完整的教育理念，尤其重视手工劳动和户外活动。他在加尔各答附近创办了一所学校，对其运作相当关注。

[524] 泰戈尔同意推荐蒙台梭利课程，他表示："我非常高兴地看到你们在蒙台梭利博士的印度之旅组织工作中扮演重要角色，还了解到你们将在她身处马德拉斯期间于阿迪亚尔城组织教师研究班课程。我非常荣幸地接受你们的请求，为此次课程担任推荐人。我同意自己的名字出现在宣传材料上。"引自 P. Giovetti, *Maria Montessori…, op. cit.*, p. 97.

约与玛利娅会过面。在 1926 年出版的《科学教育学》意大利文第三版中，玛利娅在序言里也提到了泰戈尔：

"印度著名诗人拉宾德拉纳特·泰戈尔希望将他的（教育）诗意理念与我教学法的实用部分相结合，在印度和爪哇岛的泰戈尔 – 蒙台梭利学校里推广。"[525]

1929 年，二人又在赫尔辛格的新教育联盟国际大会上再度碰面。1940 年，泰戈尔致信身在印度的玛利娅："听到您的消息让我非常高兴。您是知道的，我对您在教育领域的成就深感钦佩。我跟我的同胞们一样，都认为印度能够从您的教育建议中获益是非常幸运的一件事。我坚信，有了您的参与，作为国家重建事业根基的儿童教育将走上振奋人心的发展道路。"[526]

而甘地是在 1931 年参加伦敦圆桌会议[527]时首次与玛利娅见面的，后者当时正在伦敦进行第十七次蒙台梭利国际课程。甘地甚至在课程开幕式上做了发言："我早在 1915 年回到印度时就已经听说过您的教学法了。我非常期待这次在伦敦与您和您的学生们见面。看到孩子们被教导得安静体面，在教师的出色指引下做出慷慨而平和的回应，我感到一种说不出的喜悦。在观察他们的一举一动时，我不禁联想到印度贫困村落里数以百万计的饥饿儿童，于是我问自己：是否能够将您的教学法带到印度儿童的教育当中呢？"[528]

---

[525] *Il metodo della Pedagogia Scientiffca applicato all'educazione infantile. Edizioni critica* (2020), Opera Nazionale Montessori, p. 64.

[526] 1940 年 1 月 6 日的信函，引自 *Vita dell'Infanzia*, 2017/3-4, p. 39.

[527] 1930 年至 1932 年，英国政府共组织了三次圆桌会议，旨在探讨英属印度的宪法改革问题。

[528] P. Trabalzini (2004), « Montessori e Gandhi in immagini e parole », *Vita dell'Infanzia*, 2004/10, p. 5.

此次会面后不久，玛利娅就前往曼彻斯特参加了支持甘地的集会。她还陪同甘地参观了伦敦和罗马的儿童之家。甘地非常欣赏蒙氏学校的哲学理念，同时他恳请玛利娅不要忘记贫困儿童。于是，玛利娅向甘地承诺，只要有机会去印度，她一定会同甘地隐修处的孩子们见面。[529] 此后，二人一直保持书信往来。甘地对玛利娅接受访印邀请显然起到了推动作用。他曾写道："我非常高兴能够说服她来印度访问半年。"[530]

阿迪亚尔城

玛利娅受到了女王般的接待。当地竭尽所能为她和马里奥提供最好的生活条件。他们拥有专属司机[531]，负责接送"夫人进城，在斯宾塞商店购买英国商品。她从不喝白开水，只喝柠檬水。她很喜欢意式咖啡，白天总会喝上几杯，但每次都很少量"[532]。当时的一名学生回忆道："夫人很喜欢珠宝首饰和印度披巾。她很欣赏我们的素食菜肴，尽管她并不是完全吃素。因为我们都是素食主义者，所以她把我们唤作小兔子，经常会问：'你们呢，我的小兔子们，你们开心吗？'她

---

[529] C. Trudeau (2003), *Montessori's years in India*, archives générales des Sœurs de Notre-Dame de Namur, p. 15.

[530] 致西德尼·阿伦代尔的信，1939 年 5 月 21 日，引自 P. Giovetti, *Maria Montessori…*, *op. cit.*, p. 97.

[531] 这位司机名叫斯瓦密·纳什亚潘（Swami Nachiappan）。他后来成为卡拉克什特拉出版社的负责人。该出版社成立于玛利娅访印期间，用于在印度发行其著作。

[532] P. Giovetti, *Maria Montessori…*, *op. cit.*, p. 99-104.

常常来到我们家中，兴高采烈地品尝我们的菜。"[533]

神智学会的主要活动区域在阿迪亚尔城，那是一片和平的绿洲。毗邻孟加拉湾的硕大公园内栖息着种类丰富的动物和枝繁叶茂的植被，拥有五百年历史、周长达 250 米的"大榕树"便生长于此地。学会的许多活动都在树下举办。玛利娅和马里奥也喜欢在这里会客聊天。公园中散布着三十余栋住房，不同宗教派别都辟有一处礼拜区域。

蒙台梭利母子居住于宽敞优雅的殖民地风格奥尔科特独栋宅邸，距树林区较远。他们将生活区安排在二楼，学校则设于底楼。每间教室都面积充裕，并设有多扇房门，便于孩子们自由走到户外的游廊和花园享受大自然，在露天展开活动。学校招收的孩子来自当地家庭及附近贫困村庄。

一名奥尔科特学校从前的学生描述道："夫人又温和又可爱，她给了我们很多关于生活方式的建议。但她没有给我们上课。她坐在教室里看着我们，观察着一切。她不会和我们一起到户外去。我们跟马里奥去找叶子和花朵，然后对这些东西进行描述。他要求我们将这些东西画下来，教我们植物的名称。尽管我们年龄还小，但学得很快。他还在大地图上教我们地理，知识因此变得非常具体。马里奥给我们讲了很多故事，他也希望我们给他讲印度的故事。他很可爱，也很有趣。他会带我们去海滩上玩，还会邀请我们去他家做客。他非常热情，但同时很看重纪律。他既严格又开朗。他能够让困难的事情变得容易起来。在他的教导下，我们学到了很多。夫人和马里奥总是不停地鼓励我们。"[534]

---

[533] *Ibid.*, p.102.

[534] *Ibid.*, p.107.

首轮课程（1939 年 11 月至 1940 年 2 月）计划招收五十名学生，最后却迎来了三百人参与，其中不止有教师，还有医生和来自印度好几个其他邦的教授。他们的宿舍是用芭蕉叶搭建的，旁边还有一处大茅屋作为教室。学生们坐在地上听课，玛利娅则坐在一张扶手椅上，前面摆着小桌子。马里奥在她身边担任英文翻译。语速较慢的英文玛利娅基本都能听懂，所以她不时地会带着一丝调皮的微笑纠正马里奥翻译中的某些错误，尤其是在出现关键点漏译时。

每节课前，玛利娅都会先用低沉的语调祷告。在她进行这番仪式时，周围一片安静。她的上课表现和演说天赋让学生们相当钦佩："我们从来不会感到无聊""每节课的学习都是一种享受"。还有些学生对她的幽默感和极具表现力的眼神记忆犹新。[535] 每次下课时，她都会对大家表示感谢：

"感谢你们如此聚精会神地听讲，我对你们怀抱深切的感情。你们让我感受到莫大的满足和欣慰，我由衷地感谢你们。"[536]

话音落下后，学生们便会走上前来向老师致意，满怀虔诚地触摸她的双手双脚。

在印度和其他任何地方教学时，玛利娅都会融入当地学生的文化环境之中，采用能够有效传递自己理念的语言表达方式，比如下面这个例子所示："圣雄甘地对你们说：'请纺线和织布。'而我会对你们说：'请帮助孩子们，因为他们是你们民族的儿子。'你们国家未来的振兴将依靠孩子。纺线、纺线、纺线。这应当成为你们的一种象征，如果不纺线，如何织布呢……国家建设的第一步，便是除害灭虱，备

---

[535] C. Trudeau, *Montessori's years in India, op. cit.*, p. 10.

[536] P. Giovetti, *Maria Montessori…, op. cit.*, p. 110.

齐纺线，然后才能开始编织，直到有一天，编织出社会的未来。"[537]

学生们还会观察奥尔科特学校和贝桑纪念学校里孩子们的学习情况，从实践层面深入体会蒙氏教学法。这两所学校的儿童数量庞大，但可供他们操作的教具却只有三种。每天晚上，在正式培训课程结束后，玛利娅会继续跟学生们待在一起，共同前往游廊或是海滩散步。无论心情激动抑或平静，玛利娅都喜欢一边凝望大海，一边同学生们讨论与儿童相关的争议话题。当她坐在花园里时，孩子们都会迫不及待地围过来。尽管他们语言不通，但显然能够彼此理解、顺畅沟通。

来到印度后，玛利娅体会到了在别处从未有过的、被深刻理解的感觉："多年来，儿童向我展示了灵魂深处隐藏的东西。我在许多国家遭遇过数不胜数的误解和隔阂！人们都以为我在谈的是教学法，事实上，我是在揭示来自儿童灵魂的东西。而在这里，我感到你们完全理解我。儿童是无价之宝，我们可以从中汲取无穷的力量。我们应当将儿童视为合作者。他们完成使命的一部分，我们完成另一部分。儿童的使命是向我们清晰展现何为真爱。唯有成人和儿童团结协作，社会才能发生改变。这并非易事，这是教育的责任。真正的教育不仅意味着儿童接受教导，也意味着成人的自我改变。"[538]

玛利娅同乔治·阿伦代尔的妻子鲁克米尼·德维合作相当愉快，后者是一位传统舞蹈专家。在神智学会所在地，鲁克米尼创建了一所艺术学院，旨在将丰富而宏大的印度文化传承给年轻一代。这在玛利娅看来，无疑是自己推崇的宇宙教育最具体的例子。美是二人教育共

---

[537] U. Ramani (2016), *Montessori in India*, Éducateurs sans Frontières Assembly, p. 15.

[538] 摘自 1939 年阿迪亚尔城的某次演讲内容。« The Child, the eternal Messiah »，引自 P. Giovetti, « Maria Montessori in India. Rapporti con la Teosoffa e la Società teosoffca », *La cura dell'anima in Maria Montessori, op. cit.*, p. 90.

识中最重要的因素。她们都认为，让年轻人拥有建设更美好世界的可能性，这一点至关重要。在玛利娅和鲁克米尼的亲密合作之下，艺术学院校园内建起了一所儿童之家和一所蒙氏小学。艺术学院的舞蹈家莎拉达·霍夫曼（Sharada Hoffman）在蒙台梭利母子初到印度时年仅10岁。她回忆道："夫人很喜欢舞蹈。在她授课期间，我做过一次示范。她的声音非常美妙。她举手投足的方式让人惊叹。她对孩子们非常疼爱，还称我为'我的小朋友'。[539]"

英国人的囚犯

随着意大利加入德国一方参战，1940年6月10日，蒙台梭利母子被英国人视作敌人。马里奥和其他身在印度的意大利人一起，被关进了艾梅德纳加尔的一处集中营。玛利娅认为这是英国人对她的背叛，因为她正是由于同墨索里尼之间的过节才被迫流亡国外的，对此他们心知肚明。她本人被允许留在神智学会总部，每两周可以去探望一次儿子。但也许是受到太大打击，她病倒了。许许多多的朋友都表达了他们的深切关心，甘地也致信表示感同身受。

马里奥入狱一事在英国引起极大反响。英国蒙台梭利运动负责人克劳德·克拉尔蒙特（Claude Claremont）在《泰晤士报》（Times）上刊登了一封信。他在信中表达了自己的深切愿望，希望英属印度尽快找回"应有的体面和责任，至少应当具备幽默感。请不要再对蒙台

---

[539] P. Giovetti, *Maria Montessori…, op. cit.*, p. 105-106.

梭利女士施加任何限制，她的伟大教育事业值得全英国的尊重"[540]。

1940 年 8 月 31 日，玛利娅在自己生日当天收到了一封印度总督的电报：

"经过深思熟虑之后，我们认为送给您七十岁生日最好的礼物，就是让您的儿子回家。"[541]

这是马里奥首次被正式承认为玛利娅的儿子。

但蒙台梭利母子的活动范围仍被限制在住所周围八公里区域。在取得必要的许可后，他们可以前往事先报备的城市组织培训课程，观察由从前学生们创建的学校中孩子们的学习情况，前提是不能接近战区。这样对自由的限制让性格刚强的玛利娅备感折磨，她曾对一名学生说道："您知道吗，我不知道自己应该去哪里。我落到了英国政府和神智学会两方的手中。"[542]

尽管困难重重，又远离其他家人，但蒙台梭利母子的生活条件始终是优越的。他们的开销完全由神智学会和友人们负责，并不像当时的欧洲人那样在经济上存在任何顾虑。

艾哈迈达巴德市

艾哈迈达巴德市（古加拉特邦）是甘地的解放运动总部所在地，玛利娅发现这里的居民情况与圣洛伦佐极为相似。艾哈迈达巴德还是

---

[540] M. Schwegman, *Maria Montessori, op. cit.*, p. 114.

[541] P. Giovetti, *Maria Montessori…, op. cit.*, p. 101.

[542] C. Trudeau, *Montessori's years in India, op. cit.*, p. 40.

富裕的纺织企业家夫妇阿姆巴拉·萨拉拜（Ambalal Sarabhai）和萨拉拉德维·萨拉拜（Saraladevi Sarabhai）居住的城市，二人从英国带回了蒙台梭利的相关书籍，因此对其教学法十分熟悉。他们七个孩子的家庭教师中，有一位正是玛利娅的朋友埃德温·莫尔提梅·斯坦丁（Edwin Mortimer Standing）。他也是玛利娅的传记作者。他们的女儿林哈本（Leenhaben）参加了阿迪亚尔的首次国际课程，此后在自家庄园内创立的、旨在接收孤儿的施莱亚斯学院基金会幼儿园和小学工作。马里奥担任该校校长，在学院建设过程中负责监督工作，确保玛利娅制定的标准得到严格贯彻。玛利娅与萨拉拉德维之间由此建立起深刻的感情：后者称呼玛利娅为母亲，并请求她将此处视作自己在印度的家。蒙台梭利母子多次居住于萨拉拜夫妇家中。由于与高层关系密切，阿姆巴拉·萨拉拜在释放马里奥一事中起到了关键作用。

萨拉拜家族与甘地的关系也非常亲近，尽管双方在社会问题，尤其是经济等级问题上存在分歧。他们之间的友谊令人惊诧：斯坦丁每次看到甘地瘦小的身影从萨拉拜夫妇为其安排的大轿车中走出时，都忍俊不禁。当甘地决定将"贱民"家庭的孩子招收进"贱民静修处"幼儿园接受教育时，许多企业家都表示反对并撤回对其的经济支持，但阿姆巴拉·萨拉拜反而提高了赞助金额，令这所幼儿园避免了被迫关闭的厄运。

为兑现对甘地的承诺，玛利娅于 1941 年夏天在艾哈迈达巴德市组织了一次课程培训。玛利娅将上课时间平均分配给不同社会阶层的教员，确保所有儿童都接收到良好教育。上午的课程安排在一间富裕阶层孩子就读的高中，下午则在向"贱民"家庭开放的静修处学校授课。玛利娅认为"贱民"阶层的孩子们拥有令人欣赏的特质。她肯定地告诉学生们，这群孩子可以跟她观察过的其他所有孩子一样回应教师的指令、完成手中的任务。上下午课程内容完全相同且相当完整，无论面对富裕阶层还是贫穷阶层的教员，玛利娅一视同仁。

如今，在静修处博物馆内，有一块介绍牌列出了甘地的朋友们和他欣赏的几位名人。玛利娅·蒙台梭利是其中唯一的女性。[543]

科代卡纳尔城

1942 年至 1944 年期间，蒙台梭利母子被软禁于科代卡纳尔。这座小城位于山丘之间，毗邻一片湖泊，距马德拉斯五百公里。这里的气候更为清凉，许多西方人都选择在季风期来此躲避极端天气。神智学会很可能是出于对玛利娅健康状况的考虑选择了这一居住地，因为她很难忍受炎热气候。阿迪亚尔的课程结束后，当地政府以日本轰炸为由命令所有外国人在 48 小时内离开该城。这与马里奥的说法有些许出入，他表示当时如果不是因为母亲的健康问题要求必须搬家，他们会继续留在阿迪亚尔。他们搬入的小屋名叫"低地玫瑰"（Rose Bank），马里奥觉得房子设计得恰到好处。客厅内设有取暖的壁炉，只需短短几级台阶便可进入屋内。屋后花园与房子齐平。这一细节设计对玛利娅至关重要，因为她爬楼梯已经有些困难了。

玛利娅对密友玛莱尼写信说道，这是一段集中精力展开研究工作的时期："在这里度过的几年里，我们花了大量时间在工作上。我们

---

[543] « Sui passi di Maria Montessori. Lettera da San Francisco », *Il Quaderno Montessori*, 1997/1, p. 4-5.

完善了教学理念：我认为教学法的视野已经完全展开了。对儿童迅速适应环境的吸收性心智的阐释真是太美妙了。作为教学法的完美收尾，我们完成了宇宙教育的研究计划……此前种类有限的教材现在变得丰富起来。我们设计了一套针对语言、数学、生物、地理、历史、史前史和地质学的综合性科学教材。它可以让中等学校教育计划缩短三年。我们现在需要撰写一些教科书，但必须有大量技术人员的参与，这样才能确保对所有新式科学教材进行准确介绍。这就是我们现在的进度！"[544]

而所有这些成果都是在那段令人胆战心惊的时期内完成的。母子二人对身居荷兰的其他家人牵挂不已，他们得不到任何关于家人的消息。玛利娅的孙女后来描述道，为了缓解这种焦虑，玛利娅开始占卜，假装每一次好的占卜结果都预示着欧洲家人们的平安。习惯了被众人环绕的她，那段时间还必须忍受孤独的痛苦。她有时还会觉得自己很没用，无法在这座小城里组织教师培训课程。值得庆幸的是，参加过阿迪亚尔课程的学生莱娜·维克拉玛拉特内（Lena Wikramaratne）对教学法深深着迷，并跟随蒙台梭利母子来到了科代卡纳尔。玛利娅要求她练习解释教具的用途以及蒙氏教学法的各种原则。另有两位母亲也参加了她们二人每天的交流活动：她们的四个孩子都只有 2 岁到 4 岁，还不能去上学。玛利娅很好奇两岁大的孩子会对她的教具做出什么反应。于是，她们在莱娜家中的一个房间里专为这四个孩子开设了一间小学校。两周后，学校迎来了十五个孩子；三个月后，数量增加到了六十个。家长还希望将自己六至十二岁、在传

---

[544] 从阿迪亚尔写给玛利娅·玛莱尼的信，1945 年 12 月 31 日，引自 G. Alatri, *Il volo tra le genti di Maria Montessori, op. cit.*, p.44

统学校学习存在困难的孩子送到这里。一开始，他们只是每天下午来到这所学校，但很快就变成了全天。于是，莱娜的父亲租了一栋大一些的房子来接收学生。这里的孩子们来自不同国家：美国、瑞典、法国、希腊、英国和印度较贫困家庭。不久后，来此躲避日本轰炸的中国和泰国的富裕家庭也将孩子送了过来。起初，英国孩子用居高临下的态度对待印度小朋友，但渐渐地，他们的关系便发生了改变。

莱娜每晚都会向玛利娅汇报当天的工作。战争导致教具匮乏。纸张稀缺，只能反复使用。两位细木工匠帮忙制作了英文和当地语的语言教具。她们利用晚上的时间制作动植物图卡。莱娜担心这些教具无法满足大龄儿童的需求。玛利娅安慰道："你们拥有全世界最好的教材，那就是大自然。不要怕，把大自然利用起来吧。你们还可以找到一些阅读和书写的英文教材。高提耶（Gauthier）神父[545]答应送我们一些修道院的书籍。"[546]

大自然再次成为取之不竭的灵感之源。科代卡纳尔为马里奥打开了新世界的大门。他每天中午前往学校，陪孩子们散步或是在池塘边钓鱼。他们一起利用所有自然元素制作了一本植物标本、一本土壤标本和一本水生物标本，由此观察大自然的各种生命形式，形成山脉的岩石、木材和黏土的结构以及不同土壤类型在阳光下产生的不同反应。马里奥的目的是让孩子们能够仔细观察自然，学会辨识自然元素。他借此机会教授孩子们生物、历史、动物学及植物学领域的基本分类知识。大自然就是他们的教室。

---

[545] 高提耶神父是一名法国传教士、人类学家，为蒙台梭利母子定居科代卡纳尔城提供了帮助。

[546] D. Kahn (2013), « The Kodaikanal Experience : Chapter I. Kahn-Wikramaratne Interview », *The NAMTA Journal*, vol. 38, n° 1, p. 86.

最后，他们终于得以在科代卡纳尔组织了两次教师培训课程，学生们来自好几个国家。玛利娅借培训的机会首次介绍了自己的宇宙教育理念和大龄儿童教育经验："动物学的教授过程在户外进行，搭配一些实践展示。这次课程还介绍了植物学。学生们自己制作了海报和图片，梳理不同类别，对各种动植物进行剖析。动植物领域的详细介绍以海报上的彩色同心圆形式呈现。"[547]

上述课程内容集结为一本名为《教育人类潜能》（*Éduquer le potentiel humain*）的书。神智学院委派年轻的美国姑娘诺玛·玛基（Norma Makey）协助玛利娅的撰写工作。她负责帮助玛利娅审读和翻译部分手稿。玛利娅在艾哈迈达巴德市授课期间的讲座内容由此被整理为两本新作：《发现孩子》（*La découverte de l'enfant*）和《儿童的吸收性心智》（*L'esprit absorbant de l'enfant*）。

1944 年 3 月，蒙台梭利母子获英国政府许可，恢复自由出行，二人定居科代卡纳尔的时光宣告结束。尽管仍需向政府机关汇报行踪，但早已厌倦了软禁的他们面对放松后的政策依然雀跃不已。

恢复自由

战争结束后，盟军才意识到他们将蒙台梭利母子视作潜伏间谍一事可谓大错特错。他们以补救为名，邀请玛利娅在政府广播中面向全世界介绍自己的教学法。马里奥对这次机会表现出极大的热情，但玛利娅不想自己的事业在任何情况下成为宣传工具。几经考虑后，她拒

---

[547] C. Trudeau, *Montessori's years in India, op. cit.*, p. 29.

绝了这次邀请："想想此刻在意大利、荷兰和德国死于盟军轰炸下的儿童吧。我们自己的孩子就在荷兰。当那里的人们听到我站在盟军一边谈及儿童问题时，他们会作何感想？"[548]

蒙台梭利母子抓紧重获自由的机会，积极组织了多次培训课程。他们前往拉贾斯坦邦的皮拉尼授课，还在那里创立了一所儿童之家和一间小学。玛利娅渴望拜访"辛巴达船长的家乡"，这是她小时候非常喜爱的童话故事。在莱娜的帮助下，他们在锡兰也组织了课程。那里的孩子们在接触大自然和他们在科代卡纳尔制作的教具时，也做出了同样的反应。在科伦坡，政府组织了专门针对 0～3 岁儿童教育的课程。玛利娅在这次课上提出了按需喂养以及母亲从新生儿出生之时便与其身体接触的重要性等理念。她指出必须重视新生儿护理，并谴责"成人用没有灵魂的双手"粗暴对待新生儿。在克什米尔期间，恢复自由的玛利娅首次致信好友玛莱尼："我们从去年（1944 年）12 月 12 日开始就恢复自由了。我们可以出门旅行了。现在，我们在克什米尔！身在喜马拉雅山脉之间。"[549]

全印度所有蒙氏学校代表首次齐聚一堂，举办了一次大会。这也是蒙台梭利母子冒险返回欧洲之前在印度的最后一站："我们在卡拉奇的一家酒店里待了三天，等待有飞机空出位置来。但连续三天等来的都是'满员'。最后，我们终于等来了好消息。那架三十座的飞机上全是来自日本集中营的难民。到罗马转机时，我不想下机吃饭，因为我又疲劳又虚弱，衣服也在飞行过程中变得皱巴巴的。我不想这个

---

[548] P. Giovetti, *Maria Montessori…, op. cit.*, p. 114.

[549] 从斯利那加写给玛利娅·玛莱尼的信，1945 年 7 月 20 日，引自 G. Alatri, *Il volo tra le genti…, op. cit.*, p. 44.

时候有陌生人过来跟我打招呼。"[550]

1946 年 7 月 30 日，玛利娅终于抵达阿姆斯特丹："我坐在一块木头上，曾经熟悉的那座漂亮机场已经被炸毁了，现在只剩下一些临时搭建的小木屋。经过七年的亚洲流亡生涯后，我就这样回到了欧洲。"[551]

欧洲的一年及再次前往印度

在荷兰与家人们团聚之后，玛利娅迅速回到工作中，开始欧洲巡回之旅。1947 年 7 月，马里奥迎来第二次婚姻，与埃达·皮尔森结为夫妻。埃达在整个战争期间照顾着他的孩子们。她对婆婆的强势性格了如指掌，也懂得如何在丈夫与其母亲形影不离的关系之间另辟蹊径。埃达是少数几个敢于向玛利娅提意见的人之一。她了解采用何种态度才不会惹恼婆婆，以下这件小事就是很好的例子。有一天，她对玛利娅说道："不行，您不适合戴这顶帽子！"这句评价在许多回忆录里都有所反映。

东柏林大学为玛利娅提供了教席，请她"教年轻一代如何生活在自由之中"，但她拒绝了这一邀请，因为来自印度的呼声更大。尽管蒙台梭利母子已经返回欧洲，但在印度邀请她授课的热情依旧不减。正如玛利娅给玛莱尼的信中所述："印度各个地方都在请求开设培训课

[550] 从阿姆斯特丹写给玛利娅·玛莱尼的信，1946 年 8 月 6 日，引自 *ibid.*, p. 45-46.

[551] *ibid.*

程，但我实在太累了。我头脑是清醒的，但双脚已经不听使唤了。"[552]

1947 年 8 月，就在写完这封信的两年后，玛利娅不顾自己在欧洲各国间多次旅行的疲劳，再次出发前往印度。当时她已经 77 岁。马里奥的新一任妻子及其最小的女儿于 1947 年 10 月与他们会合。长途飞行相当辛苦，但她热情不减、积极乐观，眼前新鲜发生的一切都让她兴奋不已。她在旅途随笔中这样写道：

"我抵达了印度。我不仅还活着，而且感觉比身在罗马时更好了！走起路来也舒服多了！！但一路上，我经历了空路、陆路和水路，还在公海上乘坐了水上飞机。整个旅程历时四天，各种交通工具不断交替。我们从伦敦坐了近五小时的大巴抵达即将登船的港口；接着途径西西里岛、埃及、阿拉伯半岛、美索不达米亚平原，我就这样坐在座位上，像个包裹一样被运输着。可是，亲爱的，我终于到了！身处这热带气候之中，被荷花和棕榈树簇拥着……"[553]

不过，当地生机勃勃的自然风光和人们对教学法的无限热情也无法消除玛利娅不时产生的思乡和沮丧之情，她曾给友人写道："印度实在太遥远了，这里的一切都如此不同又这般不幸。我为什么要来到这里？命运之轮为什么要做出这样的安排？"

印度全国正陷入动荡不安的一段时期，暴力冲突不断，玛利娅的计划进展得举步维艰。这次二度访印的其中一个主要目的是创建一所蒙氏大学，但由于当地分崩离析的大环境，这一梦想未能实现。尽管如此，1948 年她在阿迪亚尔、艾哈迈达巴德、孟买和浦那还是成功

---

[552] 致玛利娅·玛莱尼的信，1946 年 12 月 31 日，引自 G. Alatri, *Il mondo al femminile di Maria Montessori…, op. cit.*, p. 244.

[553] 致玛利娅·玛莱尼的信，1947 年 11 月 7 日，引自 *ibid.*, p. 248.

组织起了课程培训，此后玛利娅前往巴基斯坦和科伦坡授课。这段时期的课程内容集结为《了解孩子》（*What you should know about your child*）一书。另外，蒙台梭利母子还参观了瓜廖尔市一所招收 12 岁及以下儿童的示范学校。6 月时，玛利娅在马德拉斯的"全印度"（All India）电台录制了十二场讲座，面向印度全国播放，复制了当年在巴塞罗那的成功经验。

印度政府还就降低成人文盲率问题求助玛利娅·蒙台梭利。她依照此前在圣洛伦佐区的实践经验，主张采取类似原则解决文盲问题，并在《人的形成》（*La formation de l'homme*）一书中的"世界文盲状态"章节专门论述了自己对该问题的反思。

在第二次访印期间，蒙台梭利母子与曾经在拉恩共事的阿尔贝·马克斯·荣斯滕（Albert Max Joosten）[554] 重逢。他陪同母子二人四处奔波，在培训过程中提供协助。在 1949 年 8 月返回欧洲之前，玛利娅请求他继续留在印度担任她的个人代表。阿尔贝接受了这一任务。此后，他便在当地组织巡回课程培训，负责安排蒙氏教具在印度的生产制造，还创立了《围绕孩子》（*Around the Child*）杂志。

与印度人在一起的生活

再度来到印度时，蒙台梭利母子选择住在印度人聚居区。对外表

---

[554] 阿尔贝·马克斯·荣斯滕出生于 1914 年，是蒙台梭利国际课程首批荷兰学生之一罗茜·荣斯滕（Rosy Joosten）的儿子。罗茜此前常常带着儿子到蒙台梭利家中度假，以随时了解玛利娅的工作近况。因此，她的儿子顺理成章地成为蒙氏教学法在荷兰的推广者，此后他又在印度继续相关工作直到 1980 年去世。

形象十分注重的玛利娅兴致勃勃地向好友玛莱尼描绘了自己印度服饰的各种细节："就比如今天，在一个花园派对上，马里奥穿得就像印度人一样。我完全把自己那些黑色服装抛诸脑后了！我在天气热的时候穿白色，在不是特别闷热难耐的时候会穿各种颜色的衣服。要是穿成这样出现在欧洲，一定会被嘲笑的！我已经好些年不戴手套和帽子了。我就这样像当地妇女一样行走在大街上，露出满头白发。我的衣服有绿色、红色、黄色、粉色、印字、印花的，我还会穿戴头巾和披巾，脚上是凉鞋或尖头平底便鞋。你能想象老朋友变成这个样子了吗？"[555]

他们不仅在服装方面完全融入印度社会，还会长时间同来自不同背景和宗教（佛教、基督教、印度教、伊斯兰教、琐罗亚斯德教等）的家庭沟通交流。来自婆罗门、王公、大企业家、普通渔民抑或"贱民"家庭的孩子，在玛利娅看来，都是一样的孩子。

玛利娅在印度显然有一种如鱼得水的感觉。她尤其欣赏印度人庞大的精神世界："他们说着从梵语中衍生出来的各种语言，他们的服饰与我们的截然不同。但他们绝非野蛮之人。恰恰相反！他们的心理和精神世界无比纯净。他们未被政治腐蚀，亦不会被战争和武器煽动。[556] 他们有着原生态的知觉和情绪：他们对理解儿童及源自于此的人类哲学持开放态度……[557]"

印度人对她报以同样的善意。他们将她视作先知一样的存在。有

---

[555] 致玛利娅·玛莱尼的信，1945 年 12 月 31 日，引自 G. Alatri, *Il mondo al femminile di Maria Montessori…, op. cit.*, p. 244.

[556] 这一评价相当出人意料，因为众所周知，印度历史并非充满和平。但玛利娅或许是在谈论她周围的印度人。

[557] 从阿迪亚尔写给玛利娅·玛莱尼的信，1940 年 2 月 2 日，引自 G. Alatri, *Il volo tra le genti…, op. cit.*, p. 43.

些印度教徒和神智学者甚至把她看成宗教大师的化身。对此，马里奥回忆道："我们所到之处，都得到了教主般的尊重和礼遇。人们认为她是上帝点化的大师，旨在启示儿童的心灵和精神潜能，这是拯救人类的必经之路。至于我，则被看作她的忠实信徒。蒙台梭利女博士每到一处，人们都像迎接降福一般将她迎进门。"[558]

多年后，马里奥承认，尽管起初遭受了许多波折，但不断延长的印度岁月的确拥有其积极的一面。他们在当地的密集工作收获了丰硕成果："命运将蒙台梭利女博士带到了印度，上帝让她在此地停留。这就好像上帝早已决定限制我们的自由，以使我们全身心地投入到完成蒙台梭利女博士使命的工作中。一切都是命中注定的。"[559]

人们迫不及待地等候着玛利娅将印度工作成果带回欧洲。她人生的最后几年"非常充实"[560]。

---

[558] P. Giovetti, *Maria Montessori…, op. cit.*, p. 110.

[559] 引自 P. Giovetti, « L'esilio spirituale e mistico in India », *Un volo tra le genti…, op. cit.*, p.182-184.

[560] D. Kahn (2013), « The Kodaikanal Experience : Chapter II. Kahn-Montessori Interview », *The NAMTA Journal*, vol. 38, n° 1, p. 95.

第十一章　在欧洲的最后时光

马里奥·蒙台梭利在回顾母亲波澜壮阔的一生时，始终强调她曾经克服的千难万险：

"担当儿童的'传教士'并非易事，因为她深知，孩子并非为自己而活，而仅仅是为父母而活；孩子并非作为家庭的一分子而存在，并非作为纯粹的人存在。而她，她将儿童视为世界公民。她关注孩子，随着世事变迁，她成了一位名副其实的传教士。她不得不离开祖国和其他所有将儿童与政治、宗教和意识形态等方面混为一谈的国家。"[561]

直到生命的最后岁月，玛利娅依然在为捍卫儿童福祉与和平而四

---

[561] M. M. Montessori, « Un incognito ritorno », *Introduzione a Mario M. Montessori, op. cit.*, p.157.

处奔走。她不顾自身困境与健康状况，始终将社会问题放在首位。

　　1946 年 8 月，玛利娅回到欧洲一个月后，开始越来越思念自己的祖国。当然，她很清楚，重回祖国并不是一件容易的事。她在给玛利娅·玛莱尼的信中说道："我多么希望能够回到意大利啊。"[562] 一群意大利议员提议每月支付她一笔津贴，让她能够回到祖国过上体面的生活。她似乎看到了一丝希望的微光。然而，非常遗憾的是，该计划并未实现。于是，玛利娅选择定居荷兰，同马里奥的妻子一家住在一起。不过，她还是前往意大利短暂逗留过几次。在此之前，她动身去伦敦参加了第二十八次蒙台梭利国际课程。这次培训课程相当重要，不仅因为它是战后组织的第一轮课程，更因为蒙台梭利母子将会在此期间报告他们在印度的研究工作成果。[563] 玛利娅从前的两名学生玛格丽特·霍姆弗莱（Margaret Homfray）和菲比·柴尔德（Phoebe Child）在朱丽娅娜·索尔吉的协助下负责此次课程的组织工作。

　　玛利娅·蒙台梭利再次在欧洲各处奔波期间，才真正意识到这片大陆上的人民在战争中遭受了多么严重的创伤。1946 年 8 月底抵达伦敦后，玛利娅第一时间去市中心转了一圈，亲身感受战争带来的巨大损失。她不断向各种人打听情况，就像她的学生们描述的那样，"她喜欢热闹"[564]。玛利娅和随行人员在圣保罗大教堂前驻足良久，这是在一片战争废墟中唯一幸存的古迹。到达住处后，玛利娅的目光立刻落在桌上不成套的茶具上，尽管这已经是两位姑娘费尽千辛万苦拼凑

---

[562] 致玛利娅·玛莱尼的信，1946 年 8 月 18 日，引自 G. Alatri, *Il mondo al femminile di Maria Montessori…*, *op. cit.*, p. 246.

[563] 玛利娅·蒙台梭利的该系列讲座集结成 *L'enfant est l'avenir de l'homme. La formation de Londres, 1946* 一书，2017 年由 Desclée de Brouwer 出版社出版。

[564] 引自 R. Kramer, *Maria Montessori. A biography, op. cit.*, p.349.

起来的成果了。她用不容置疑的批评语气对玛格丽特说："玛格丽特，这些银器需要抛光了。"[565] 在打开行李箱之前，玛利娅先穿上围裙，拿起抹布，开始擦拭每一件家具。在伦敦居住的这段时间，她经常下厨做晚饭给同事们吃，总能利用有限的材料做出惊人的美味。这里的生活条件与她在印度期间不可同日而语："去伦敦并不困难，难的是要在那里生活下去。身为马德拉斯行政长官的妻子（指她自己），我曾经过着女王般的生活，从家门到花园的道路上总有红毯迎候，还有两列仆人待命。而在伦敦，我居然要亲手做饭！你能想象我是怎么在这里熬过好几个月的吗？朱丽娅娜会告诉你我的生活条件有多差。他们帮我找到了这栋三层小楼，租期是四个月。这是宿舍，不是私家公寓：我得跟六七个人合住。课程结束后想要多待上一个星期也是不可能的，因为其他人会带上跟我同住的姑娘们找来的家具离开这里。可怜的朱丽娅娜，她真是付出太多了，但她依然表现得很高兴。在阿姆斯特丹是不可能找到类似的住处的，只能买下一栋房屋。皮尔森先生便为我买了一处住所。能在自己的国家拥有房屋的人真是幸运啊！"[566]

身处意大利

玛利娅的首要任务之一，是在曾计划开展但未能顺利推进的地方重启蒙台梭利运动。1947 年 5 月 1 日，在离开故土十三年后，玛利

---

[565] R. Kramer, *Maria Montessori. A biography, op. cit.*, p.349.

[566] 致玛利娅·玛莱尼的信，1946 年 8 月 18 日，引自 G. Alatri, *Il mondo al femminile di Maria Montessori…, op. cit.*, p. 245-246.

娅终于重返意大利。在意大利政府的正式邀请下，她乘机抵达罗马。前来接机的路易吉娅·廷卡尼（Luigia Tincani）修女和玛利娅·热尔沃里诺（Maria Jervolino）议员将负责此后的蒙台梭利运动重启工作。廷卡尼修女是一位哲学家，在学生时期便非常欣赏蒙氏教学法。她创立了一间宗教修会[567]，又以该组织名义在印度开设了几家学校。玛利娅和马里奥在印度开展培训期间也接触过前来听课的该组织修女。玛利娅·热尔沃里诺则是少数当选国会议员的女性之一，在 1946 年至 1948 年期间参与了意大利新共和国的宪法撰写工作。教育部长戈内拉（Gonella）委派她负责蒙台梭利全国慈善机构的重建。首次重返祖国的玛利娅计划停留两个月，主要任务是重新组建蒙台梭利全国慈善机构及其同名学校。

5 月 3 日，玛利娅受到国会的隆重接待。5 月 20 日，在廷卡尼修女的促成下，教皇庇护十二世与玛利娅进行了私人会面。5 月 21 日至 27 日，玛利娅受戈内拉部长之邀，于罗马大学举行了三场演讲：首场题为"新世界的教育"[568]，后两场为"教育的四项计划"[569]。

在各种官方活动的间隙，玛利娅也得以同许多老友重聚。她尤其渴望重返"自己的"城市。马里奥借来一辆车，两人单独出行，因为玛利娅希望低调地回到自己的出生地。来到安科纳附近小镇基亚拉瓦莱后，玛利娅静静地凝视着眼前的景致。接着，她回过头来对马里奥说："现在，我心满意足了：能够再次看到自己的家乡，我死而

---

[567] 她创立了学院修道会和罗马圣玛丽亚自由大学，后者提供蒙氏教学法培训。

[568] 这也是由其科代卡纳尔课程培训内容集结而成的书籍名称。该书率先以英文版本在印度出版。Desclée de Brouwer 出版社 2010 年推出翻译版。

[569] 如今我们习惯称之为"发展的四项计划"，而该演讲的题目其实是"教育的四项计划"。

无憾了。"[570]

玛利娅还陆续回访了许多自己"拥有特殊情感关联"的地方，比如博洛尼亚，她从前经常前去看望亲戚和圣母马利亚的神仆们。近半个世纪前，她正是在这里发表了自己关于"新女性"的演讲。在大学演讲结束后，玛利娅向记者们表示，她被"现场的尊重和热情氛围深深打动，这令她深感宽慰，终于确定自己的努力并没有白费"[571]。

她在佩鲁贾待的时间最长。卡尔洛·索福尔扎（Carlo Sforza）伯爵是玛利娅的朋友，也是外籍人士贵族大学的校长。他邀请玛利娅来自己的大学举办系列演讲，并表示很可能由此组织起一轮培训课程。这所学校尤其重视蒙台梭利视野的国际性。1947 年 6 月 10 日至 14 日期间，玛利娅发表了三场名为"人的形成"的演讲。活动效果非同凡响，许多知名人物都表示希望创立蒙氏教学法研究中心，并迅速展开工作。玛利娅曾经渴望建立的研究院终于变成了现实，虽然并未像她起初规划的那样创办于罗马。意大利各界都在为蒙台梭利运动的重启做出努力，玛利娅·安托妮塔·保利尼还于 1949 年组织了国际蒙台梭利大会。而在此期间，玛利娅和马里奥已二度动身前往印度。

---

[570] M. M. Montessori, « Un incognito ritorno », A. Scocchera (éd.), *Introduzione a Mario M. Montessori, op. cit.*, p. 157.

[571] « Maria Montessori illustra le basi del suo metodo pedagogico », *Giornale dell'Emilia*, 引自 P. Trabalzini, « Maria Montessori da Sanremo a Perugia », *Vita dell'Infanzia*, 2019, n° 5/6-7/8, p. 71.

圣雷莫大会

即使身处远方，意大利依旧在玛利娅心中占据着特殊位置。她在书信中提及圣雷莫大会时，反复强调自己对蒙台梭利运动在祖国发展的支持。

"意大利！我将竭尽全力地帮助意大利。我的事业，并非我一人成就的，是四十年前那群圣洛伦佐的孩子们撒下了成功的种子。他们是罗马的孩子！我只是关注他们的一举一动，还有其他人做出了永不磨灭的贡献。我关注他们，就像关注自己内心的变化一样。我为此付出了整个人生，不知疲倦地工作。我走遍全球，宛如向风言说的朝圣者和传教士一般。而这项事业的根基就在意大利，我们应当不断加固它。"[572]

从印度返回欧洲后不久，玛利娅便前往圣雷莫参加了 1949 年 8 月 22 日至 29 日举办的第八届国际大会。战后重建事业在许多国家轰轰烈烈地展开了，但玛利娅依旧忧心忡忡：战争的威胁并未完全消除，许多地方的政治、经济和社会局势都不稳定。在东方的这段漫长的居住经历改变了玛利娅：她从此认为人类社会高于民族、国境和语言、宗教等一切对人类进行区隔的因素。她在著作《教育人类潜能》中特别谈及这一问题。玛利娅前所未有地坚定了自己的信念，认为应当朝着人类解放的普世理想努力，而这一切的起点便是将儿童科学研究置于核心地位。此次大会主题"世界重建中的人的形成"也在强调玛利娅的观点，即从幼年便应当开始展开教育是至关重要的。她致信路易

---

[572] 从科代卡纳尔写给廷卡尼修女的信，1948 年 8 月 7 日，引自 A. Scocchera (éd.), *Maria Montessori. Il metodo del bambino e la formazione dell'uomo, op. cit.*, p. 274.

吉娅·廷卡尼："我觉得所有有识之士都应该竭尽所能地阻止威胁全世界的物质主义浪潮继续发展。本次大会的目的在于提醒人们关注人性。在我看来，这是比任何国家间的条约都重要的东西。"[573]

此次大会也反映出玛利娅的精神状态，并因此激励了与会者们"重获新力量"。"求知若渴"的玛利娅给人的感觉是"依然充满创造的力量"[574]。如此高龄的她本可以满足于现状，或是追忆过去，抱怨自己遭遇的种种障碍。但年近八旬的她选择面向未来，殚精竭虑地将自己的全部热情投入儿童事业之中："尽管我已为儿童事业工作了四十多年，但它依然能够不断给予我启迪，依然让我有说不尽的话，令人充满希望。"[575]

她以自己亲身经历为例，鼓励与会者们在面对蒙氏学校可能遭遇的任何困难时都不要丧失勇气。

"我可以肯定地告诉你们，如果不是抱持着人类可以越来越好的信念，我绝不可能拥有五十年坚持斗争的力量，不可能在事业数次被毁后依然东山再起。到了我这个年纪，没有如此坚定的信念，是断然无法继续四处奔走，传递这样的真相给你们的。"[576]

圣雷莫大会是蒙氏教学者们战后的首度大型集会。来自五大洲二十个国家的逾五百名代表参与了大会。印度和斯里兰卡的代表人数

---

[573] 从阿迪亚尔写给廷卡尼修女的信，1949 年 7 月 29 日，« Una lettera da Madras »，*Vita dell'Infanzia*, 2000, n° 1, p. 11.

[574] 引自 P. Trabalzini, « Maria Montessori da Sanremo a Perugia », *Vita dell'Infanzia*, 2019, n° 5/6-7/8, p. 68.

[575] « Messaggio al Congresso », 引自 A. Scocchera, *Maria Montessori. Il metodo del bambino e la formazione dell'uomo, op. cit.*, p. 129.

[576] M. Montessori, « La capacità creatrice della prima infanzia », A. Scocchera (éd.), *Maria Montessori. Il metodo del bambino e la formazione dell'uomo, op. cit.*, p. 136.

相当多。十一个国家派出官方代表团参会[577]，联合国教科文组织也有七十名代表参加。

奥蒙德别墅特别布置了一间蒙氏教室。二十五名儿童在教室里使用着蒙台梭利母子在印度全新设计的丰富教具。大会还组织了一场大型回顾展，呈现了蒙氏教学法在全世界的发展轨迹。此外，大会总共计划了二十八场演讲。

玛利娅·蒙台梭利一袭黑装亮相，她被"祖国给予自己的接待规格深深感动，而且深表自豪"[578]。她看上去"非常瘦小，佩戴着一条双排珍珠项链和一枚印度大胸针，上面的图案是两只后脚站立的雄狮和一条盘旋缠绕的眼镜蛇。她的微笑舒缓而低调。她的眼神灵动，声音清晰，语速缓慢。辗转世界各地的经历让她的语音语调带有异域风情"[579]。玛利娅的四场演讲是对自己思想的综合和总结，其中加入了她在印度收获的知识。玛利娅在演讲中提到了一位印度牧羊女因为给自己最喜爱的植物过度浇水而导致其凋落的故事，又谈及关于人才的福音寓言[580]，由此可见东西方文化在她的思想体系中已得到融合。

在第一场题为"幼儿创造能力"的演讲中，玛利娅遗憾地表示，"集体教育从来未考虑过隐藏在每个孩子身上的神秘潜能"。接下来，她请与会者"时刻牢记一点，那就是儿童拥有强大的个性。儿童是创造者。他从无到有地创造人类"。她鼓励听众们都成为"儿童潜能的

---

[577] 它们是奥地利、智利、希腊、危地马拉、斯里兰卡、印度、伊朗、墨西哥、巴拿马、瑞典和罗马教廷。玛利娅·蒙台梭利于 1948 年 8 月 28 日致信莱昂·布鲁姆（Léon BLum），邀请其亲自参与大会，并请求法国政府派出官方代表团参会，但并未成行。

[578] P. Trabalzini, « Maria Montessori da Sanremo a Perugia », art. cit., p. 79.

[579] *Ibid.*

[580] 这则寓言讲的是，一位主人奖励了值得嘉许的工人，惩罚了那些因为害怕让他失望而不敢大胆完成他交代的任务的工人。

培养者"[581]。

第二场演讲名为"时空中的人类团结"。玛利娅指出，成人往往逆自然而行。她还强调教儿童懂得感恩的重要性，"要让他们学会思考工作的社会价值，了解我们为他人奉献之事的美好，从而让团结协作成为所有人的共识"。在印度时，玛利娅建议教师们将地理、历史和科学知识与他们自己的发现相结合，尤其应当同参与其中的人类生活相结合。学生们表现出对这类学科的极大兴趣："孩子们最感兴趣的，是他们应当克服的困难、与之抗争的偏见、征服未知世界时遭遇的痛苦以及大自然的神秘力量。"[582]

这是玛利娅让孩子们感知人与人之间精神团结的方式。

在第三场演讲中，玛利娅介绍了自己根据科学发现展开的儿童心理学研究，并恳请成人用全新视角看待孩子。

"总有人说，人类应当帮助儿童，他们如此虚弱，无知又无力。但我们的看法恰恰相反，我们认为人类应当求助于儿童，他既不虚弱也不可怜，他是人类与文明之父，是我们的老师。"

作为结束语，玛利娅请教育工作者们跟随儿童的步伐："我不再重复这个伟大的真相，不再劝说所有看护儿童的人们不要将孩子封闭在牢笼中。依照儿童弱小而脆弱因此应当得到充分保护这样错误的观念，孩子身上所有的生命能量都会遭到扼制。"[583]

第四场演讲题为"儿童让全世界联合起来"，玛利娅借此机会表达了自己对大会取得如此成功的惊讶之情。她认为与会者之间的交流

---

[581] M. Montessori, « La capacità creatrice della prima infanzia », A. Scocchera (éd.), *Maria Montessori. Il metodo del bambino e la formazione dell'uomo, op. cit.*, p.135-137.

[582] M. Montessori, « La solidarietà umana nel tempo e nello spazio », *ibid.*, p.141-147.

[583] M. Montessori, « La mente assorbente », *ibid.*, p. 149-157.

达到了新高度，尤其对人们一致的情感共鸣深有体会。有人将这次成功归于玛利娅的出席，但她并不赞同："请允许我这样说，对您的赞美我并不认可。不是这样的，是有比我的出席更加重要的因素促使大家紧密团结在一起。"

玛利娅补充道，她发现每当人们谈及儿童时，团结的感觉尤为强烈。在印度授课期间，她见证了"友谊的联结与社会隔阂的崩塌。那里的人们忘却了种姓间深刻的仇恨和不同宗教间的巨大差异"。因此，她肯定地表示："儿童是全世界最牢固的人际联结纽带，是达成人类和谐共存目标的唯一希望。"[584]

除多场演讲外，本次大会还列举了蒙氏教学法在各地取得的成就。身为斯里兰卡蒙台梭利学校负责人的莱娜·维克拉玛拉特内介绍道，大批蒙氏学校的出现在自己的国家已然代表着和平的崭新希望："在这些学校里，我们教育着国家的新一代。对于他们而言，种族、语言和宗教的隔阂都不存在。我们的学生中有僧伽罗人、泰米尔人、英国人、印度人和巴基斯坦人。他们各自拥有不同的宗教信仰，但可以完全和谐地共同学习、互帮互助。"[585]

大会结束后，玛利娅前往友人阿格利亚尔迪（Agliardi）伯爵夫妇位于贝加摩附近的家中休整。在他们的花园中，摄影师达雷（Da Re）为她拍摄了一张肖像照。这幅照片此后出现在面额 1000 里拉的意大利纸币[586] 及一些邮票上。

---

[584] M. Montessori, « L'unità del mondo attraverso il bambino », *ibid.*, p.161-166.

[585] 引自 A. Scocchera, *Maria Montessori, quasi un ritratto inedito, op. cit.*, p. 158.

[586] 1990年至1998年期间，印有玛利娅·蒙台梭利肖像的1000里拉纸币在意大利发行。
    在此之前，该面额纸币上曾印过朱塞佩·威尔第（Giuseppe Verdi）及马可·波罗
    （Marco Polo）的肖像。该版纸币的背面图案为两个小朋友做手工的场景。

次年夏天，玛利娅再度来到佩鲁贾。国际教学法研究中心落成。中心组织的首次国际课程于 1950 年 7 月 20 日开幕，对象为负责 3~6 岁儿童的教师，共有九十名学员参与。玛利娅在此期间做了几场演讲，整个教学任务则由马里奥完成。玛利娅的充沛精力令所有人钦佩不已："课程进展得非常顺利，女博士热情洋溢的演讲让大家都有了焕然一新的感觉。"[587]

中心负责人玛利娅·安托妮塔·保利尼还在附近的桑塔克罗斯学校里布置了一间蒙氏教室。该校在"玫瑰厅"里搭建了一处长廊，方便学员们观察儿童活动。很快，这个原本只是作为示范的幼儿园教室发展成了一所包含幼儿园和小学的机构，并完全采用蒙氏教学法，在整个地区声名远播。1950 年 8 月 31 日，在玛利娅 80 岁生日当天，佩鲁贾市政府举行隆重仪式，正式宣布她为"荣誉市民"。

1951 年 4 月至 6 月，罗马组织了全国培训课程并大获成功。大概是命运的讽刺，此次课程的举办地正是著名的波罗米尼大厅，也就是十五年前玛利娅的演讲被一群法西斯青年打断的地方。5 月 15 日至 19 日，她又一次来到伦敦参加第九届蒙台梭利国际大会[588]，主题名为"教育助力心理的自然发展：从出生到大学"。

玛利娅在 1951 年夏天于佩鲁贾的研究中心举行了系列演讲。此后她同几名印度女学生去科尔蒂纳丹佩佐度过了几日假期。宾馆老板对玛利娅和学生们在一起的场景记忆犹新。他在自己的回忆录里写道：

---

[587] 引自 G. Honegger Fresco (éd.), *Radici nel futuro. La vita di Adele Costa Gnocchi*, *op. cit.*, p. 70.

[588] 继 1925 年赫尔辛基、1926 年赫尔辛格、1932 年尼斯、1933 年阿姆斯特丹、1934 年罗马、1936 年牛津、1937 年哥本哈根、1938 年爱丁堡和 1949 年圣雷莫之后的第九届大会。此后一届大会于 1953 年在法国举办。

"她们在摆弄着不同颜色的几何形状，每一种形状都被她赋予了精确的意义。"[589] 最后，玛利娅在因斯布鲁克发表了最后一轮演讲，并在此期间度过了自己的 81 岁生日。

广受认可

在圣雷莫大会上，所有参会人员全票通过了请求授予玛利娅·蒙台梭利诺贝尔和平奖的动议，以表彰其始终致力于完成为 "和平科学" 服务的 "教育使命"[590]。身为蒙台梭利全国慈善机构代表兼主席的玛利娅·热尔沃里诺、对蒙台梭利教学法赞赏有加的外交部长卡尔洛·索福尔扎以及意大利驻英大使托马索·加拉拉蒂·斯科蒂（Tommaso Gallarati Scotti）为玛利娅成立了诺贝尔和平奖促进委员会。世界各地的众多大学、协会、宗教团体，以及印度总理贾瓦哈拉尔·尼赫鲁（Jawaharlal Nehru）、巴基斯坦总督等知名人士纷纷对此表示支持。"索拉里街 26 号居民、1908 年人道主义协会首间学校的孩子们" 对玛利娅的候选资格特别表达了拥护态度。他们在支持信中这样写道：

"我们，索拉里街 26 号的居民，我们对四十年前孩子们的手工活动记忆犹新。我们就是那群孩子。家长来到这里，见证了我们在自由合作的环境下展开活动，所有过程没有暴力，甚至没有隐藏的专制暴力存在。不会有人偷偷地惩罚孩子，也不会有人在孩子受到嘉奖时兴

---

[589] 此处为阿尔卑斯宾馆的老板，引自 G. Honegger Fresco, *Maria Montessori, una storia attuale, op. cit.*, p. 162.

[590] 引自 P. Trabalzini, « Maria Montessori da Sanremo a Perugia », art. cit., p. 72.

奋得四处炫耀。我们不是什么创造者或哲学家，我们只是一群有良心的人。这个世界到处都是像我们这样的人。在我们眼中，今天的蒙氏教学法与四十年前一样，都是教育新一代的伟大事业，都致力于让年轻一代拥有更加优良的社会生活，并将光荣而纯洁的和平运动铭记于心。"[591]

此外，为助力玛利娅赢得和平奖，其和平主题大型系列演讲的内容也被集结成《教育与和平》一书，于 1949 年出版。

蒙台梭利全国慈善机构主席玛利娅·热尔沃里诺在一次访问荷兰期间将这一提名消息告诉了玛利娅。她回忆道，玛利娅并不希望在这件事上大费周章，"不是出于虚假的谦卑，因为玛利娅·蒙台梭利对自己的贡献和价值了如指掌。真正的原因是，她认为自己有责任完成这项使命，而这份责任比各种形式的官方认可更加重要"[592]。

玛利娅希望通过这一奖项让全世界的目光都聚焦到儿童面临的社会问题上。她在给好友朱丽娅娜·索尔吉的信中也是这样表达的。

"诺贝尔奖（将证明），唯有通过针对儿童的科学教育，努力保护人类的创造天性、推动人类力量的发展，才能赢得和平！从人类出生之日起便开始重视其发展，这一观念的传播过程并不容易。但诺贝尔奖可以成为人们理解相关理念的巨大助力。这将是对儿童的一次认可，仅此而已，不是对任何个人的认可。这是唤醒世界和平导向的方式，同时鼓励人们以新观念为基础，继续展开儿童问题研究。"[593]

不过，到了 1949 年 6 月，诺贝尔奖的潜在"竞争者们"出现了：

---

[591] *Ibid.*, p. 66-67.

[592] *Ibid.*, p.67.

[593] 引自 G. Honegger Fresco, *Maria Montessori, una storia attuale, op. cit.*, p.198-199.

红十字会和贝纳多特基金会的呼声都很高。意大利媒体仍在持续表达对玛利娅获奖的支持："这两间机构的成就毋庸置疑，但这并不意味着它们对和平事业有所贡献。恰恰相反，它们都预先认定了战争的存在。而蒙台梭利是在另一种环境下行动的，她创造着和平。"[594]

这一年的诺贝尔和平奖最终被授予约翰·博伊德·奥尔（John Boyd Orr），人类及动物营养学专家、FAO[595]第一任总干事、世界和平组织联盟主席。1950年，该奖项被授予美国社会学家、非洲问题专家拉尔夫·本奇（Ralph Bunche），他在1948年以色列与巴勒斯坦的谈判中参与调解。1951年，法国总工会及国际工会联盟负责人莱昂·茹奥（Léon Jouhaux）获得此项殊荣。与玛利娅·蒙台梭利不同的是，以上三人都曾于第二次世界大战期间在相关国家扮演政治或人道主义角色。

1949年12月，玛利娅在巴黎停留了四日。12月6日，在外交部文化关系处组织的颁奖仪式上，玛利娅从索邦大学校长手中接过旨在表彰她对革新教育所做贡献的荣誉军团勋章。借此机会，已在法国出版其多部著作的 Desclée de Brouwer 出版社组织了一场接待活动。

12月7日，联合国教科文组织为她组织了致敬午宴。总干事贾姆斯·托雷斯·博代（Jaimes Torres Bodet）将她誉为"最和平的革命者"，他在致辞结尾处说道："夫人，我们也将对您的赞美与钦佩献给那些密切关注和平问题的人。您提醒我们所有人认识到，如果不能将孩子培养成敢于面对时代使命的负责任的公民，那么一切呵护与

---

[594] V. Gorresio, Corriere della Sera, juin 1949, 引自 C. Grazzini, « Un' occasione perduta. Nota in margine alla candidatura di Maria Montessori al Nobel per la Pace », *Il Quaderno Montessori*, 2002, n° 74, p. 62.

[595] 即联合国粮农组织。

疼爱都是枉然。您的主张与我们一致：我们的职责正是帮助所有国家的教育者培养世界未来的公民。没有合格的未来公民，我们的一切计划都将是徒劳。夫人，联合国教科文组织以能够获得您的帮助为荣。"[596]

玛利娅还在联合国教科文组织下属教育研究院管理委员会中担任意大利代表。1950 年 6 月，她以意大利代表团成员身份出席了在佛罗伦萨举行的联合国教科文组织第五届国际会议。在风景宜人的波波里花园中，她发表了题为"被遗忘的公民"的简短演说，赢得众人起立鼓掌。当天的发言时至今日依然振聋发聩：

"所有的青少年，不仅仅是儿童，都充满我们至今尚未给予足够关注的能量和潜力。我们以为亟须解决的问题是如何教学，如何将我们的知识传递给青少年。相反，我们从未想过青少年也可以给成人以启迪，可以为我们揭开隐藏在人类本性中的力量。我们必须重视年轻一代通过其行动和生活给予我们的启示。"[597]

1950 年 9 月 18 日，荷兰女王朱莉安娜（Giuliana）授予玛利娅奥兰治 – 拿骚（Orange-Nassau）军官勋章。阿姆斯特丹大学为其颁发文学与哲学荣誉博士学位。[598] 玛利娅借此机会发表了关于宇宙教育理念的演讲，阐明应当教育儿童思考并尝试理解宇宙，同时牢记每个人都在宇宙中扮演各自的角色，人与人之间彼此依赖。

同年，她首部著作的意大利文第五版正式发行。玛利娅对原版进

---

[596] « Maria Montessori à l'Unesco », *Le Courrier de l'Unesco*, 1er janvier 1950, vol. 2, n° 12, p. 4.

[597] M. Jervolino, « Maria Montessori viva e operante », M. Pignatari (éd.) (1970), *1870/1970. Maria Montessori, oggi*, Florence : Giunti, p. 38-39.

[598] 玛利娅此前已被多所大学授予荣誉博士学位。

行了大量修订，并采用了新书名《发现孩子》。所有科学教育学层面的理论均被删除，转而突出圣洛伦佐实践经验的各种启示，展示其在世界各地的成功运用。

些许困惑

尽管荣誉等身，但玛利娅依旧被诸多疑惑困扰。她抱怨自己被当成"马戏团的大象"[599] 对待。人们为她鼓掌、赞美她的勇气和活力，但她总觉得人们只停留在她演讲内容的表面。玛利娅很高兴能够将儿童心理隐藏的潜能揭示出来："每当我在教学时，就会点亮这处微光，但没人能真正明白它。我想时至今日，这一观念依然未被人们理解。"[600]

马里奥回忆道，在最后几年的演讲过程中，玛利娅常常重复一个强势的动作。她站起身来，默默地用手指向天空。停顿片刻后，她说："这么多年来，我都在指向儿童，而你们却只看到了我的指尖。"[601]

或许正是出于这样的疑虑，她总是抓住一切机会强调教育的基础究竟为何。挚友玛利娅·玛莱尼于 1950 年 12 月 1 日离世，在她的纪念仪式上，玛利娅再次重申了自己的观点。玛利娅·玛莱尼是二十世纪初罗马护士学校的创始人之一，因此，玛利娅在发言中将医学与教

---

[599] M. Jr. Montessori, « Maria Montessori, mia nonna », *Il Quaderno Montessori*, n° 19, p. 56.

[600] A. Scocchera (éd.), *Maria Montessori. Il metodo del bambino e la formazione dell'uomo*, *op. cit.*, p. 25.

[601] S. C. Raines, « Who are we in the Lives of Children? », *Young Children*, march 1984, n° 3, p. 12.

育巧妙结合：

"医学拥有广阔的未来，因为我们不仅需要疗救病人的身体，更要呵护病人的精神。医学必须进一步发展，仅针对身体而不面向精神的治疗是不完整的。儿童教育亦是如此。教师不能只负责教学：她必须拥有了解儿童灵魂的能力。她应当培养的是儿童的人格，不仅通过教学，也要带着理解、谦逊与尊重的态度同孩子的灵魂、精神和智慧对话。这份理解来自懂得深刻洞察人类困境的卓越思想。"[602]

在战后的这段时期，和平与自由无疑是人们最关注的话题。玛利娅所持的观点十分特殊，因此在面对众多批评时常常需要解释个中缘由。在她看来，真正的自由是内在的自由，它无法被施与，只能创建，从一个人年幼时便开始创建。针对 1951 年 12 月发表于纽约的一份自由宣言，玛利娅如此评价："如果教育还是依照强制的服从原则展开，那么现状就将持续下去。人类社会中依旧充斥着许多谈论自由的人，却鲜少有真正的自由人"。[603]

一往无前的勇气

玛利娅在荷兰的生活过得并不容易。1950 年秋接受过一场眼部手术后，玛利娅患上了某种程度的忧郁症。她常常感到疲倦，十分想念意大利，尤其是那里宜人的气候。她在给好友朱丽娅娜的信中说道：

"我必须练习写字，又没办法写书，只能靠给朋友写信来获得安

---

[602] 引自 A. Matellicani, La "Sapienza"di Maria Montessori, op. cit., p. 67.

[603] 引自 G. Honegger Fresco, Maria Montessori, una storia attuale, op. cit., p. 202.

慰，幻想着这是在跟别人对话。我就这样死气沉沉地待在自己的书房里，很少见到阳光，天总是阴阴的，常常下雨。饭桌上，别人圣诞节送我的收音机一直陪在身边。我还是没法对这致命的错误听之任之。我买了很多副眼镜，但事实就是我现在只能用一只眼睛看东西了，另一只让我很是恼火，真想把它摘掉。没有任何解决办法。为什么这位名医事先什么都不说？（为什么）不告诉我情况会跟（治疗）之前一样，而这样的手术相当危险，现在已经没人再做了？我本来应该还有时间来完成著作的。毫无疑问，我已经身心俱疲，大脑也受到影响。因此，我不能再像从前那样思考和工作了。我真希望能在一处舒适的地方静养，回到意大利的气候中，有朋友们的陪伴，慢慢恢复力量。（但事实并非如此，）我独自一人待在房间里，窗外只能看见别的房屋。经常来往的人们都已经离开了……我好像被世界抛弃了，不得不忍受封锁和惩罚！我每天早上都像个战壕里的士兵一样渴望收到信件。我订阅了一份意大利语报纸，聊作消遣。最近几个月，我无比思念意大利。我还在不断地练习写字。能够恢复到像我现在跟你写信这样的水平，让我感到了一丝希望。我相信自己写的字会越来越好的。我满怀深情的问候 [604]”。

在与家人相处时，玛利娅依旧保持着自己强势的个性。孙女雷尼尔德回忆道，在去世前的几周里，玛利娅因为一场需要用英文进行的大学演讲而紧张不已。她没有明说，但不停地抱怨自己年事已高（81岁），还不得不用另一种语言发表演讲。玛利娅在印度学习了英文，但掌握得并不算太好，也不大喜欢说英文。

"我在帮她穿衣服的时候，她到处寻找着一只黑色手拿包。我让

---

[604] « Lettre à Giuliana Sorge », *Il Quaderno Montessori*, n° 92, p. 11-16.

她在平时放包的抽屉里找找，她说已经找过了，没在里面。但后来，我就是在那个抽屉里找到那只包的。等她做完演讲回到家后，我把包给她看，她问我在哪里找到的。我对她说，就在抽屉里，在它平时放的地方。祖母一下子就生气了：'我已经跟你说过不在那里了，你还敢去那里找？'祖母就是这样的人，你不能反驳她。"[605]

1952 年春，马里奥和埃达陪同玛利娅前往他们毗邻大海的乡间度假屋居住。每天下午，他们都会开车带她长时间地兜风，欣赏四处盛放的郁金香。玛利娅非常喜爱鲜花。春季里，"荷兰仿佛被披上了一层真丝地毯。每天下午，我们都会开车停在路边，从孩子们手里买来郁金香花束和花环。我们用这些花把车子装饰一番后，再开回家去。[606]"

她会在自己位于二楼的卧室里一边欣赏潮起潮落的大海，一边陷入数小时的冥想之中。一位意大利友人曾来到家中拜访。玛利娅对她说，她希望"能够安静而低调地离开，无需同任何人道别"[607]。她还希望安葬于自己去世之地。她准备了一段铭文，用以刻在蒙台梭利家族位于维拉诺的墓碑上：

"玛利娅·蒙台梭利。杰出的女性科学家与教育家。她将自己的一生都奉献给了儿童，并希望借此促进人类精神世界的革新与进步。她安息于诺德韦克（荷兰）天主教墓园，远离自己深爱的祖国，远离安葬于祖国大地的父母。她希望通过这种方式证明自己身为世界公民

---

[605] 引自 D. Novara, « Educatori senza frontiere : un'intervista a Renilde Montessori », G. Honegger Fresco, *Montessori : perché no?, op. cit.*, p. 352-353.

[606] « Un ffglio ricorda », A. Scocchera (éd.), *Introduzione a Mario M. Montessori, op. cit.*, p.160.

[607] 引自 G. Honegger Fresco, *Maria Montessori, una storia attuale, op. cit.*, p. 162. 儿子马里奥在她去世的第二天将这段话记录了下来。

的普世意义。"[608]

玛利娅撰写了遗嘱。这也是她第一次公开承认马里奥是自己的儿子。

"我的物质财富与精神财富都属于我的儿子。所有与我的脑力劳动及社会事业相关的成果,都属于我的儿子,因为我所做的一切,(我做到的一切)都源自他的启发,或有赖于他有行动能力以来持续的情感合作。他将整个人生投入对我事业的帮助(和支持)。因此,他是唯一的继承人,也是唯一胜任的受托人。我希望所有朋友,所有用我的教学法工作的人们,向我的儿子表示感谢!"[609]

1952 年 5 月 6 日,玛利娅请人将自己的早餐端进卧室,因为有几位荷兰朋友过来跟埃达一起工作。玛利娅不认识他们,不想打扰他们。马里奥陪在她身边,跟她讲述了前一天自己与加纳代表团会面的事情。后者是来荷兰寻求帮助的,他们在赢得独立后希望重建港口。在得知玛利娅和马里奥在印度取得的成就后,代表团成员请求他们去加纳,那里的人民亟须改革教育体制。玛利娅答道:"当然可以,非洲国家的孩子们是最需要帮助的。我们还从没去过非洲呢。你还记得尼日利亚的白修女寄给我们的照片吗?你还记得那个卷发小女孩搭玫瑰塔的样子吗?我们应该去的。我们俩应该像在印度组织培训课程一样,在当地找一些助手。"马里奥表示反对:"那么炎热的天气,你怎么受得了?"玛利娅有点生气了:"你就是不想让我去!告诉你,总有一天我会去的,去一个你没法跟在我身边的地方!"马里奥反驳道:"我无法跟在你身边的时候,你哪儿都不能去。"就在此刻,玛利娅

[608] R. Foschi, *Maria Montessori, op. cit.*, p. 80.

[609] 引自 P. Giovetti, *Maria Montessori…, op. cit.*, p. 134.

去世了，双膝上放着一张打开的非洲地图。[610]

她被安葬于诺德韦克的一处小墓园中，离北海很近。

在她的墓碑上，写着这样的话：

"我请求我无限深爱着的、无所不能的孩子们，请你们如我所愿地团结起来，共同在人与人之间、在这世界之上，创建和平。"[611]

---

[610] « Un ffglio ricorda », A. Scocchera (éd.), *Introduzione a Mario M. Montessori, op. cit.*, p.162.

[611] 这段话是由玛利娅·蒙台梭利的孙辈们在提炼其最常表达的思想后写就的。G. Honegger Fresco, *Maria Montessori, una storia attuale, op. cit.*, p.166, note 23.

结语
一份独具开创意义的遗产

和平至上

在人们的普遍印象中，革命与暴力总是如影随形。但在玛利娅·蒙台梭利留下的遗产中，情况却恰恰相反：她建议我们用教育展开非暴力革命。

她鼓励我们用全新的眼光看待儿童，不要将其视作需要被教育的个体，而是一个只要用心陪伴即有能力自我教育的人。

玛利娅坚信，真正的和平（绝非没有战争那么简单）只有当人们生活在和平中且以和平为目的培养孩子时，才会得以萌芽，因为孩子为和平提供了最肥沃的土壤。只要他们生来便在我们的保护之下远离仇恨、种族主义和民族主义，他们便拥有了和平的个性。玛利娅认为，成人可以从儿童拥有的品质中获得启迪，从而实现更加智慧的发展。

　　玛利娅·蒙台梭利留给我们的不只是一种教学法，更是人生哲学。她将每个孩子都看作社会进步的希望，只要让他们以"新儿童"或是"正常化"的方式自我发展，即健康地成长，不在成人过多的束缚下"脱轨"。要使儿童的"童年缺点"[612]自动消失，同时促使其优点及天赋不断发展，成人必须充分尊重和理解孩子，不要指责他们的摸索过程和一点小脾气。玛利娅最担心的是所谓"偏差"的产生。她认为，如果孩子自由选择活动和进行自己计划的愿望总是被否定或束缚，就容易出现偏差。沮丧情绪的不断累积会导致儿童将自己封闭在谎言、恐惧、贪吃、易怒、不停反抗和将一切占为己有等负面情绪当中。玛利娅认为，让孩子按照自己的兴趣选择活动，聚精会神地完成这项活动，这样的做法是针对所有坏毛病的最佳解药。面对表现不好的儿童，解决办法是对其加倍关注，给其更多可以集中精力的机会，而不是简单地惩罚，这样有可能产生反效果，加深其沮丧情绪和不良倾向。

　　玛利娅坚信，每个人都有属于自己的使命，应当让每个孩子"成为他自己"[613]，即了解自己、接受自己、发展并认可自己的个性，而不是变成父母或社会指派的角色。

　　玛利娅揭露道，社会模仿成人的方式运作，而成人已经丧失了纯真，丧失了儿童才拥有的惊人的和解能力。在没有成人干预的情况下，

---

[612] 玛利娅·蒙台梭利经常使用"新儿童""正常化儿童""童年缺点"等术语。Desclée de Brouwer 出版社 1936 年出版的《儿童》一书中出现得尤其频繁，该书于 2018 年再版。

[613] 诗人平达（Pindare）在公元前五世纪所作的诗句"了解自己后，成为你自己"，被伊壁鸠鲁（Épicure）和苏格拉底（Socrate）先后改编为："认识你，你自己。"圣奥古斯丁（Saint Augustin）将其与基督教神启结合在一起。这个短语表达了玛利娅的期许，即每个孩子都应当拥有自己的个性，找到自己存在的理由。尼采也在另一种意义上使用过这一短语。

儿童可以找到许多良好的解决方法。这是她在每一所儿童之家里观察到并深感钦佩的现象。

"儿童（是）'人类之父'。人类从儿童而来，只有儿童才能完成这项漫长的工作。人类最隐秘的、导致无数惨烈后果的悲剧，就是狭隘地认为儿童只是人类之子，应当服从成人、以成人为榜样。每一项在儿童身上犯下的错误，不仅会导致偏见，更会对社会和文明的进步产生深远影响。"[614]

为了扭转这种局面，玛利娅主张停止代际冲突的恶性循环，这在她看来是暴力和战争的主因。成人面对儿童时拥有统治地位，成人可以决定儿童的一切，可以对儿童进行控制、指挥、惩罚和奖励。在玛利娅看来，未来正是这样的压迫方式将导致灾难后果，因为当这批孩子长大成人后，便会充当上一代的角色，把自己遭受的一切报复到下一代身上。这种行为甚至是无意识的，它被包裹在爱的名义之下，其实更加有害：成人会以"都是为你好"为借口束缚孩子。这样的统治氛围被人们广泛接受，儿童也因此爱着"他们的压迫者"。这种不健康的关系就这样延续下去，在玛利娅眼中，这便是悲剧的源头。然而，这样的悲剧并非无法避免，玛利娅终其一生都在为此而战斗：促使成人意识到这种关系的害处，鼓励他们杜绝不良关系的产生。她希望成人在面对儿童时，不要再有居高临下的感觉，应当将儿童视作完整的个体。玛利娅哀叹道，孩子是这个忽视他们的社会里"被遗忘的公民"。

"儿童是人类的创造者，没有哪个人不是由其曾经的儿童阶段塑

---

[614] M. Montessori, « L'enfant père de l'Homme », conférence du 27 novembre 1936, Paris, université des Annales. 玛利娅·蒙台梭利在此借鉴了威廉·华兹华斯（William Wordsworth）的著名诗句。

造的。" [615]

儿童权利、"人类之父"便是她为和平而战的矛头。

玛利娅留给我们的，是对和平教育重要性的坚定信念。和平教育与学科教育同等重要，而后者在为儿童营造出宁静而有归属感的氛围后，是很容易展开的。因此，蒙氏班级都是由多个年龄段的儿童组成的小社群，孩子们在其中学会共同生活、互相体谅、遵守秩序，用和谐的方式商量、分享和合作，对需要遵循的规则了如指掌。纪律对他们而言并非外部强加的力量，也无需因为恐惧而被迫服从。他们形成了自律的态度，从中感受到了公平和必要性。在混龄相处的过程中，纪律也得到了传递。在这里，没有强者（成人）对弱者（儿童）的命令，有的只是爱的法则。

玛利娅让我们相信：儿童喜欢安静和秩序。他们希望集中精力，也能够做到这一点。他们可以逐步将注意力集中到我们普遍关注的事物上。玛利娅将聚精会神视作珍宝一般的品质，它证明了身体和精神能量可以共同作用于儿童发展。只要我们不再打断儿童自己的节奏，不要远程操控，他们可以展现出令人惊叹的专注力。孩子们喜欢学习和工作。对他们而言，工作就是娱乐，他们会满怀愉悦地展开工作，为的是自我成就，而不是像成人那样，往往只为了完成外部目标。脑力劳动不会衰竭，只会不断提供滋养。充分发展的儿童将在整个人生中保持对工作的热情和对自我改进的要求，为了自己也为了他人。

---

[615] M. Montessori (1959), *L'Esprit absorbant de l'enfant*, Paris : Desclée de Brouwer.

发展阶段

玛利娅·蒙台梭利在关于儿童发展阶段的研究领域也留下了大量宝贵遗产，许许多多在她之后的教育学家和心理学家都对此展开了进一步探索。玛利娅认为，新生儿自我构建并发展成人的过程需要二十四年。儿童共有四个发展阶段：0~6岁、6~12岁、12~18岁、18~24岁。

前六年时间里，儿童的各项能力开始觉醒和发展，包括意志、行动、思维、记忆……个体就是这样逐步自我构建起来的。0~6岁是发展的第一阶段，以"吸收性心智"为特征，0~3岁处于无意识状态，3~6岁逐渐具备意识。"吸收性心智"是典型的蒙氏术语，描述儿童在生活中吸收经验和自我构建的方式。成人必须有意识地做出大量努力才能习得的东西，儿童可以自发地学会。最有说服力的例子，就是儿童学习母语是一个极为自然的过程，而成人学习外语则不可能达到母语的熟练程度。

6~12岁的第二阶段，儿童的成长过程相对平静。他开始展现工作、反思、抽象和不断探索的能力。其"吸收性心智"发展为"理性和理解型心智"。他对一切都充满好奇。这个年龄段的孩子开始越来越多地寻求同辈合作。

第三个发展阶段是12~18岁，随着青春期的到来，青少年在身心方面的变化都相当迅速和密集。这样的变化会调动其全部能量，从而导致身心处于虚弱状态。青少年可能在此期间产生怀疑、情绪激烈波动和意志消沉等状况，甚至智力也会有所下降。他变得更为内向，只对自己有认同感的小团体敞开心扉，并渐渐与家庭中的榜样疏离，或是对后者产生怀疑。这个年龄的孩子敏感而多疑，迫切需要被尊重和拥有责任感。

最后一个阶段是 18~24 岁，年轻人开始适应社会生活，充分发展自我，并致力于捍卫伟大的目标。他为自己的群体完成了自我塑造，致力于从中找到自己的使命。

在这些发展阶段的初期，玛利娅认为孩子是全新的人类，拥有全新的需求，就像即将破茧成蝶的毛毛虫。孩子在度过"敏感期"时被其所在环境的某些元素吸引，这是其发展的必需。玛利娅借鉴了荷兰植物学家雨果·德弗里斯（Hugo de Vries）提出的生物学术语"敏感期"。德弗里斯将毛毛虫的生命发展阶段分为连续本能、突然变化和变态。同理，玛利娅也将儿童的发展分为身体、精神、社会和心理的连续变化，就仿佛经历了一系列连续的重生。在冲动的驱使下，如不被阻止，儿童就会转向自己的需求。这类敏感期是短暂的，而如果在敏感期结束时儿童尚未习得对应的能力，此后的学习过程将更为辛苦，因为促使其转向自己需求的吸引力减弱了。她坚信，成人的责任就是给儿童提供适应其发展成人之基本需求的教育，而每一个发展阶段的需求各有不同。

基于三大支柱的教育法

蒙台梭利教学法基于三大支柱：教育者的姿态、环境的准备和供儿童使用的教具。

玛利娅认为，要教育儿童，首先应当让成人接受再教育。她主张一切为儿童服务，保护其自我构建的能力。玛利娅建议不要干预儿童的行为，除非真的有必要。她认为成人应该随时在场，但又应尽量低调，即当有孩子需要帮助时第一时间出现，而当孩子全神贯注于自己的创造性劳动时默默隐身。她鼓励成人用热情驱动孩子，让他们产生自发的兴趣，不强迫，有节制地赞美，并巧妙提出改进方法。所有这些都要求教育者避免以自我为中心，放下骄傲和情绪，竭力培养谦卑和耐性……她强调必须明白一点，即孩子并非由成人塑造的。成人应当致力于陪伴儿童成长，在此过程中，不因其成功而沾沾自喜，也不为其困境而焦虑不安。成人只需提供善意的支持，并充分信任孩子。

身为教育者的蒙台梭利提供给儿童的，是适应其需求的环境和有助于其集中精力的氛围。有条不紊、秩序井然的环境有利于儿童安全感与自主性的形成。这样兼顾物质与心理层面需求的氛围可以提升孩子的自信心。

作为教育学家，蒙台梭利还设计了大量为儿童量身打造的教具和活动，以此展开教学法中的"智力训练"。儿童通过操作相关教具，可以达到发展智力的目的。蒙氏教具强调感官体验、感官知觉及其发展细化，再加上感官的认知和分类能力，可以促进人的内在构建。以配对和依次分类为主的感官教具有助于儿童通过思维图像和实际经验发展智力。玛利娅将教具形容成"抽象概念的具象化"，以具体而独立的形状介绍概念，让儿童通过最简单的方式习得知识。值得注意的是，这些制作精细且操作性极强的教具是在私教课或小组课程中使用的，此时儿童身处高质量的关系环境之中。接下来，儿童就可以按照自己的方式使用教具和安排活动，时间和频率都由其自己掌握。教师在一旁观察儿童的行为，不上去干预，因为儿童并不需要做到完美。

这些"有助于发展"的教具激发着孩子们去探索世界。教具的目的并不是教学，而是鼓励自发构建知识。在教具的帮助下，儿童提出假设、证实假设、观察研究，并由此形成自己的论据、逻辑和抽象能力。换言之，这些教具有利于执行功能[616]的发展，即行动的倡议、计划及组织；提高思维灵活度，从而增强适应力；加深工作记忆，培养控制本能反应、欲望、感知及干扰的能力。尽管玛利娅在当时尚未使用这些术语，但她实际上已经提出了类似的概念。在蒙氏氛围中，儿童可以通过与同龄人的接触来进行学习。这种经由儿童间彼此交流而习得知识的能力亦得到研究[617]确认。

崇尚自由的教育

玛利娅观察到，儿童喜欢集中注意力，亦由此发展出服从力，也就是将自身意愿置于他人意愿之下的能力，因为他们是自己意愿的主人，明确知晓自我所需，同时又信任那个自己愿意服从的人。

她的教学法建议人们将自由同时视作目的和方法。在合理规划的环境中，儿童可以自由选择活动。在玛利娅看来，自由和纪律二者必须相伴而行。让玛利娅非常遗憾的是，很多教育者曲解了她的自由理念，放任孩子为所欲为。她主张的是孩子在妥善安排的环境下自由选

---

[616] 执行功能是"个体为达成目标而有意识地协调其思维和行动的全过程"（Miyake & coll. (2000), *The Unity and Diversity of Executive Functions and Their Contributions to Complex "Frontal Lobe"*）。

[617] 关于蒙台梭利相关研究的问题，请参见 A. S.Lillard (2018), *Montessori, une révolution pédagogique soutenue par la science*, Paris : Desclée de Brouwer.

择活动，而不是在任意场所对孩子不闻不问。玛利娅认为，应当有计划地引导孩子，为其营造有利于集中注意力、按其个体节奏自我发展的环境和氛围。孩子的成长应当"源自内在不可抑制的能量，这可以赋予其自我发展的强大动力"[618]。

这种循序渐进的自由与自律教育有助于形成充分发展的人格。尊重儿童个体，让他们拥有批判思维、自主意愿和反思能力，这便是蒙氏教学法的目标。这一切并非奢望。蒙氏班级里的孩子们已习惯自主选择和有序执行计划。他们学会了组织活动、协调动作、准确掌控行动、有逻辑地用简单行为构造复杂活动，并在与他人的合作过程中彼此尊重。

玛利娅从不怀疑儿童自我教育的能力，因为她坚信，每个人都能对应"人类的本性"，即在一切文明和时代中所有人类共同的行为举止和性格特征。玛利娅和儿子马里奥曾尝试列出这些本性：社会生活、探索与导向、数学精神、观察力、抽象力、工作的欲望[619]、自我完善力及想象力……儿童只要遵从这些本性，不受成人干扰，就可以不断习得新知，因为对学习的渴求永无止境。因此，儿童应当在愉快和满足的情绪中展开学习，并不断追求进步。

蒙氏教学法的目的，是让这种学习的意愿持续一生，进而推动人类社会的进步。

"当我们理解儿童自主习得的一切之后，就会更加清楚人类将变成什么样子。"

---

[618] M. Montessori, conférence « L'enfant père de l'Homme », le 27 novembre 1936, Paris.

[619] "儿童已被证明拥有某些本能，其中生存的本能毋庸置疑，另外还有一种令人惊讶的基础本能：工作的欲望。工作是人类最基本的本能"，(M. Montessori, *L'éducation et la paix, op. cit.*, p.120.)。

玛利娅的一生都服务于儿童，因为她信任儿童、信任人类。

她的遗产宛如一封邀请函，恳请人们沿着她的道路继续前行。

夏洛特·普桑

2020 年 5 月 11 日，于伊斯坦布尔

玛利娅·蒙台梭利生平大事年表

1870 年 8 月 31 日：出生于意大利安科纳附近小镇基亚拉瓦莱。

1875 年：蒙台梭利一家定居罗马。

1883—1890 年：玛利娅就读于米开朗琪罗皇家技术学校及达·芬奇技术学院。

1890 年 9 月：玛利娅注册进入罗马大学，就读于数学、物理及自然科学学院。

1893 年 2 月 12 日：申请入读医学院三年级获批。

1896 年 7 月 10 日：玛利娅从医学院毕业。

1896 年 9 月 20—26 日：玛利娅代表意大利参加在柏林举行的国际妇女大会。

1897—1900 年：玛利娅在罗马精神病诊所担任神经病理学助理医师。她还前往巴黎和伦敦参加了短期学习。

1898 年 3 月 31 日：儿子马里奥·蒙特萨诺·蒙台梭利出生。

1898 年 9 月 8—15 日：玛利娅参加在都灵举行的首届意大利全国教育学大会。

1899 年 1 月：全国智障儿童保护联盟成立。玛利娅在意大利多次发表演讲，旨在推动这一新机构顺利开展工作并筹措资金。她还在罗马的多家教师培训学校教授特殊教育法。

1899 年 6 月 26 日—7 月 4 日：玛利娅代表意大利政府参加在伦敦举行的国际妇女大会。

1900 年 4 月 7 日：启智学校成立，玛利娅负责教授心理学、生理学和卫生保健学。

1901 年夏：与尤塞普·蒙特萨诺决裂。玛利娅离开精神病诊所及启智学校。继续于权威研究机构教授卫生保健学和人类学。

1903 年 7 月：玛利娅注册就读哲学三年级，并继续人类学研究。

1904 年 12 月 29 日：玛利娅恢复教职，于罗马大学教授人类学。

1906 年 1 月—1910 年 11 月：玛利娅于罗马大学物理、数学及自然科学学院教授教育人类学。

1907 年 1 月 6 日：首间儿童之家于圣洛伦佐成立。

第二间于同年 4 月成立。

1908 年 4 月 23—29 日：玛利娅参加在罗马举行的首届意大利全国妇女大会，并发表题为"教育中的性道德"演讲。

1908 年 10 月 18 日：首间人道主义协会儿童之家于米兰成立，第二间于 1909 年 11 月 21 日成立。

1909 年：年初，首间方济各会修道院儿童之家成立（罗马朱斯蒂街），旨在收容墨西拿地震中的孤儿。与罗马不动产研究院的塔拉莫决裂。

出版首部著作《应用于儿童之家幼儿教育中的科学教育方法》。

1909 年 8 月 1 日—9 月 15 日：在卡斯泰洛城弗朗切蒂学院举行第一次教师培训。

1910 年 7 月—8 月：在方济各会修道院进行第二次教师培训。

1910 年夏：玛利娅的首批三名女员工巴勒里尼、费德利和玛切罗尼前
　　　　　来与她同住。

1910 年 11 月 10 日：玛利娅放弃医师工作，全身心投入到著作撰写中。
　　　　　　著作《教育人类学》出版。

1912 年 12 月 10 日：玛利娅·蒙台梭利母亲雷尼尔德去世。

1913 年 1—5 月：首次蒙台梭利国际课程于罗马举办。

1913 年 2 月 1 日：马里奥前往罗马与母亲一起生活。

1913 年 12 月：玛利娅首度前往美国（东岸）。

1914 年 2 月—6 月：第二次国际课程于罗马举办。
　　　　　　出版英文版《蒙氏教学法实用手册》。

1915 年 4 月—11 月：第二次前往美国（加州）。

1915 年 11 月 25 日：亚历桑德罗·蒙台梭利去世。

1915 年 12 月：玛利娅定居巴塞罗那。安娜·玛利娅·玛切罗尼于该
　　　　　地开设了一间蒙氏学校，首度尝试引入宗教教育。国
　　　　　际课程次年于该地举办。

1916 年 10 月至次年春：玛利娅于圣地亚哥授课，并为白十字会发声。
　　　　　　出版《科学教育学：基础教育》第二卷。

1917 年 12 月 5 日：马里奥·蒙台梭利与海伦·克里斯蒂结婚。二人
　　　　　于数月后前往巴塞罗那与玛利娅同住。

1919 年：首次国际课程于伦敦举办。此后直至 1929 年期间，每年都
　　　　会在伦敦展开培训课程。
　　　　玛丽莱娜·蒙台梭利出生。

1921 年：玛利娅参加于法国加来举行的首届新教育大会。
　　　　小马里奥·蒙台梭利出生。

1922 年：出版著作《教会中的儿童》。

1924 年 8 月 8 日：墨索里尼创建蒙台梭利全国慈善机构。

1925 年：返回意大利的那不勒斯及罗马。

　　　　罗朗多·蒙台梭利出生。

1926 年：迁居至米兰。

1926 年 2 月 21 日：由法西斯政府组织的蒙台梭利国际课程于米兰开幕。

1928 年 2 月 5 日：蒙台梭利皇家学校于罗马成立。

1929 年：蒙台梭利全家迁居至巴塞罗那。

　　　　雷尼尔德·蒙台梭利出生。

1929 年 8 月：国际蒙台梭利协会（AMI）于丹麦赫尔辛格蒙台梭利国
　　　　　　际大会期间宣布成立。

1930 年 1 月 30 日：第十五次国际课程于罗马举行。

1931 年 1 月—6 月：第十六次国际课程于罗马举行。

1931 年 4 月：玛利娅前往巴黎参加《新教育》协会成立十周年。

1931 年 9 月—10 月：第十六次国际课程于伦敦举行。玛利娅首度与
　　　　　　　　甘地会面。

　　　　　　出版著作《信仰耶稣·基督的人生》。

1932 年春：玛利娅首度于日内瓦国际教育处发表和平演讲。

1932 年 7 月：蒙台梭利学校及其员工受到 OVRA 监视。

1932 年 8 月：玛利娅参加于尼斯举行的新教育大会。

　　　　　于英国出版著作《儿童经历的弥撒》。

1933 年 1 月：玛利娅和马里奥从蒙台梭利全国慈善机构离职。

1933 年 3 月：巴塞罗那举办"蒙台梭利周"，玛利娅通过广播发表多
　　　　　　篇演讲。

1934 年 4 月 3—10 日：第四届蒙台梭利国际大会于罗马举行。一群青
年法西斯分子打断了玛利娅的演讲。蒙台梭利
一家离开意大利，直至 1947 年才再度回国。

1934 年 7—9 月：首次于法国尼斯举办国际课程。
于西班牙出版著作《心理算术与心理几何》。编写《心
理语法》（2016 年仅限意大利出版）。

1936 年：法西斯政府关闭意大利所有蒙氏学校。在此前的 1934 年，
德国已关闭全部蒙氏学校，1938 年奥地利也采取相同措施。

1936 年 7 月 17 日：西班牙内战爆发，玛利娅乘坐英国海军船只离开
巴塞罗那。

1936 年秋：蒙台梭利一家移居荷兰，居住于皮尔森家中。马里奥与海
伦离婚。玛利娅于拉恩市创建蒙氏学校。

1936 年 9 月：玛利娅参加布鲁塞尔举行的和平集会。
于 Desclée de Brouwer 出版社出版《教育的步骤》，于
瑞士出版《家庭中的儿童》，于西班牙出版《儿童》。

1937 年 8 月 1—10 日：第六届国际蒙台梭利大会于丹麦举行。玛利娅
创立儿童社会党。

1937 年 12 月：玛利娅于荷兰阿默斯福特市哲学国际学校发表三场和
平科学演讲。

1938 年 7 月 26—30 日：第七届国际蒙台梭利大会于爱丁堡举行。

1939 年 7 月：玛利娅参与伦敦世界信仰联谊会。

1939—1946 年：1939 年 10 月抵达印度，玛利娅和马里奥首次到访
该国。意大利于 1940 年 6 月 10 日加入战争，蒙台
梭利一家被视为敌方。马里奥于同年 8 月从集中营

被释放。

1942 年至 1944 年 3 月：蒙台梭利一家被安排至科代卡纳尔居住。此后于科伦坡及拉贾斯坦邦组织多次课程培训。

1946 年 7 月 30 日：玛利娅与马里奥返回荷兰。

1946 年 8—9 月：第二十八次国际课程于伦敦举行。

于印度出版著作《新世界的教育》。

1947 年 5—6 月：蒙台梭利一家自 1934 年后首度回到意大利。玛利娅于罗马大学及佩鲁贾发表数次演讲。

1947 年 7 月：马里奥与埃达·皮尔森结婚。

1947 年 8 月—1949 年 7 月：二度前往印度居住。

1948 年：在阿迪亚尔、艾哈迈达巴德、孟买、浦那、科伦坡及巴基斯坦等地组织课程培训。于印度出版《教育人类潜能》，于科伦坡出版《了解孩子》，于法国 Desclée de Brouwer 出版社出版《从儿童到青少年》。

1949 年 8 月 22—29 日：第八届国际大会于圣雷莫举行。

于印度出版《儿童的吸收性心智》。

1949—1951 年：玛利娅·蒙台梭利三度获诺贝尔和平奖提名。

其和平科学系列演讲被集结成《教育与和平》一书于意大利出版。

1949 年 12 月 6 日：玛利娅于巴黎获颁荣誉军团勋章。

1950 年 6 月：玛利娅作为意大利代表团成员参加于佛罗伦萨举行的联合国教科文组织第五届国际大会。

1950 年 7 月 20 日：第二十九次国际课程于佩鲁贾国际教育研究中心开幕。

1950 年 9 月 18 日：荷兰女王朱莉安娜授予玛利娅奥兰治 – 拿骚军官
　　　　　　　　勋章。

　　　　　　　　于意大利出版《人的形成》。

1951 年 4—6 月：蒙台梭利全国课程于罗马举行。

1951 年 5 月 15—19 日：玛利娅于伦敦参加第九届蒙台梭利国际大会。

1951 年 7—8 月：于佩鲁贾发表一系列演讲。

1951 年 8 月 31 日：玛利娅于因斯布鲁克庆祝生日，并发表多场演讲。

1952 年 5 月 6 日：玛利娅于荷兰诺德韦克去世，并在当地安葬。

参考书目

ALATRI, G. (2015), *Il mondo al femminile di Maria Montessori. Regine, dame e altre donne*, Rome : Fefè Editore.

ALATRI, G. (2015), « Le donne, l'infanzia », *Vita dell'Infanzia*, n° 11/12, p. 30-36.

ALATRI, G. (2019), « Maria Montessori e Alessandro Marcucci. Il corso per maestre del 1926 a Milano », *Vita dell'Infanzia*, n° 11/12, p. 38-49.

BABINI, V., Lama, L. (2003), *Una « donna nuova ». Il femminismo scientifico di Maria Montessori*, Milan : FrancoAngeli.

BORGHI, Q.B. (2019), *Montessori dalla A alla Z. Lessico della pedagogia di Maria Montessori*, Trente : Erickson.

BUSEGHIN, M. L. (2013), *Alice Hallgarten Franchetti. Un modello di donna e di imprenditrice nell'Italia tra '800 e '900*, Pérouse : Editrice Pliniana.

CACCIOTTI, I. (2014), *Il rapporto Montessori-Mussolini tra pubblico e privato*. www.cartedifamiglia.it/didattica.

CIVES, G. (2004), *Maria Montessori, pedagogista complessa*, Pise : Edizioni ETS.

CIVES, G., Trabalzini, P. (2017), *Maria Montessori, tra scienza, spiritualità e azione sociale*, Rome : Editoriale anicia.

COLOMBO, C. A., Beretta Dragoni, M. (ed.) (2008), *Maria Montessori e il sodalizio con l'Umanitaria. Dalla Casa dei Bambini di Via Solari ai corsi per insegnanti*, Milan : Raccolto edizioni.

CROMWELL, M. (1919), « Il metodo Montessori in Francia durante la guerra », *La Coltura popolare*, n° 1, p. 50-53.

DE GIORGI, F. (ed.) (2013), *Montessori. Dio e il bambino e altri scritti inediti*, Milan : Editrice La Scuola.

De Giorgi, F. (ed.) (2018), *Annali di storia dell'educazione e delle istituzioni scolastiche. Maria Montessori e le sue reti di relazioni*, Brescia : Scholé, 25.

De Giorgi, F. (ed.) (2019), *Maria Montessori. Il peccato originale*, Brescia : Scholé.

De Sanctis, L. (ed.) (2011), *La cura dell'anima in Maria Montessori. L'educazione morale, spirituale e religiosa dell' infanzia*, Rome : Fefè Editore.

De Sanctis, L. (ed.) (2012), *Le ricette di Maria Montessori cent'anni dopo. Alimentazione infantile a casa e a scuola*, Rome : Fefè Editore.

De Sanctis, L. (ed.) (2013), *L' infanzia svantaggiata e Maria Montessori. Esperienze psicopedagogiche, educative e sociali dal 900 ad oggi*, Rome : Fefè Editore.

De Sanctis, L. (ed.) (2016), *Il volo tra le genti di Maria Montessori oltre ogni confine*, Rome : Fefè Editore.

Dossier Montessori, Archives générales, Franciscaines missionnaires de Marie, Rome.

Feez, S. (ed.) (2013), *The 1913 Rome Lectures. First international Training Course*, Amsterdam : Montessori-Pierson Publishing Company.

Foschi, R. (2012), *Maria Montessori*, Rome : Ediesse.

Foschi, R., Moretti, E., Trabalzini, P. (ed.) (2019), *Il destino di Maria Montessori. Promozioni, rielaborazioni, censure, opposizioni al Metodo*, Rome : Fefè Editore.

Galeazzi, G. (1992), *Educazione e Pace di Maria Montessori e la pedagogia della pace nel '900*, Turin : Paravia.

Giovetti, P. (2009), *Maria Montessori. Una biografia*, Rome : Mediterranee.

Grazzini, C. (2002), « Un'occasione perduta. Note in margine alla candidatura di Maria Montessori al Nobel per la Pace », *Il Quaderno Montessori*, 2002/2, n° 74, p. 59-64.

Grifò, M. (2017), « Un'identità incompiuta: Maria Montessori nel carteggio di Mère Marie de la Rédemption », *Orientamenti pedagogici*, 2017/3, vol. 64, p. 475-498.

Guéritte, T.J. (1932), « Notes de vacances », *La Nouvelle Éducation*,

1932/11, n° 109, p. 166-169.

GUTEK, G.L., Gutek, P.A. (2016), *Bringing Montessori to America. S.S. Mc Clure, Maria Montessori, and the campaign to publicize Montessori Education*, The University of Alabama Press.

HONEGGER FRESCO, G. (ed.) (1996), « Roma: il corso del 1910 e la Casa dei Bambini presso il Convento delle Suore Francescane di Via Giusti 12 », *Il Quaderno Montessori*, 1996/3, n° 51, p. 109-136.

HONEGGER FRESCO, G. (ed.) (2000), *Montessori perché no? Una pedagogia per la crescita*, Milan : FrancoAngeli.

HONEGGER FRESCO, G. (2001), *Radici nel futuro. La vita di Adele Costa Gnocchi (1883-1967)*, Molfetta : Edizioni La Meridiana.

HONEGGER FRESCO, G. (ed.) (2007), « Le Case dei Bambini dell'Umanitaria a Milano (1908-9) », *Il Quaderno Montessori*. 2007/2, n° 94, p. 49-64.

HONEGGER FRESCO, G. (2008), *Maria Montessori, una storia attuale*, Naples : Ancora del Mediterraneo.

ISABEL EUGÉNIE, STANDING, E. M. (2019), *La Pédagogie religieuse de Maria Montessori. Conférences de Londres 1946*, Paris : Artège.

ISTITUTO SUPERIORE DI RICERCA E FORMAZIONE DELL'OPERA NAZIONALE MONTESSORI (2000), *Maria Montessori. Il metodo della Pedagogia scientifica applicato all'educazione infantile nelle Case dei Bambini. Edizione critica*, Rome : Edizioni Opera Nazionale Montessori.

JOOSTEN, A. M. (1969), « Mahatma Gandhi and Maria Montessori », *Around the Child*, 1969/3, p. 29-31.

KAHN, D. (2013), « The Kodaikanal Experience : Chapter I. Kahn-Wikramaratne Interview », *The NAMTA Journal*, vol. 38, n° 1, p. 83-91.

KAHN, D. (2013), « The Kodaikanal Experience : Chapter II. Kahn-Montessori Interview », *The NAMTA Journal*, vol. 38, n° 1, p. 93-96.

KRAMER, R. (1976), *Maria Montessori. A biography*, Chicago : Da Capo Press.

LEENDERS, H. (2001), *Der Fall Montessori. Die Geschichte einer reformpädagogischen Erziehungskonzeption im italienischen Faschismus*, Bad Heilbrunn : Julius Klinkhardt.

Lillard, P. P. (1984), *Pourquoi Montessori aujourd'hui ?*, Paris : Desclée de Brouwer.

Lucchini, E. (2008), *I segreti di Maria Montessori*, Lanciano : Carabba Editore.

Maccheroni, A. M. (1956), *Come conobbi Maria Montessori*, Rome : Edizioni Opera Nazionale Montessori.

Marazzi, G. (2000), « Montessori e Mussolini: la collaborazione e la rottura », *Dimensioni e problemi della ricerca storica*, 2000/1, p. 177-195.

Matellicani, A. (2007), *La « Sapienza » di Maria Montessori. Dagli studi universitari alla docenza 1890-1919*, Rome : Aracne editrice.

Montessori, C. (ed.) (2015). *Maria Montessori writes to her father. Letters from California, 1915*, Amsterdam : Montessori-Pierson Publishing Company.

Montessori, M. (1910), *Antropologia pedagogica*, Milan : Vallardi.

Montessori, M. (1956), *L'éducation religieuse, la vie en Jésus Christ*, Paris : Desclée de Brouwer.

Montessori, M. (1996), *L'éducation et la paix*, Paris : Desclée de Brouwer.

Montessori, M. (2000), « Una lettera da Madras », *Vita dell'Infanzia*, 2000/1, p. 11-12.

Montessori, M. (2016), *Pédagogie scientifique. T. 1 : La découverte de l'enfant*, Paris : Desclée de Brouwer.

Montessori, M. (2007), *Pédagogie scientifique. T. 2 : Éducation élémentaire*, Paris : Desclée de Brouwer.

Montessori, M. (2006), « L'esattezza base dell'educazione», *Il Quaderno Montessori*. 2006/4, n° 92, p. 11-16.

Montessori, M. (2013), *In viaggio verso l'America. 1913, diario privato a bordo del Cincinnati*, Rome : Fefè Editore.

Montessori, M. (2018), *L'Enfant*, Paris : Desclée de Brouwer.

Montessori, M. (2019), *Per la causa delle donne*, Milan : Garzanti.
Montessori M., M. (1929), « Associazione Renilde Montessori », *L'idea Montessori*, n° 11, p. 1-2.

Montessori, M. Jr. (1989). « Maria Montessori, mia nonna », *Il Quaderno Montessori*, 1989/3, n° 19, p. 52-62.

Montessori, M. Jr. (2018), *Comprendre Montessori. Une éducation pour le développement humain*, Paris : Desclée de Brouwer.

MORETTI, E. (2013), « Teaching Peace in a Time of War. Maria Montessori's 1917 Lectures », *AMI Journal*, 2013/1-2, p. 17-36.

PESCI, F. (2002), *Antropologia e pedagogia a Roma da Giuseppe Sergi a Maria Montessori. Letture per il laboratorio di Storia della Pedagogia*, Rome : Aracne editrice.

PIGNATARI, M. (1967), *Maria Montessori cittadina del monde*, Rome : Comitato italiano dell'OMEP.

PIGNATARI, M. (1970), 1870/1970. *Maria Montessori, oggi*, Florence : Giunti.

POUSSIN, C. (2017), *La pédagogie Montessori*, Paris : PUF, «Que sais-je ? ».

POZZI, I. (2015), « La Società Umanitaria e la diffusione del Metodo Montessori (1908-1923) », *Ricerche di Pedagogia e Didattica – Journal of Theories and Research in Education*, vol. 10, p. 103-114.

RADICE, S. (1920), *The new Children. Talks with Dr. Maria Montessori*, New York : Frederik A. Stokes Company.

RAMANI, U. (2016), *Montessori in India : The Movement and the People*, Éducateurs sans Frontières Assembly.

ROTTEN, E., Montessori, M. (1938). « Résolutions présentées par Mmes Montessori et Rotten », *Pour l'Ère nouvelle*, 1938/1, n° 154, p. 28-29.

OSIMO, A. (1917), « La scuola e la guerra. La Croce Bianca », LA COLTURA POPOLARE, 1917/9, p. 661-663.

SCHWEGMAN, M. (1999), *Maria Montessori*, Bologne : Il Mulino.

SCOCCHERA, A. (ed.) (1998), *Introduzione a Mario M. Montessori*, Rome : Edizioni Opera Nazionale Montessori.

SCOCCHERA, A. (1990), *Maria Montessori. Quasi un ritratto inedito*, Florence : La Nuova Italia.

SCOCCHERA, A. (1995), « Renilde Montessori : Una tradizione e un impegno », *Vita dell'Infanzia*, 1995/3-4, p. 8-11.

SCOCCHERA, A. (2002), *Maria Montessori. Il metodo del bambino e la formazione dell'uomo. Scritti e documenti inediti e rari*, Rome : Edizioni Opera Nazionale Montessori.

SCOCCHERA, A. (2005), *Maria Montessori. Una storia per il nostro tempo*, Rome : Edizioni Opera Nazionale Montessori.

Scocchera, A. (éd.) (2016), « Maria Montessori. Lezioni di metodo, Milano, 1926 », *Vita dell'Infanzia*, 2016/ 5-6/7-8, p. 4-81.

Scocchera, R. (2015), « Maria Montessori : nutrire il futuro », *Vita dell'Infanzia*, 2016/11-12, p. 23-28.

Standing, E. M. (1995), *Maria Montessori. Sa vie, son oeuvre*, Paris : Desclée de Brouwer.

Tornar, C. (2005), « Maria Montessori durante il fascismo », *CADMO*, n° 2, p. 7-22.

Trabalzini, P. (2003), *Maria Montessori da Il Metodo a La scoperta del bambino*, Rome : Aracne.

Trabalzini, P. (2004), « Montessori e Gandhi in immagini e parole », *Vita dell'Infanzia*, 2004/ 10, p. 4-6.

Trabalzini, P. (2017), « La Croce Bianca di Maria Montessori. In difesa dei bambini vittime della guerra », *Vita dell'Infanzia*, 2017/5-6/7-8, p. 51-54.

Trabalzini, P. (2019), « Maria Montessori da Sanremo a Perugia », *Vita dell'Infanzia*, 2019/5-6/7-8, p. 65-78.

Trudeau, C. (2003), *Montessori's years in India*, Archives générales des Soeurs N.-D. de Namur.

Volpone, A., Destro-Bisol, G. (ed.) (2011), *Se vi sono donne di genio. Appunti di viaggio nell'antropologia dall'Unità d'Italia a oggi*, Rome : Casa Editrice Università La Sapienza.

Yaglis, D. (1984), *Maria Montessori*, Toulouse : Privat.

玛蒂娜·吉尔苏尔致谢词

这部作品得以面世，与许多人的贡献分不开。我在此尤其要感谢索菲·谢蕾和夏洛特·普桑。索菲是第一个鼓励我着手撰写这部传记的人，当时我们一起在圣洛伦佐参观。夏洛特·普桑最终给了我这次迎接挑战的机会。我衷心感谢她的热情支持、认真校对、大量合理建议以及为完善这本传记所做的一切贡献。我还要感谢她为本书撰写了结语。

感谢 Celma Pinho Perry，在我看来，她笔下展现的蒙台梭利便是最具代表性的教育者形象，"对观察所得的惊人启示持开放态度，明确知晓科学研究的价值，时刻保持质疑"[620]。她向我讲述了与赫莲娜·鲁宾斯卡·德·朗瓦尔和马里奥·M·蒙台梭利接触的经历，让我也深入了解了这两位杰出人物。

特别鸣谢潘尼斯佩娜幼儿园的孩子们，观察他们的成长过程让我获益良多。还要感谢他们的家长和老师们。后者愉悦而专业的态度给予我丰富的灵感源泉。感谢已经长大的雅塞尔。我曾经是他的小学老师，他的人生经历在我看来便是教育的奇迹之一。

感谢圣玛丽方济各修会通用档案馆的纳瓦尔修女和那慕尔圣母院修女档案馆的费尔滕女士，感谢她们提供的帮助。

---

[620] C. Perry (2016), *A Montessori Life. Living, Creating, Sharing*, Parent Child Press, p. 35.

感谢贝朗热尔·科利和亚历山大·穆罗与我分享了大量信息。感谢研究人员们所做的大量档案查找工作，他们出版的玛利娅·蒙台梭利个人书信及许多未发表文字为我的资料搜集提供了便利。我要特别感谢 Giovanna Alatri、Fulvio De Giorgi、Grazia Honegger Fresco 和 Paola Trabalzini，感谢他们严谨翔实的作品。

感谢 Furio Pesci、Quinto Borghi、Andrea Lupi、Rossella Trombacco、Maria Antonietta Di Alessandro、Marta Gelpi、Maryline Kroonen、Elisa Loprete、Manuela Maruca、Iliana Morelli、Cinzia Pavan，从我们关于蒙氏教学法开诚布公的友好交流中，我收获了很多。感谢参与我培训课程的所有教师：他们极具建设性的问题促使我不断深入探索和研究。

特别感谢安娜·玛利娅·安娜斯塔西娅德：安吉琳娜·斯托尔·利拉尔德的《蒙台梭利：一场科学的教育革命》在美国一经出版，她便将其赠送与我，由此为我打开了未知世界的大门。她为智障儿童服务的漫长经历和专业精神不断启迪着我。感谢安娜·玛利娅和尤尔戈，感谢他们的热情接待，让我得以在迷人的塞浦路斯乡村开始第一章的写作。

感谢我永远的朋友和第一位读者斯蒂芬妮·克莱恩，她对本书的改善意见弥足珍贵。

还要特别感谢我远在他乡的家人，感谢他们持续不断的支持。感谢我的朋友们，尤其是 Beatrice、Frédérique、Marie-Noël 和 Pamela，感谢他们的鼓励。

最后，感谢吉奥瓦尼无条件的爱。看着他同萨尔瓦多的孩子们一起折纸时，我仿佛来到了"我自己的圣洛伦佐"。孩子们聚精会神的样子将我带到了赫莲娜·鲁宾斯卡·德·朗瓦尔铺就的道路之上，极大地改变了我的教育观和整个人生。

夏洛特·普桑致谢词

首先，我一定要感谢玛利娅·蒙台梭利，感谢她给予我们的无限启迪！当然也要感谢所有孩子赋予我们的力量！

我要由衷感谢玛蒂娜·吉尔苏尔愿意接受这次挑战，感谢她如此严谨认真的态度和浓厚的写作热情。她用翔实而丰富的资料造就了这部精彩的作品。甚至在我提出合著建议之前，她已经着手研究工作了。我对我们的合作结晶深感欣慰，并切实感受到我们之间的和谐一致。能够参与这部传记的写作，并有机会翻译玛利娅·蒙台梭利的部分作品，我感到万分荣幸。

我要特别感谢 Desclée de Brouwer 出版社为出版玛利娅·蒙台梭利著作法文版而做出的巨大努力。感谢布鲁诺·努盖雷德的认真聆听和指导，感谢若埃尔·维隆 – 杜朗经验丰富的眼光和审读。

感谢国际蒙台梭利协会给予本书的大力支持和帮助，尤其协助我们确认了相关照片的质量和年份。其中特别感谢若克·维尔厄。

感谢斯塔尼斯拉斯坚持不懈的支持，也感谢我们的五个孩子。当然，还要感谢亲爱的读者们，感谢你们拿起这本书！沉浸于本书的文字之中，可以让我们与曾经作为儿童的自己保持联系！它能够激励我们更好地陪伴身边的孩子们。

1880 年，10 岁的玛利娅。

1886 年，16 岁的玛利娅。

Maria Montessori

1896 年，玛利娅身穿自己治愈的一名女裁缝赠送的服装。

1923 年，玛利娅在杜伦大学获得自己的首个荣誉博士学位。

第一间儿童之家如今的外墙。该校于 1907 年 1 月 6 日在圣洛伦佐地区的玛尔西街成立。

1908 年，人道主义协会在米兰一处工人街区开办了一所蒙氏学校。

1913 年，玛利娅首次访美期间。

1915 年 4 月，玛利娅和马里奥在"阿布鲁齐公爵号"上横渡大西洋。

1913 年，玛利娅在检查其首部著作新版本的样书。

1915 年夏，在其洛杉矶住所花园内，玛利娅和邻居家的孩子们以及安娜·费德利、海伦·帕克赫斯特、阿德利亚·皮勒。

1913 年 12 月 13 日，州长在罗得岛师范学校接见玛利娅。

1916年，玛利娅和儿子马里奥在巴塞罗那。

20世纪30年代的玛利娅和马里奥。

1930年，玛利娅在维也纳。

1935年，玛利娅在伦敦。

1936年，玛利娅在巴黎。

20世纪30年代蒙氏教室中的孩子们。

在左图中，教室墙面上悬挂着拉斐尔名画《椅中圣母》（1514）。玛利娅·蒙台梭利开办的所有学校教室中都布置有这幅画。

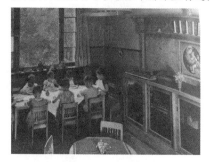

20世纪30年代，马里奥和玛利娅在伦敦参加一场晚会。

玛利娅和马里奥在阿迪亚尔城居住的奥尔科特独栋房屋底楼开办了蒙氏学校。图为她正在观察孩子们在校活动。

1936年，玛利娅在牛津。

1939 年，在印度阿迪亚尔。

某次抵达阿迪亚尔受到的接待。

　　1940 年 8 月 31 日，玛利娅在庆祝自己 70 岁生日时同乔治·西德尼·阿伦代尔及其夫人鲁克米尼·德维的一组合影。

莫罕达斯·卡拉姆昌德·甘地与玛利娅·蒙台梭利。这张照片很可能拍摄于蒙台梭利母子二度访印期间。

玛利娅获赠一幅甘地肖像。

在阿迪亚尔举办的首次蒙台梭利课程上的学生们（1939 年 11 月至 1940 年 2 月）。

1949 年，玛利娅在圣雷莫。

1950 年，玛利娅在瑞典。

1951 年，玛利娅在伦敦参观一所蒙氏学校（伦敦盖特豪斯学校）。

1951 年，玛利娅在伦敦 BBC 广播电台。　　玛利娅和马里奥在挪威。

照片摄于 2020 年 4 月。

墓志铭上写着："我请求我无限深爱着的、无所不能的孩子们，请你们如我所愿地团结起来，共同在人与人之间、在这世界之上，创建和平。"

在玛利娅·蒙台梭利 150 周年诞辰之际，后世之人用以她的名字命名的鲜花装点墓碑：玛利娅·蒙台梭利郁金香。